U0135176

唐洛陽城南城牆遺址
洛陽城南是當時城內仕女往龍門山郊遊的必經之地。

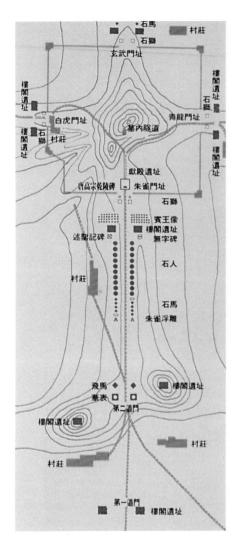

唐高宗乾陵平面示意圖
高宗朝的功臣都獲葬此陵中，本書中的劉仁軌和劉濬夫婦四人都榮獲陪葬乾陵的優待。

（上圖）
唐毛筆（現藏日本奈良正倉院）
本書第三章提到大理少卿韓重華為先父寫墓誌，他所用的毛筆可能就是這種模樣的毛筆。

（下圖）
唐玄宗的書法手跡：〈鶺鴒頌〉（現藏台北故宮博物院）
唐玄宗在本書中屢屢被提及，從他的書跡可以想見其為人。

李壽墓石槨（現藏陝西博物館）
這是一件保持完好的石槨，極盡手工之巧。本書的葬例偏向節儉，不會出現這
種石槨存於墓室中。

鎏金蔓草鴛鴦紋銀羽觴（現藏陝西博物館）
這是一種盛器，是墓中殉葬品，表示死後仍需有飲食。這樣貴重物件不可能出
現在主張薄葬者的墓中。

李壽（唐高祖李淵從弟）墓誌蓋並誌（現藏陝西博物館碑林）

李壽墓葬地為唐雍州三原縣之萬壽原。墓誌石即在墓中。此墓誌蓋石為龜背形，殊為少見。洛陽曾出土一北魏龜形墓誌，但已流落外國。一般的墓誌石是正方形。

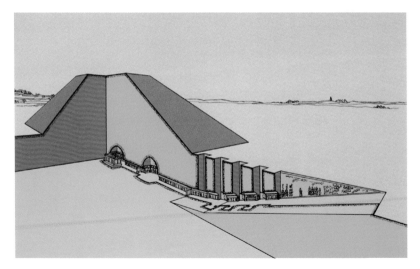

章懷太子墓剖面圖

這是一個超大型的墓室建物，先經過兩牆壁畫的墓道，再經過好幾個通道，才抵達棺槨和墓誌存放的墓室。章懷太子李賢為母親武則天所殺，死後如此風光，跟人們死後世界的想像有點關係。

歐陽修墓祠（今新鄭市西歐陽寺村）

內有歐陽修墓冢，其旁有夫人薛氏墓，墓南有祠，祠西南500米有歐陽寺。

歐陽修是終結500年駢文霸權的關鍵人物，上距其先驅韓愈倡言打倒駢文約有250年。本書時間下限訂定在歐陽修崛起的十一世紀五〇年代，著眼於文學革命運動與伴隨的墓誌散文化運動至此匯流而波瀾壯闊，取得永久性勝利。

白居易（772~896）像
洛陽龍門山香山寺園林的修建者，
結合宗教修持和園林休憩作為精神
生活最高指標的倡導人物。他又是
唐宋建構花文化的核心人物之一。

洛陽邙山北魏皇陵
北魏遷都洛陽，自孝文帝以下六代陵寢均在洛陽城北的邙山，王公貴族以下士大
夫也爭相選擇邙山作為家族墓園。自此以後，隋、唐，以及北宋都以洛陽為陪
都，社會上層人士多在洛陽置產。本書許多人物多死葬邙山。

韓愈（768-824）像

中古時代文學革命的發起者，他的
文風成為日後追隨者模仿的範本。
他寫的墓誌別出心裁，令人耳目一
新。影響所及，他的學生紛紛跟
進。本書敘及他的學生之一樊宗師
寫的墓誌頗有乃師之風。

墓誌石樣式

本例是北周大將孤獨信的誌墓，於1953年出土。可以看出誌石是一方
方正的人工雕製的石塊，上刻有誌文。

懿德太子（李重潤，為中宗長子，韋后所出，十九歲時被武則天殺害）墓的墓道
東壁圖局部，為闕樓景致，此圖為原件的複製。

盧建榮主編

歷史與文化叢書36

北魏唐宋死亡文化史

著／盧建榮

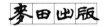
麥田出版

歷史與文化叢書36
北魏唐宋死亡文化史
A Cultural History of Death in Medieval China

作者：盧建榮
主編：盧建榮
責任編輯：胡金倫
發行人：涂玉雲

出版：麥田出版
城邦文化事業股份有限公司
100台北市中正區信義路二段213號11樓
電話：02-2356-0933　傳真：02-2351-9179、02-2351-6320

發行：英屬蓋曼群島商家庭傳媒股份有限公司城邦分公司
104台北市中山區民生東路二段141號2樓
E-mail：cs@cite.com.tw
劃撥帳號：19833503 英屬蓋曼群島商家庭傳媒股份有限公司城邦分公司

香港發行所：城邦（香港）出版集團有限公司
香港灣仔軒尼詩道235號3樓
電話：2508-6231　傳真：2578-9337
E-mail：hkcite@biznetvigator.com

馬新發行所：城邦（馬新）出版集團【Cite (M) Sdn. Bhd. (458372U)】
11, Jalan 30D / 146, Desa Tasik, Sungai Besi, 57000 Kuala Lumpur, Malaysia.
電話：603-9056-3833　傳真：603-9056-2833
E-mail：citecite@streamyx.com

印刷：中原造像股份有限公司
初版一刷：2006年3月1日
售價：350元
ISBN：986-173-010-9

純智文教基金會獎助出版

向娜塔莉‧澤蒙‧戴維斯（Natalie Zemon Davis）致敬，
並誌念恩師李樹桐先生（1908-2002）

目次

自序：
不斷出書乃專業史家的天職

　　這是我的第十本專書。對一位專業史家而言，出版了十本書的感受如何？我倒要細想一下。

　　我先從本書緣起講起。2000年年底，我服務的中央研究院歷史語言研究所所屬文物陳列館即將重新開張，我負責培訓館員關於墓誌銘史料這一部分，我因此在2002年3月22日這天，為十餘位熱誠的館員做了一場兩小時的演講，講題是〈唐代墓誌的文化史意義〉。這年年底總算開張。開張那天，我駐守唐誌展示攤位處替許多來賓講解墓誌文化，湊巧遇到同事陳熙遠偕母蒞臨展場，我欣喜之餘為他們母子上了一堂墓誌文化的課。事隔多年，熙遠兄偶及此事尚津津樂道。這也算是難得的機緣。到了2004年夏天，吳政上館長要我做一場對外開放的通俗講座，我勉予應命，經稍事擴充之前講稿，又講了一次，只是這次聽眾多達一百多人。此事會前的聯絡工作概由施品曲小姐負責，她跟我敲定題目為〈從墓誌看中國人的死亡文化〉，為此我寫了一千五百字的摘要稿。另外，施小姐還要我寫〈我的史學理念與終極關懷〉一文，計一千字，以備記者查詢之用。最後，8月21日那天下午，我粉墨登場，面對兩百多雙求知

若渴的聽眾眼睛。文物陳列館的藍敏菁還對演講的聽眾做了一份問卷調查關於對我演講的反應。結果反應是偏佳的。藍小姐很為我感到高興。會後，我趁著記憶猶新就把講稿改寫成一篇三萬五千字的文稿。今年暑假，我摒除雜務，終於草成十八萬字的書稿。我現在回想起來，如果沒有歷史語言研究所文物館這十幾位館員，以及演講會的百多位來賓，給我肯定和鼓勵，說不定此書還未必如此早面世。

從北魏末到北宋這段六百年的歷史，由於印刷術尚未發明，傳世的文獻相當有限。虧得當時的人懂得利用石刻技術留下許多石刻史料，這之中墓誌是一大宗。光唐代墓誌，迄今被挖掘的就超過六千片，截至2004年為止，據日本友人氣賀澤保規教授的統計，約有6828片。這之中絕大多數墓主不見載於正史，特別是婦女、下階層人士更是所在多有。根據姚平《唐代婦女的生命歷程》頁4，從所收集到的六千餘片墓誌中，婦女占一千五百餘片，非士族人士有六百片。姚平的統計可印證我的考察。我在1981年8月1日進入中央研究院歷史語言研究所服務，講明是為協助整理唐誌而去的，浸淫在唐誌史料之海中，不料一眨眼就二十五年過去了。若說我的青壯、中壯歲月是伴隨唐誌而活也不為過。此後我的作品中多可見到我運用唐誌，或其他石刻史料的蹤跡。我研究的主題遍及「技術官僚與文化政治」、「地方史」、「社區史」、「婦女史」，以及「法律文化史」，使用到唐誌或其他石刻史料的程度愈來愈大。本書幾乎完全仰賴墓誌方可完成，也使我的研究課題又擴充到「死亡文化」。這些研究都跟主流式的不搭調。主流研究跟我的研究之間會不會激發出良性的火花，一時還很難說，其實應該說沒被他們惡性

打壓就阿彌陀佛了。

死亡文化的課題，在西方史壇研究者眾，像法國兩位名家，即菲力普‧亞利爾士（Philippe Ariès）和米歇爾‧沃維爾（Michel Vovelle），無獨有偶都在1983年各出版《圖說死亡文化史》（*Images De L' Homme Devant La Mort*）和《死亡文化史：用插圖詮釋1300年以來死亡文化的歷史》（*La Mort Et L' Occident, De 1300 à nos Jours*）兩本書，讀者可嗅出兩人競爭的煙硝味。但回到中文世界的史壇，死亡文化的課題尚未被意識到，當然也就沒有史家會去做它。在中國中古時代，當時人將環繞在與死亡相關之事物稱之為「幽冥」，當時固存在與幽冥有關的文化，但沒被人意識到，遑論會被人創出詞語，如幽冥文化，去稱呼它了。這是汪榮祖先生特別提醒我的地方。但本書為與世界史壇同行對話還是使用「死亡文化」一詞。這是事先要聲明的一點。

其次，我在1997年發表〈唐玄宗朝的政治與文化〉一文時，就運用遺囑史料進行研究。遺囑史料攸關死亡文化至鉅，但曉得其中竅門者不多見。1993年蒲慕州《墓葬與生死》一書出版，有一處地方舉了東漢十餘則有關薄葬的遺囑，差算觸及中國死亡文化的濫觴。蒲先生作的時代只有一個死後世界觀，如今我作的時代則有兩個死後世界觀。一個文化體系中有著分裂的死後世界觀，其歷史的複雜性益見嚴重，不言可喻。從蒲書到拙作，一條隱然可見的變遷線索於斯可見。

一位歷史家不持續創作寫專書，就像一位前赴戰場的戰士棄甲曳兵一樣，是違反職業倫理的。我一再為文警告我的同行，也屢屢在課堂中告誡我的學生。可是十幾年過去了，台灣歷史學界其夕陽

產業的情況依舊。當權派中上焉者的以搶搭院士列車為職志，下焉者以搶任行政職務進而在國科會和教育部這兩個國家機構掌握祕密審查權為己足，這兩種史家不要說忘了古典垂訓：「以一輩子寫一本風雨名山之作傳世。」遑論現代職業倫理：「不出版，便滾蛋！」了。我在進入公家機構之前自營生計，就出版四本書；在國家養我二十五年中，出版五本專書；如今退休到私立大學服務一年，便交出第一本專書這樣的成績單。於己於人，於私於公，可以說無所愧怍於天地了。至少面對那些占著國家的位子，卻無專書出版的同行，我可以昂然挺胸，而且不恥其憑藉祕密審查權暗中屠殺異己的卑劣行徑。

我一想到那幾位一天到晚透過祕密審查制封殺我發表的人，我又出一本書來做正面回應。想到這裡，我不禁想起司馬遷的際遇。搶占國家公務位子用以宰殺同行、滿足自己的妒嫉之心者，其所為終究是一場空。我持續發表新書來鞭策自己，把所學貢獻給廣大學界，正是對這些嫉賢害能之輩的當頭棒喝！試問十年、二十年之後，學界裡誰會記得某幾人曾當過行政主管？

最後，我要講本書的幕後贊助力量。我特別要感謝純智文教基金會獎助出版本書。基金會敦請汪榮祖教授擔任選書的主編，承蒙汪先生垂青本書。本書的行銷委由麥田出版社，這要感謝總編輯涂玉雲小姐對於文化理想的堅持和魄力。可以說本書的出版，是學界、基金會，以及出版業界通力合作的結果。這樣的文化生產模式將對學術生機有所助益，可以預見。本書的鍵字工作相當繁雜，前後委請陳碩鴻小姐、阮寧先生，以及林秀容女士分工完成。對於他們的辛勞，我深為感激。麥田編輯胡金倫先生在版面設計和校改意

見上惠我良多，至為感激。在撰寫過程中，有兩人提供資料，一位
是熊慧嵐小姐，另一位是文大同事羅獨修先生，他們兩位不惜提供
藏書，供我使用，真是古道熱腸。前述汪榮祖先生於百忙之中，加
之溽暑的季節，惠覽書稿並提供建議，其前輩史家風範將長駐我
心。最後的最後，拙荊黃智慧女士代籌請人鍵字的費用，支援本書
的出版，居功闕偉，永誌不忘。

盧建榮序於台北市青田街寓所

二○○五年九月十一日

北魏唐宋

A Cultural History of
Death in Medieval China

死亡
文化史

第一章

序曲

勛德既下衰，文章亦陵夷：但見山中石，立作路旁碑。
銘勛悉太公，敘德皆仲尼。復以多為貴，千言值萬貲。
為文彼何人？想見下筆時：但欲愚者悅，不思賢者嗤。
豈獨賢者嗤？仍傳後代疑。古石蒼苔字，安知是愧詞！

——唐・白居易〈立碑〉詩上半部

2004年9月29日早上，我慣常坐在家中大廳靠窗的那張主人椅上讀報，這天《聯合報·A12版》下欄有一橫幅訃告，訃告旁附載死者的〈生前事記〉一文。我眼光一掃而過，看到它是這樣寫的：

　　T. 董事長C. D. 先生於民國四十二年六月二十七日出生於C. P. 農村，從小勤學聰明，以優越的成績考進某某中學，民國六十三年以優越的成績畢業於某某工業技術專科學校食品營養科。曾獲頒傑出校友，並擔任多屆校友會會長。至今仍擔任校友會理監事；同時熱心參與地方的活動，並受邀擔任縣府顧問。

　　T. 董事長C. D. 先生不但事業有成，家庭也幸福美滿，二十歲時與當時擔任國小老師的D. E. Y. 小姐結識並共組家庭，至今並育有兩男三女皆受良好教育，長子A與長女B已於英國深造完成碩士學業回國，次女C及次子D至今仍在國外求學攻讀資訊博士學位及高中學業，小女兒E仍就讀國中。

　　T. 董事長以其專業窮其畢生之精力，致力於研究中國傳統膳食。並於民國七十年創立台灣第一家帝王食補紅面薑母鴨，二十四年來已成為家喻戶曉台灣傳統美食的代表。生前積極參與公益活動，更對台灣農畜產品通路的開發不遺餘力，並造就了無數人的就業機會，可謂對社會貢獻良多。

　　由於T. 董事長對其事業所付出的心力，及對國產農畜業發展的熱情，奠定了今日帝王食補紅面薑母鴨的事業版圖。

　　T. 董事長一生的事蹟與對社會之貢獻，深受各界的肯定。相信他一生的成就與榮耀將留給世人無限的追思。

　　以上文字，為顧及他人隱私，我故意將人名、地名，以及校名有所隱匿。我們不妨將此文視為文本。這篇〈生前事記〉略載死者教育、家庭，以及事業之梗概。在今日台灣資本主義社會裡，像Ｔ先生這樣的中小企業主可說是車載斗量。這種將死者生平登在媒體的辦法，頗有唐宋以來公開型墓誌的遺風。所異者，古人生平賴名家文集這種媒體在傳播，今人生平則靠報紙傳媒在資訊界流通。這只是媒體效益大小的差別，把人一生再現在短篇傳記文本、之後再透過出版機制任其散播，這可是古今無別。這跟我在讀《歐陽修文集・墓誌》大體彷彿，2004年上距歐陽修活躍的十一世紀六〇年代，在某方面其實享用的是同一種死亡文化。再者，人生際遇何等豐富，然一旦入誌就只挑有限幾個項目作為寫作的題材。像Ｔ先生此誌，筆觸所及只在家庭、事業，以及所受教育等處打轉，而古代的誌主固然亦有此三項，但有逾此範圍的尚及遺囑和飾終之典，以及葬所和葬法。另外，今之墓誌在事業有成這方面，會是官員和商人多所著墨的所在，但在古代墓誌裡，從商致富的人很少入誌。還有，古代墓誌所強調的誌主才性和特定人事關係的倫理這兩項，恐怕就不是今日墓誌作者所措意的文化項目了。

　　要之，古今誌文的異同所在，首先，同樣透過媒體做傳播，是屬於公開性文本（古代又有私祕性文本墓誌，詳見下分析）。其次，古今相異之處端在誌文敘事結構上，有著不同的文化項目當作寫作題材。這樣看來，似乎古今社會變遷不大。不是的，墓誌所承載的死亡文化訊息愈在古代愈明顯，今天的墓誌在與死亡文化的關聯上不是那麼密切呼應。今人固有死亡文化，唯難以憑藉刊登報上的誌文來加以擷取其中訊息。

　　2004年9月29日這天早上，我一個人獨坐在廳堂座椅上，望著窗外對面劉家庭院那棵巨大、蓊鬱的杜英樹，一方面想到以上古今墓誌的異同問題，另一方面，我的神思已穿越時光隧道，經歷歐陽修的時代，再上溯到韓愈，以及更早的陶淵明的時代。我要去瞧一瞧古代的死亡文化。我有請讀者跟我一道前往。

　　我們搭乘的時光機暫時在台灣歷史上空逗留一陣，再前往中國歷史國度。

　　1958年金門八二三炮戰期間，幾十萬發的炮彈中有一發把一座古墳給轟毀了。就在兵士就彈坑修繕工事的行動中，從這座墳中得到一塊墓誌石，才知墓主是清初抗清的魯王朱以海。本來清廷只知傳說明魯王曾在閩浙沿海活動、並且死葬某島嶼的。但後人都沒有直接證據指實其事。如今一顆炮彈轟出一個數百年疑案的答案。這真虧得中國人製作墓誌石的習慣並不因國破家亡而疏忽其事。明魯王墳是沒有墓碑的，這可能擔心清廷會對魯王遺骸有所冒瀆的緣故，但幸賴墓穴中藏有這麼一塊墓誌石，使三百四十多年後的今人可以確定古墳墓主的身分。現在這塊墓誌石藏在台南延平郡王祠中。讀者諸君如果有機會到延平郡王祠一遊，不要忘了去看這塊誌石[1]。

　　在台灣，從清代到日據時代，台灣人雖亦有製作墓誌的文化習慣，但墓誌是刻在磚塊上，而不是在石塊上。這是因為誌石取得不

---

[1]〈明魯王墓誌〉，見於台南延平郡王祠文物陳列館。據黃鴻壽《清史記事本末》上冊（台北：三民，1963）卷八，「明南渡三帝及監國魯王」章，頁55，載云：「（順治）十八年（1661）……魯王亦殂於台灣」。黃著據《東華錄》而寫，據此，可知當時清廷實不知魯王真正死於何地。

易，以及即使容易但糾工製作所費不貲也。近兩年新竹國立清華大學當局有意將校區往校旁古墳區拓展的關係，委託中央研究院歷史語言研究所李匡悌博士前往調查，他從此一墳場採得一份磚型墓誌。墓主是位女性，死於1933年，享年七十歲。墓穴中遺骸疑遭其後人遷葬，已不在穴中，但其後人顯然不知穴中還有一個寶物，那就是墓誌石，以致仍遺留在穴中，才由日後李匡悌博士探得。大家想想1933年，上距墓誌文化形成期的四百五十年，有近一千五百年的歷程。一項長達上千年的文化慣習（habitus），而且涉及死亡文化，還不叫人驚詫莫名嗎？

現在先讓我們讀一讀這位日據時代的女性墓主的一生。墓主吳雪樵女士七歲由父母許婚連家，之後若干年才嫁到連家。在吳女士從為人女兒到為人媳婦這段人生，該墓誌敘述重點是墓主如何討父親歡心（按：母親不見提及），如何恪守婦道，在夫家如何做一位稱職的媳婦。在此，誌文呈現的是一千五百年來對模範女性的刻板陳述。

接著誌文寫到明治三十五年（1902）吳女士丈夫去世，她如何獨力扶養子女長大成人。在此，誌作者再現當時時局的遷變如何影響人心，如下：

　　當是時也，我台改隸才八年耳。管斯土者，力行新政，日不暇給，人心風俗惶惑靡定。　老太姻母一矢恭儉，以禮自坊，竟能於時局危疑之際，持以鎮定，使諸子皆知自勵。馴致有成，有功連氏。[2]

雖然短短幾句話透露了當年台灣割日對一般家庭一定的影響，一位謀生不易的女子即令遇到丈夫甫逝和國家變故的雙重打擊，如何勇敢地迎向她未來不確定的人生。

吳女士的努力結果如何呢？在日本殖民統治台灣期間，她的家庭選擇當殖民主的「協力者」[3]。吳女士有子二人。長子是清代傳統儒生身分，可知無能適應變局，次子較年輕，適好趕上搶搭時代列車的機會，歷任各地公學校的訓導，於昭和二年（1927）任塩水公學校校長，一任三年。吳女士八位男孫中，長孫畢業於台北第二師範學校，以甲職訓導就職，1933年時任湖口公學校教師。以上，吳女士有子和孫各一人出任日本的公職。這是被殖民者選擇納入殖民體制的表示。關於這段殖民史的縮影亦備載於此誌中。這兩塊誌磚的價值可從中見出，不在話下。

介紹了清初金門的一塊明宗室誌石，和台灣日據時代的兩片誌磚，現在該是追溯中國人製作墓誌這個攸關死亡的文化慣習的時刻。

成熟於五世紀中葉以來的中國墓誌，有別於西方基督教和伊斯蘭教兩大文明的墓誌之處在於，它是被刻寫在一方石塊上而藏於地底下，是為了以下一個宗教理由而設：方便死後世界的通行證[4]。

---

2 參見李匡悌主編，《靈魂與歷史的脈動：論國立清華大學仙宮校區的墓葬形制和出土重要文物》（新竹：清華大學，2004），頁121。

3 筆者曾就日據時代協力者之一的張文環展開研究，研究所得載於拙作《台灣後殖民國族認同》（台北：麥田，2003）中篇之〈日帝在小梅村——張文環的故鄉寄情〉一章中，頁103-50。讀者可以參考。

4 參見茅甘，〈論唐宋的墓誌刻石〉，《法國漢學》第五輯（北京：中華，2000），頁150，引法國學者索安（A. Seidel）說法。

這種證書一般以數百字到一、兩千字來刻畫死者一生的傳記方式來呈現[5]。這樣，一個人一生就濃縮在一方石塊中，清楚交代家世背景、行誼，以及死亡和喪葬狀況。其中行誼部分，大至以中國文化價值規範人物的套式在呈現。在此，我們又看到墓誌的凡俗性。其次，墓誌刻石是墓葬品目之一，是相當耗費金錢的物件，一般人家是付不出錢籌辦墓誌刻石的。因此，墓誌有階級性這一屬性，展現的是喪家的社會地位，或財富能力。

T先生誌出現於距今一年前不到，吳雪樵誌作於七十二年前，明魯王朱以海誌石於三百四十四年前被埋在金門。這裡面有其一脈相傳墓誌文化線索，引領我更要往前邁進。我這就再往前深入。

---

5 參見盧建榮，〈欠缺對話的學術社群文化〉，《中華民國史專題論文集第四屆討論會》上冊（台北：國史館，1998），頁366-67。

第二章
墓誌的演變史

序曰:葬者,藏也,欲人不得而見之也。君子之思也
遠,故復卜于山,坎于泉,又刻名與行,從而秘之。意百
代之下,治亂之變,觀其銘,思其人,而不敢廢其墓。斯
孝子之心,取諸《大過》。

——宋·范仲淹〈滕公夫人刁氏墓誌銘〉

一、未定型前的演進

　　人類發明的墓誌銘，無論是西漢時代的中國文明，還是羅馬帝國時文明及其日後的基督教文明，都露於地表。但中國的墓誌銘到東漢以後即轉而埋入地下。相形之下，到第七世紀回教文明興起，阿拉伯人發明的墓誌銘同基督教文明一樣，也都露於地表。這是中、西墓誌銘相異的第一點。歐洲人和阿拉伯人自有墓誌銘以來，都以超簡短文句來表示[1]。這點和長篇大論的中國墓誌有著極大的分野。這是中、西墓誌銘相異的第二點。中國的墓誌銘除非有特殊原由都是藏於地底下的。在第五世紀之前，墓誌的名稱、形制，以及書寫形式都未定制之前，筆者且舉數例來說明墓誌尚在演變中的多元、歧出情形。

　　首先，東漢和帝永元四年（92）有位大官袁安去世，他的子孫給袁安做了一個墓誌銘。這個墓誌是在民國初年被人發現在河南偃師縣一土地公祠中，當作擺設牲品的桌案，為了合用還被切了一

---

[1] 西方墓誌銘以簡短著稱，如〈濟慈誌〉曰：「在這裡躺下的人，名字寫在水上。」次如〈莎士比亞誌〉曰：「耶穌請原諒，掘墓者饒過石頭享福報，移動骨頭受詛咒。」再如《福爾摩斯探案》作者柯南・道爾（Conan Doyle）的墓誌則說：「鋼鐵般的真實，刀刃般的直接。」又如英王查理二世（Charles II）的墓誌是：「這裡躺著我們偉大的國王，他說的話沒有人會相信，他沒有說過一句愚蠢的話，也沒有做過一件聰明的事。」末如美國開國先賢傑佛遜（Tomas Jefferson）的誌文如此說：「安葬在這裡的是，依維吉尼亞州宗教自由法令，起草美利堅合眾國獨立宣言的作者，也是維吉尼亞大學的創建者。」等。另外，阿拉伯人露於地表的墓誌銘可在泉州和海南島見到許多，也都是短短一、兩句話。

角，以致每一句都丟了句尾一個字。識貨者趕緊將此石典藏於地方文物館中。到了抗戰期間，國軍為掘黃河堤以水淹日軍，乃奉命將此誌石帶走，並將它藏匿在熊耳山中，如今下落不明[2]。但還好早有人做了拓片，我們今天仍有幸看到一千九百年前的情形。

這個墓誌只管詳述袁安的歷任官職，但不及生年和家世，只說了死年和葬日。在這裡，我們看到官歷成為一個人身分重要認證的憑藉。漸漸地，人們對於墓主的讚美之詞出現在墓誌中。到了東漢晚年的第二世紀末，就有大文豪蔡邕出來指斥其事，認為是「諛墓之文」[3]。有人認為，墓穴中藏誌石是為了方便辨認先人骸骨用的，這是擔心陵谷變遷影響地貌，使得人們在指認先墳或先人遺骸上有所困難的緣故。這個見解經常在歷代誌文於講完葬處後接著提到。

到了第三世紀，也就是西晉時代，人們對於墓誌其物的稱呼並不統一，有種種名目。這時字數略增，而且稱許墓主的話相當普及。像前此袁安的墓誌只記官歷，那些沒有官歷的平民和婦女豈不存在可以製作墓誌的條件？從目前出土墓誌看，情形似乎是如此。但我們還是發現有女性墓誌。像大文豪左思的妹妹左棻，生前為皇妃，死後被葬於宮中，有關她誌文的誌作者於其誌文中明載其家世、父兄之事，並及其品行。這是一個女性可以擁有墓誌的一個例子。但畢竟是有身分的女性。這個誌石是1930年在河南偃城被人發

---

[2] 參見趙鐵寒，〈記袁安碑〉，《古史考述》（台北：正中，1965），頁433。又一說是1961年重新被發現。

[3] 此話轉引自趙鐵寒，〈記袁安碑〉，頁439。但讀者只要一讀《蔡中郎集》（台北：新興，1959）就會發現蔡氏寫了許多表彰人物的碑文，這在蔡氏看來，算不算歌諛死者，就不得而知了。

現，因而擴大了我們的見聞。

在製作墓誌的實驗、摸索期間，西晉時代的樸素型除了存留北方的一系外[4]，另一系隨漢人政權播遷到南方。

西晉永康元年（300）前述晉武帝的妃子左棻去世，享年四十五歲，由於無子嗣，故她的墓誌明載是由其姪兒具銜處理喪事的。本誌正可見出西晉樸素型墓誌的原委。誌石正面的文字共三十九字，誌作者以此再現了左棻的一生，如下：

> 左棻字蘭芝，齊國臨淄人，晉武帝貴人也。永康元年三月十八日薨，四月二十五日葬峻陽陵西徼道內。[5]

峻陽陵是晉武帝的葬所，徼道是帝陵的警備道路，左棻埋骨在路旁，可知不是陪葬帝陵的性質。該誌只交代墓主籍貫和身分，並及死日和葬處，如此而已，大有前述袁安誌文之遺緒。其所不同的是誌石背面，以比較拙稚的刻工刻出如下文字，共五十字，如下：

> 父熹字彥雍，大原相，弋陽大守。兄思，字泰沖。兄子髦，字英髦。兄女芳，字惠芳。兄女嬡，字紈素。兄子聰奇，字驃卿，奉貴人祭祀。嫂翟氏。[6]

---

4 參見日人福原啟郎，〈西晉の墓誌の意義〉，收入礪波護主編，《中國中世の文物》（京都：朋文舍，1993），頁315-69。

5 轉引自徐傳武，〈〈左棻墓誌〉及其價值〉，《漢學研究》13卷2期（1995年12月），頁212，附有原拓片文。

6 同前揭文，頁213，附原拓片文。

這是在明揭墓主娘家家族成員名單，奇特的是不分男女都出示名和字。而且，更重要地指出左棻無子嗣，由姪兒代行祭祀。這讓人想起日後武則天欲傳位姪兒的大膽計畫，不是毫無根據的。這一出示家庭成員名單的項目在往後五、六世紀北魏墓誌中還看得到。

　　過江到南方的墓誌文化發展到了劉宋時代，墓誌才發展出以稍有傳記雛形文本形式出現在世人面前。到這一地步，名稱、刻製工藝、形制，以及文體都確立下來[7]。劉宋元嘉十八年（441）名流顏延之為死者王求寫的墓誌，就叫作「墓誌」[8]。但此一墓誌未見出土，顏延之本人及其後人並未保留原稿，所以，儘管我們獲知顏延之很可能是最早使用「墓誌」其名的人，但並無實物或原稿文可供證實。最早用墓誌其名的實物證據，是某人所寫的〈劉懷民墓誌〉，作於劉宋大明八年（464）。此誌在結構上，由墓主才性、年籍和死葬日，以及家人和官歷等三部分所構成。其中第一部分占有篇幅之半，全是浮泛的稱頌話語，像「苔苔玄緒，灼灼飛英」「眩紫皇極，剖金連城」等等[9]。這較之一百六十年前西晉的墓誌，增添了一些傳記書寫的材料。

　　由於南方新發展出的墓誌形式及其定名更回傳到北方，也受到北方人士的熱烈迴響，我們據此得知原有西晉樸素型墓誌已遭揚棄。這點筆者尚可藉由北魏末至北齊時代近年出土墓誌加以證實[10]。

---

7 參見趙超，〈前言〉，《漢魏南北朝墓誌匯編》（天津：天津古籍，1992），頁2-3。趙認為南北朝初尚無「墓誌」其名，之後「墓誌」名稱才普及。

8 參見趙翼，〈墓誌銘〉條，《陔餘叢考》卷32（台北：華世，1975），頁361-62。

9 參見趙超，《漢魏南北朝墓誌匯編》，頁22。

10 可參近年洛陽出土的北魏〈吐谷渾氏誌〉、〈吐谷渾璣誌〉，以及〈元邵誌〉；河北

這樣一來，墓誌文化突破了南北政治分裂的格局走向普及化，這有助於五、六世紀中國死亡文化的整合。

成熟之前的墓誌，有各種各類的表達形式，茲舉二例於下。首先，有位燕國（按：即前燕）的遼東太守、幽州刺史□□鎮（按：姓名不明，只知名字中兩字的末字為「鎮」）在派駐朝鮮半島上後死於任上。時為高麗國好太王談德統治半島的時期，這位（前）燕國大官於談德永樂十八年（408）去世，享年七十七歲。他的後人和同僚為他做了一個墓誌（按：當時未有這個名稱）藏於墓穴中。本文暫時稱它為「幽州刺史誌」。誌文本身共156字，包含籍貫、歷官、卒年和享年、遷祔之日、祈願，以及遺願等部分。但之後尚有墓主一群僚吏共同寫的題記，合起來就有六百五十餘字[11]。本誌與

石家莊出土的東魏〈李希宗誌〉、河北磁縣出土的東魏〈趙胡仁誌〉，以及河北磁縣出土的東魏〈閻叱地連誌〉；太原出土的北齊〈婁叡誌〉、河北磁縣出土的北齊〈高潤誌〉、〈堯峻誌〉，以及〈堯峻妻靜媚誌〉等可以作為這類墓誌的代表，上述墓主都是權貴人物。他們都有事蹟可供描摹，誌作者不愁沒有文章可作。即以短命而死、最無事蹟可稱道的閻叱地連這位女性而論，她以茹茹公主身分嫁給高歡第九子高湛，於武定八年（550）去世，得年十三歲。她的誌文由家世、德行、聯姻，以及死後哀榮等四部分所構成。先撇開德行這部分，其餘三者固有事實根據，但不乏吹捧文字。再以德行這部分而論，可說抄襲模範女性的套語，如下：「公主體奕葉之體徵，稟中和之淑氣。光儀婉嫕，性識閑敏；四德純備，六行聿修；聲穆閨闈，流譽邦族。若其尊重師傅，訪問詩史，先人後己，履信思順。庶姬以為楷模，眾媛之所儀形。」據此可以看出此誌在書寫上完全缺乏具體事蹟，與下文講散文體誌文不可相比。而且此誌充滿四言和六言的句式。唐德宗貞元年間以前墓誌的駢文體約略類此調調，不煩詳舉。本誌實物見河北磁縣文化館作，〈河北磁縣東魏茹茹公主墓發掘簡報〉，《文物》第4期（1984），頁8，圖一五，墓誌拓片。

11 原拓片經隸定為楷體字後可參見劉永智〈幽州刺史墓考略〉一文，載於《歷史研究》第2期（1983），頁88-89。

日後成熟之誌比較起來，特點有二：其一，不對墓主德行做任何吹噓，其二，多出同僚寫有題記，這種情形以後似乎未之一見。

　　本墓誌於1976年12月被人掘起，它在藏身地下一千五百六十八年後始被人發現。發現的地點是漢代殖民朝鮮的軍事據點的樂浪郡，今為北韓大安市德興里舞鶴山南麓丘陵上。樂浪郡有大批漢人遺民的大面積墓葬地。五世紀立國河北的諸燕國與朝鮮本地政權保有某種關係，似乎可從此誌中窺出。

　　輯於六世紀二〇年代的《文選》[12]，主編梁昭明太子蕭統（501～531）特為「墓誌」文類選有一文。請注意，蕭統此時已將「墓誌」視為一大文類，但他所選的唯一一篇是八字一句疑似有押韻、共十二句的文章，共有96字組成。誌作者憑此精簡文字再現一位婦女的一生，如下：

> 既稱萊婦，亦曰鴻妻。復有令德，一與之齊。
> 實佐君子，籊蒿杖藜。欣欣負載，在冀之畦。
> 居室有行，亟聞義讓。稟訓丹陽，弘風丞相。
> 籍甚二門，風流遠尚。肇允才淑，闇德斯諒。
> 蕪沒鄭鄉，寂寥楊家。參差孔樹，毫末成拱。
> 暫啟荒埏，常扃幽隴。夫貴妻尊，匪爵而重。[13]

---

12 根據何融，〈「文選」編撰時期及編者考略〉（載於謝康等，《昭明太子和他的文選》[台北：臺灣學生，1971]），頁83和頁85，云《文選》之編應不晚於天監十五年（516），不早於普通七年（526）。

13 參見李善著，《六臣註文選》卷59（台北：華正，1974），頁1104-105。

這一墓誌文（按：下稱「劉夫人墓誌」）是由名人任彥升執筆，是為劉瓛妻、王法施女（按：沒有名字）所寫。墓主王氏出身瑯琊王氏，其六代祖王導曾為晉丞相，她死於梁武帝天監元年（502）。該墓誌由兩部分組成，前部八句，主要在講王氏的美德，以及王、劉兩家門風有多好。後四句在講王氏的冢墓狀況，包括外表和內裡。短短一文用盡典故，符合貴族文學的調調不說，它以稱許墓主作為書寫主題，就與朝鮮半島上那位燕國大官墓誌對於稱許不著一字的方式，判然大異其趣了。此誌上距成熟墓誌形成的第一批產品不過五十年，就顯現出日後墓誌書寫重心是在表彰墓主德行這一特點。但本誌與一些成熟的墓誌還是有點差別，那就是太過遷就美文的形式，使得許多人生經歷無法忠實傳達。誌作只能寫可以表達的部分，對於難以用此文體表達的部分，只有割捨的分。本作即使比〈劉懷民誌〉晚三十九年，但筆者認為宜歸諸尚在多方嘗試的墓誌階段。本書將墓誌成熟伊始暫訂為西元450年只是大約的寬鬆說法。

蕭統不可能取讀埋入穴中的墓誌，如以上所舉的袁安誌、左棻誌、幽州刺史誌等，他毋寧遷就少數得之不易的墓誌──疑係他向名家求的──從中選了任彥升作的這一篇。

二、定型後的一些變化

墓誌定型之後，除非有些例外否則都一概稱「墓誌」，文體多係貴族文學形式，即駢體文。傳記的敘事結構也有一定的套式，總是先從人物家世和籍貫說起，再及其品格和官歷（按：墓主如係女

性則改講其夫或其子的官歷），末則說到臨終和喪葬情形。其情形就像讀者在第一章所見到的1933年〈吳雪樵誌〉一樣。

底下筆者舉的二則誌文，則違背上述常態，或套式。先說其中一誌。首先，它不稱誌，而稱碑，那是因不藏墓穴、反樹之於地表的緣故。其次，它的敘事結構和文體都有所不同。最重要的，它不是私密性文本，而是公開性文本，它是有所寄託而寫，而且是有政治目的而寫的。也就是說，有公開之虞、顧忌大眾得知私人情事的墓誌，誌作者在表達上，不是顧左右而言他，就是借題發揮、別有寄託。這通常是名家寫親人，或他人墓誌所顯現的一種特性。

這個墓誌講到一件事，關係到李唐中央與河北三鎮衝突的問題。話說河北三鎮於憲宗治下表示臣服之後，中央直接派遣官員統治其地，南邊的魏博鎮和北邊的盧龍鎮分別由親中央的將相，即李愬和張弘靖，來治理，中間的鎮成德鎮由原魏博帥田宏正來治理，結果都發生鎮軍或逐帥，或殺帥的事件[14]。田宏正是被成德軍所加害，惡耗很快傳抵長安，中央領導班子的盤算是，田宏正的兒子田布以歷任關隴各軍的資歷，再加上他是舊魏博軍的少帥，乃打定主意由他出任魏軍統帥。田布原是抵死不從的，無奈皇命難違。他只好辭妻、子、朋友，抱著有死無生的氣慨去赴任。我們從田布不敢接任魏帥之職，即知他深知此事之凶險，同時也暴露李唐中央對河北事務的無知。就這樣埋下悲劇的種籽。

---

14 關於河北對抗中央的問題，一般研究者多從李唐中央的角度來考察，唯獨筆者跳脫這一視角，改以河北人發聲的角度來重探此一現象。參見氏作〈唐後期河北抗爭文化邏輯——兼論唐延與河北為扈從主義關係說〉，《中華民國史專題論文集第五屆討論會》（台北：國史館，2000），頁403-15。

　　田布到了魏地，便努力廣結善緣。誌作者庾承宣於稱讚之餘，又跳出來解釋說，這些作為是枉費心力的，原因為何？據庾承宣說是：

> 魏之風俗久悖聲教，魏之將士素染狠戾。懷安自固，忽感激之勇節；積驕成惰，無戰鬥之剛腸。[15]

就在這裡，誌作者將魏博鎮的鎮軍徹底污名化個夠，說他們違背教化很久了，而且早就染上「狠戾」的歪風。這意思是說魏軍是野蠻人。不過，此誌寫作時間上距魏地脫離唐中央統治已有五、六十年之久。此後，中央才直接統治其地幾年光景。以李唐中央觀點視之，魏軍不服從中央是有一段不光彩的歷史。誌文底下又說魏軍欠缺「勇節」和「剛腸」這兩樣軍人必備的武德。

　　當魏軍配合中央各軍出鎮去攻打盧龍和成德兩軍時，因碰上中央後勤補給作業不完善，魏軍是處在一種自費出兵的狀況，故而魏軍無意打這場仗。魏將出面向田布表示這場仗打不下去。這些將領向田布講的話，通通被誌作者再現如下：

> 頃常出軍，賴朝廷供給，優贍軍府，因以完濟。今者，瘠己肥國。尚書無乃太公忠乎？[16]

---

15 參見《全唐文》卷615（台北：匯文，1961），頁14。
16 同前揭文。

這是說平時中央出錢，魏軍出力這樣的分工才是一個合理狀況。如今光由魏軍自費出兵，簡直是瘦了自己（軍府），而肥了國家。而且諸將認為田布笨得可以，只是他們不便講得如此露骨，換個方式說田布對國家過於「公忠」罷了。

誌作者竟然得知田布與諸將之間如此具體的對話，是很值得懷疑的。這是我說「再現」，而不說「記錄」的理由所在。其實說再現還是客氣了一點，應該說是想像。但此處誌作者指出魏軍過於地方本位主義，這倒是與當時「強地方、弱中央」的政治態勢相當吻合，因此，他模仿魏將向主帥田布的說話口氣，不能說毫無所據。

本誌底下還有一次田布和眾將之間的對話，值得我們玩味再三。在這場戰爭中，關鍵的戰役並不發生在盧龍和成德境內，而是發生在李唐監控河北的一個前進基地——滄州和景州——裡面[17]。中央各軍在此遭遇慘敗。這麼一來影響到主戰場的勝負。魏軍無意一戰的態勢益趨明顯，最後他們還強迫田布退兵。魏軍一俟安抵魏博首府的鄴城，諸將先田布一步說出他們提的條件。根據誌作者的想像，這番說詞如下：

> 魏土不知朝化久矣，刑賞禮樂皆自己出。近以保富貴，遠以貽子孫。苟能從眾之謀，則奉戴如舊。[18]

---

[17] 關於滄州之戰，雙方歷經一年血戰，可參見拙作〈地方軍事化對唐代後期淮北地區政治與社會的衝擊〉，《台灣師大歷史學報》第27期（1999年6月），頁28。五年後滄、景之地又爆發大戰，這回又是王師慘敗，然已非關本書，可以勿論。

[18] 同前揭文，頁15。

當時諸將是否這麼說，按說誌作者於田布死後作此文，照理不在場當無所知才是。除非他事後問過在場諸將。但筆者相信，誌作者在遠離出事地點的長安寫作此文，絕對沒有花費從事實證調查的氣力。以上三句話中，前一句話在前述誌作者跳出來先污名化魏軍之時，已做如是表示。試想被污名化的魏軍會如此自污嗎？筆者不能無疑。揆其第二句話，是一種很現實、很勢利的態度。這不算罪惡，因為世俗大眾行為模式大都如此。第三句話是提條件的說話方式，無涉是非和善惡，可以不論。

要之，誌作者模仿魏將語氣向主帥有所威脅的話，筆者認為，魏將不至自污若此。這只能說兩京士大夫對河北人有所偏見的投射。這是誌作者對河北人這個「異族」有所貶抑，就以此來想像河北人會如此認定自己。

到底魏軍如何脅迫田布，我們雖未能清楚其底蘊，但田布自忖無力回天，倒是可以確定。否則他不會聽了屬下的話後就連忙自殺。田布死的時候才三十八歲。

關於這則誌文的敘事結構是這樣的：

一、墓主品格的稱許

二、墓主慘死的始末

三、誌作者一番慨嘆的提出

四、墓主死後哀榮

五、墓主事功

六、誌作者另一番慨嘆

七、墓主上朝廷遺表的轉述

以上對於該誌作者所建構的三處關於河北人「他者化」的言

說，是安排在上述第二部分。本誌寫法的奇特在墓誌成熟期的一千五百年間相當突出，它的突出點在於誌作者運用倒敘和插述的敘事筆法，從墓主之死說起，再倒回墓主生平種種。這不同於一般墓誌由生講到死這樣的直線敘述法。當然，倒敘筆法並非此誌才首開其例，之前也曾有過這種例子，只是鮮少人如此寫。

再來一則墓誌是大文豪韓愈（768～824）為亡女韓挐所寫[19]。憲宗晚年迎佛骨入京，韓愈以為非是，上書叫停，文中提到為求國運求到外國神祇如佛者，像梁武帝還不是亡國了。這麼大膽的言論當然觸怒皇帝，立即貶韓入刺潮州。韓愈遭此突如其來的打擊，就在有司催逼之下匆忙上路，這時他十二歲的女兒挐正在病中，他不想讓她跟隨，就自顧自走了，沒想到才出京城不久，就被病中的女兒給追及，韓愈苦勸無功只好由她。然而，韓挐先是病體虛弱，再經歷父親撒下不管的驚懼，末則不堪旅途勞頓而病死道中。韓愈為她寫的誌文，幾乎不見他對亡女的思念，韓愈唯事他與皇帝之間為諫諍之事而訴說其心曲。顯見韓愈此文是想透過韓挐之死來打動皇帝的心的。

以上兩則墓誌都屬有意公開的文本，它們是開放給任何讀者看的文本，兩者都有其政治考量。這與埋入地下、只讓少數喪家家人過目的私密性文本何其不同。不同點在於私密性墓誌以私領域的感情作為書寫的重心。關此，底下再詳說。

名流學者為人代筆所作的墓誌其價格視個人行情、視喪家財務情況而有所不同。唐代最貴的收費大概是白居易（772～846）為老

---

[19] 參見韓愈，《韓昌黎集》卷35，冊7（台北：臺灣商務，1969），頁3-4。

友元稹所寫的誌文[20]，喪家贈以數十萬錢。白居易原不欲收取，唯推卻不得，乃替老友做功德，拿這份錢財蓋了所佛寺，叫香山寺。當數年後這筆潤筆費花完之後，佛寺花園部分尚未築成，白氏再貼錢加以興築，再過若干年才完成[21]。

再來一次驚人的天價是皇甫湜（777?～835?）為人寫的寺碑誌，出資者酬以每字三匹絹。結果文長3254字，皇甫氏共得絹布9762匹[22]。唐代絹布形同貨幣[23]，以當時一般農戶每戶每年繳稅絹二匹計，相當4881家的納稅錢。再以當時雇用殺手費錢三百匹絹計[24]，這一價格亦相當驚人。還有一個參考數字值得一提。當時一個人下半輩子退休的養老費用大概需五百匹絹布[25]。以此標準計算，皇甫湜等於是賺足了近二十輩子的退休金。類此，名流賴為人寫墓誌賺取潤筆費可說歷一千年而不改[26]。

---

20 白於大和五年（831）為元寫的誌文全名為〈唐故武昌軍節度處置等使正議大夫檢校戶部尚書鄂州刺史兼御史大夫賜紫金魚袋贈尚書右僕射河南元公墓誌銘〉，收入《白居易集》卷70（台北：里仁，1980），頁1466-469。

21 參見拙作〈景物寄情——唐宋庭園的文化與政治〉，收入熊秉真編，《睹物思人》（台北：麥田，2003），頁58。

22 此事原載高彥休，《唐闕史》，是說裴度於重修福光寺後，請皇甫湜為文記其事，不料竟被索以高價，為常價的九十倍，壞了當時寫墓誌、碑誌的行情。詳情可見郭紹林，《唐代士大夫與佛教》（台北：文史哲，1993），頁111。

23 參見李埏，〈略論唐代的「錢帛兼行」〉，《歷史研究》第1期（1964），頁169-90。

24 參見拙作〈七世紀中國皇權體制下的司法抗爭文化〉，《台灣師大歷史學報》第30期（2002年6月），頁13。

25 同前揭文。

26 文人代人寫碑、誌文以索潤筆費可溯自東漢時代。此據趙超，〈讀唐代墓誌札記三則〉，《文博》第3期（1988），頁45-46。

附帶一提的，香山寺園林到了歐陽修時代仍是當時洛陽重要景點。此無關本書閎旨，揭過不提。

三、私密性墓誌率先發動古文運動

墓誌原是私密文本，是喪家至親好友看過後即被封存於墓中，與遺骸共處。而且，墓誌不論是死者嫡親骨肉親自為之，或是請人代筆，都對死者盡情吐露哀思，不虞他人見笑（按：笑其欠缺男子氣概，竟做柔弱婦孺態）。筆者在一篇研究唐人在室女墓誌的文章中，指出誌作者不管是死者父親還是兄長，都對死者深情款款，難以自已[27]。這種任情、縱情的態度是與活人世界的文明尺度是有所距離的。作為父兄的尊長怎可對作為晚輩的女兒或妹妹如此情思不斷、依依難捨呢？這完全不合世間禮法。在另一方面，與感情發抒無可遏抑正相反的現象也同時在產生。依世間禮法，父／兄對女／妹之死可不能悲傷難自抑。從喪禮的服喪程度連夠得上邊都沒有。如果我們再配合唐宣宗以來高門貴族嚴禁女兒再嫁這一趨勢[28]，這又是一指標性文明化跡象的表示。這是女性身體的不由自主、而任

---

27 參見拙作〈從在室女墓誌看唐宋性別意識的演進〉，《台灣師大歷史學報》第25期（1997年6月），頁16-20。

28 參見王壽南，〈唐代公主的婚姻〉，收入李又寧、張玉法主編，《中國婦女史論文集第二輯》（台北：臺灣商務，1988），王氏總結唐代公主有23%再婚、再再婚的現象。另見聶崇岐，〈女子再嫁問題之歷史的演變〉，收入高洪興等編，《婦女風俗考》（上海：上海文藝，1991），頁342，指出宣宗下達公主有子而寡不得再嫁之禁，此後無有違令者。類似發現亦見牛志平，〈從離婚與再嫁看唐代婦女的貞節觀〉，《陝西師範學報》第4期（1985），頁113。

由文明體制所支配的一大轉變。套用德國研究情緒歷史的史家諾貝特・埃利亞斯（Norbert Elias）的說法，是說像這樣的現象正代表人類感情表達界線的內縮，正是文明形成的表徵[29]。再回到名家親為，或為人代筆的墓誌，我們看不到以感情為主旨的人物傳記書寫，正相反，我們看到的是「薄情」的景象。像前述韓愈為女挐所寫的誌，見不到絲毫與亡女有過十二年相處的點點滴滴。正是因為名家所為的誌作屬於公開性文本，其主題自與文明尺度合轍。再以柳宗元在元和年間為亡女和亡姪女所寫的兩篇墓誌為例，也是一副情思淡漠的模樣[30]，讓人讀了彷彿父女或叔姪不曾有過相處，故而沒有感情似的，以致她們的死一點都不為柳宗元所動[31]。也就是感情界線的消長，一方面表現在禮法、不許改嫁，以及表達情薄的公開性墓誌等方面，這是消；另一方面在私密性墓誌文本製作上，感情氾濫成災，無可遏抑，這是長。

其次，誌文的文體是與活人世界主導文壇的貴族文學（即駢體文）相一致的東西。從前述筆者所舉的六世紀二〇年代的〈劉先生夫人墓誌〉和在第四章即將提到的六世紀九〇年代〈卜仁墓誌〉，

---

29 參見 Norbert Elias, *The History of Manners*. Trans Edmund Jephcott (New York: Pantheon Books, 1978), vol. I。中譯本由王佩莉、袁志英翻譯，書名為《文明的進程：文明的社會起源和心理起源的研究》卷1（北京：生活・讀書・新知三聯，1998），頁142-43、183、286，以及頁312等處，有關感情界線的伸縮，讀者可以參考。關於唐代文明的歷程現象，筆者將另文為之。

30 參見柳宗元，〈下殤女子墓磚記〉和〈小姪女子墓磚記〉二文，《柳河東集》（台北：河洛，1974），頁214；214-15。

31 這種會在人間廣為流傳的誌文，作者下筆很收斂，使筆端不帶感情。說詳見拙作〈從在室女墓誌看唐宋性別意識的演進〉，頁16-20。

我們都清楚見到四字一句、押韻，以及用典，甚至使用對句等，都是駢體文的調調。但這種情形，到了八世紀末起有所改變。

八世紀末葉以降，韓愈樹起反貴族文學之大纛，唯這個文學革命要到十一世紀上半葉由歐陽修（1006～1072）執文壇牛耳後才克竟全功[32]。就在韓愈及其追隨者大張文學革命旗鼓的年代裡，革命者只新獲一片天地，那就是埋入地下的墓誌一窩蜂改用韓氏所倡的散文體。也就是私密性墓誌才是文學革命的場域（field）所在。前舉韓愈〈韓挐墓誌〉固為一例，但這是公開性文本，而且又是韓氏手筆，可暫置勿論。大約從德宗貞元年間開始，就在那些近百年出土墓誌中，我們看到有著愈趨明顯的散文體化的趨勢，詳見後述。然而，活人世界的文壇，從廟堂詔告到文士間信息傳遞，仍是後代歐陽修所詈罵的「選學妖孽」的清一色駢體文世界。「選學」指的是，梁代蕭統所輯的名家作品選的《文選》是一切衡文的準繩這麼一回事。何以墓誌作者在德宗以後那麼輕易響應韓氏的文學革命呢？筆者想這裡面有兩個原因：其一，新文體易於敘事狀情；其二，文章被埋入地下，即使與文壇流行文體有所背離，並不為人所知，談不上須付出對抗霸權的代價。

現在，我們已知有公開性文本墓誌和私密性文本墓誌這兩種區分。私密性文本既走任情路線，致違反世間法，又響應韓氏文學革命而暗中與塵世主流文壇有所背離。公開性文本是反任情主義，而符合現實社會的文明尺度，但文體上或散或駢，就端看誌作者有無

---

32 參見陳銘，《唐宋八大家傳‧歐陽修傳》（廣州：廣東高等教育，1998），頁135-36、141-56、155-56，以及頁161等處。

革命的膽子了。

　　現在，筆者要回頭去補充講藏於地下的墓誌大約從貞元年間開始響應韓愈古文運動這件事。或者我們說，散文化的墓誌不待韓愈公然的提倡就與韓不謀而合了。貞元年間（785～805）之後只有益趨明顯的分，不在本文論內。

　　從現存出土唐誌看來，製作於唐德宗貞元年間的墓誌似乎散文化的跡象愈來愈清楚。舉凡對偶、上四下六的句式、用典，以及甚至押韻等駢文味道愈來愈淡。貞元年間是韓愈步入文壇重要的起步。韓文式的影響在埋藏地下的墓誌愈發清晰可見。筆者認為，由文章家穆員為唐宗室嗣曹王妃鄭氏所寫的墓誌，現由學者周紹良拓藏，可能是第一批散文化墓誌中的一個例證。穆員是為文章家，他背地裡違反塵世主流審美口味作出這麼一篇散文來。

　　本誌有點不落俗套。首先，穆員先講嗣曹王李皋（時官荊南觀察使、江陵尹）奉命將亡母鄭氏歸葬於先曹王李戢之墓穴，並邀穆員寫誌；接著講鄭氏的家世和教養。其次，穆員寫到鄭氏二十四年婚姻生活這一段時，只有兩句話：「年十有四，歸於公族。居二十四歲而先嗣王即世[33]。」就一筆帶過，顯然不是誌文敘述的重心。第三，誌文的重心在於以下五件具體事件。穆員先寫鄭氏於丈夫死後，舉家遷居王屋山的別墅，並集合夫族未婚男女，以及哀哀無告者一起入山。然後鄭氏教養李家下一代協助他們就學和完婚。這一段經營著墨甚深。穆員次寫鄭氏將李皋教育成能臣的過程。穆員再寫鄭氏逝於李皋官舍，朝廷要求李皋墨絰從軍，不可離開職位，李

---

33 參見周紹良，《唐代墓誌彙編》下冊（上海：上海古籍，1992），頁1840。

皋不得已只能就地權葬亡母。接著穆員又寫幾年後李皋公事得閒要
求遷葬亡母於家鄉，如何引起朝廷爭辯，在此，穆員不僅主張贊成
李皋之舉，且不惜長篇大論。穆員末寫李皋一件事功，即如何馴服
一位湖南叛將，這其中還涉及乃母獻計。那就是鄭氏收該將為類似
乾兒子之舉。如今在葬禮上，該將亦執弟子禮致意云云。以上五件
事件，穆員寫來不事用典，完全是創作筆法。筆者可以說，鄭氏生
平在穆員筆下再現的是母親角色的扮演，而不是妻子和女兒角色的
扮演。

　　前文已提及，韓愈門生之一的樊宗師在貞元九年（793）為其叔
祖樊汭所寫的墓誌，也是一副模仿他老師的調調，而且夾敘夾議。
關於樊汭之家世，樊宗師三言兩語輕輕一筆就帶過了。接著樊宗師
著力去鋪陳樊汭的本性。在說墓主高人一等方面，樊宗師如此說：

> 勞勤膚革，研覈心力，所以窮理盡性也。于勞勤之中，睹規
> 矩之奧；于研覈之際，析去就之機。規矩去就，時流標準，立
> 本生道，揚名益榮。可謂加于一人等矣。[34]

這番話很像幾百年後理學家說的話。在說墓主在物論方面歸之奇人
一節，樊宗師如此說：

> 外削去其浮華，內包含其坦蕩，不惑趨于勢利，不委馳于怪
> 迁，被于爍之休嘉，稟丕慶之醇釀，蓄為智謀，播為文章，言

---

[34] 同前揭書，頁1873。

> 談光明，識見清淨，議者奇公，若開雲霧而觀青天也。[35]

對於一個人的特性，樊宗師可謂出語不凡，也可說他觀察人入微，捕捉了墓主的人格特徵。在這一點上，筆者認定樊文未墮入駢體文的窠臼，應為確論。

墓主一生任官只得三任，可說沉積下僚，很難編得出事功。沒想到樊宗師這位大國手也可以在又敘又議中講出一番大道理。樊宗師指出墓主與同事相處甚得人心這點，是如此說的：

> 凡歷理人之官者三，所屬之邑皆以信言節儉祇其上，慈仁明察莅其下，上懷其德，下敢其恩，剽狡不斥而遁去，敦厚不名而員來，可謂上下和矣，神祇孚矣。[36]

對於墓主位只任縣尉和縣丞之官，樊宗師對這兩個職位指出其重要性如下：

> 夫縣尉處部，仰承縣令，俯佐縣事，事劇位卑，務弊權輕，徇令則廢事，守事則忤令。其或徇令廢事，則下人胥怨，得無咎乎？其或辱事忤□（按：缺一「令」字），則上情憤惋，得無咎乎？虐下不仁也，違上非禮也。公上重下愛，不其難乎？縣丞雖加尉之二等也，下監上承，猶不得頡頏。遇利不得而便致，

---

35 同前揭書，頁1873-874。
36 同前揭書，頁1874。

> 還屈不得而特伸。當清平之時，俗尚肆奢，人惟棄本，飲公化
> 者廉潔；及艱虞已來，俗罕土著，時而狼顧，飲公化者泰寧。[37]

對於一位基層官吏如何事上治下，樊宗師藉著墓主成功的下僚經驗，大發一番議論。這莫說在墓誌中殊為少見，即使將之擺在日後宋明經世文類中也頗為突出，不在話下。

關於墓主家庭，樊宗師指出，妻子早逝，而一直膝下無子。這樣孤家寡人的生活，豈是一位多行善事的人所該遭遇的？故而樊宗師講出底下沒有天理這樣的慨嘆：

> 公少而恭恪，長而敦敏，先人後己，尊賢客眾，宜其胤嗣繁昌，不幸無子。[38]

緊接此句之後又有一番敘述，不贅，接著這一慨嘆的脈絡是如此說的：

> 書曰：天道福善，公貞明剛簡，獨遭不惠。又曰：天命不僭，公密察精微，獨罹不弔。[39]

最後有一段文字是講墓主以不能歸葬家鄉為恨，幸虧多年後遺恨得補，其詳細析論將見後章處理遺囑部分，不贅。但這也見出樊

---

37 同前揭書。
38 同前揭書。
39 同前揭書。

宗師以散文風格去敘寫這段情緣。

以上不論穆員或是樊宗師都是大手筆，故而鋪陳人情事故可以創意為之，不落駢文之俗套。或許有人會懷疑這是特例。謂余不信，筆者再舉同樣是貞元初期的三則墓誌，而且這三位誌作者是文學史上的無名之輩，卻同樣作出散文體的誌文。或許這麼做，大家才會信服。

貞元六年（790）桂州刺史、兼本管觀察使孫成遺體得被遷葬於故鄉墓園，墓主二哥孫絳負責撰寫墓誌。孫成是當時負有文名的孫逖的第三子，孫逖的詔表文書相當有名，這表示孫家是個有駢文家學的家庭。然而，孫絳在操筆為文時，採用的是地下文體——散文體。

筆者試著將該誌分段來講解。第一段介紹墓主家世，不贅述。

第二段講墓主年紀極輕就明經及第，並通過吏部考取得官職派任，當上左內率府兵曹參軍。這算是踏出成功的第一步。接著本來有個機會出京任地方尉官的，不幸遇上父親去世，只好不就。這是肅宗乾元初年（758）的事。此處重點在講墓主棄官守孝。

第三段講墓主先後獲兩位封疆大吏的賞識，從幕僚而一路攀升至京官的員外郎。墓主又不幸遇上母親去世，這次公職中斷時間甚長。

第四段講母喪後再起，從京師縣令當起，而任至京中倉部郎中和京兆少尹，繼而外調兩任刺史。特別是獲任蘇刺一事，誌作者還抄錄了當時的人事命令。蘇州人口稠密，凡為蘇刺者，前途看好。果然墓主不數歲積功升任桂州觀察等使，於貞元五年（789）死於任上，享年五十三歲。

　　筆者要讀者注意誌作者的筆法，在上述兩段關於墓主的任官生涯上，誌作者不徒然只開列官銜而已，他還把各任任內表現據實書寫。茲舉信刺任上一例以明之。信州治安差，盜賊如麻，誌作者對此有一番描寫，暫置勿論。關於墓主治信州，其治績依誌作者說是這樣的：

　　下令糾慢，<u>盜止而山空</u>；敦學尚儒，戶曉而人勸。雖伏湛之降盜，文翁之化蜀，儔其功緒，異日而論也。[40]

就因信州大治，墓主才榮升蘇刺的。此處，誌作者雖用漢代兩位循吏治績的典故，但不是辟典，而且他認為墓主比起前賢大有超越的意思。

　　第五段是綜論墓主一生為人，這部分是長篇大論，不煩贅引。筆者要強調的是，誌作者在此是不事抄襲的，而且有新意。

　　第六段是講墓主家庭成員情形，言簡意賅，也不贅引。

　　從以上簡單說明這則誌文內容，相信可讓讀者明瞭誌作者的創意與採用散文體有密切關聯，這樣兄講弟事才能如此暢所欲言。

　　貞元九年（793）致仕多年的盧寂病逝於家中，享年八十一歲。他的女婿柳寥負責墓誌之操筆。這篇誌文的特殊之處就在於把墓主生前兩位長官痛罵一頓，認為他們不識人才。這兩位長官中有一位大名鼎鼎，即李德裕父親李栖筠，時官江南東道節度使，墓主於其麾下任嘉興、常山二縣令。墓主於任內曾破獲一巨盜案。另一

────────

40 同前揭書，頁1856。

主官是鄆州節度使，因誣告州將為墓主識破而義救這位州將。墓主這兩件作為都不討主上歡心。所以誌作者如此為墓主抱不平：

> 噫！夫事長義而東平（按：指鄆守）不錄，宰邑正而元戎（按：指李栖筠）靡聞。何策名聖代，祇沒身于議郎？（按：墓主最高官位為太子司議郎）[41]

這麼直接露骨的批評，也只有拜藏諸地下墓誌之賜方可為功。否則喪家不承受來自兩位大臣及其相關勢力的壓力才怪。

墓主生平占有誌文前半的敘述重心，此為正例，不足為奇。誌文後半以寫子、女、婿狀況為主，男的寫事業，女的寫情操，可說平實記述。只有在敘及二子不仕和三女事姑十年不改其志這兩件事，有所強調，寧非怪事？先說以對二子不仕一事，竟說：

> 有子若此，得不謂賢乎哉？[42]

對於三女事姑十年始終如一一事，竟誇獎說：

> 有女若此，豈非士也焉？[43]

事屬平常卻正面肯定若此，不知是何道理。這樣誇飾文筆與不避權

---

41 同前揭書，頁1877。
42 同前揭書。
43 同前揭書。

貴予以抨擊，同時出現在一篇文章中，顯得頗為不平衡。唯本書此處重點不在評騭文章好壞，而在力求徵實和創意，就此而論，一般文人如柳寥能寫出如此散文，也不是易事。

　　朝議郎、行太子文學的崔契臣為死於貞元十年（794）的姑媽李金作誌，也是散文化的一篇誌文。崔契臣三歲喪父，由姑母養大成人，故對姑媽之死難以自抑。李金之於契臣實為母子關係。李金一生六十八年，由時年四十幾歲的契臣看來，有四件事富有意義。

　　第一件事是李金攜家老小才從洛陽搬到鄴城，就碰到安史之亂，她趕緊又扶老攜幼往南逃難，去依靠丈夫的二叔，一路先過淮河到蔡州，再過長江到洪州。

　　第二件事是丈夫棄官追隨玄宗入蜀，李金聽說之後又從洪州舉家遷往蜀中，與丈夫相聚。這時全家一百零八口，李金只得變賣首飾以維持家用。

　　第三件事是丈夫去世，她又率領全家投奔三叔，這時兩家併為一家，誌文說：「娣姒同居，甥姪皆在[44]。」筆者可以想像，李金為了護持家人，在與三叔打交道上施展不少手腕。這要付出很大的心力。

　　第四件事發生在德宗建中四年（783）長安淪陷，皇帝出奔。兩京士大夫家庭相偕逃離京城，崔家也不例外。但李金選擇不走，卻慘遭隨戰爭伴生的糧價暴漲和瘟疫流行的雙重打擊，但她還是撐持過來了。最後山窮水盡，李金又攜家小逃往東邊的濟源。這時遇到兩個姪兒過世，李金只好攜帶兩副棺木回洛陽營葬。

---

[44] 同前揭書，頁1881。

　　這位女性一生足跡所履，東到濟陽，北達鄴城，南抵洪州，西至蜀中，四度攜家逃難，其中艱苦備嘗又豈是局外人如我們所能想像。崔契臣寫來不帶情緒只是和盤托出。在戰亂的流離人生中，李金以保護家人成為她生命追求的最高職志，李金以一弱女子能四度協助家族度過危難，展現如此毅力聽起來像是神話，但卻是千真萬確的事。崔契臣對他姑媽一生，選擇逃難作為傳記書寫的敘述重心，而不去敘寫人云亦云的正常人生，是這篇誌文的特殊所在。要之，誌作者以四件具體事蹟來烘托墓主艱苦備嘗的人生，是一種不落俗套的筆法，如此一來想要用典也欲求無門，唯有採用散文體予以敘述，才是如實呈現真正人生的最佳寫作策略。當然，以契臣對有養育之恩的姑媽，他大可不用抄襲陳套，只要平實寫來就足以動人心魂了。

　　筆者將於下章論遺囑處，會舉宰相崔祐甫之例，在此倒是必須指出，崔氏為主張文學革命健將之一[45]，他的墓誌由其同事邵說操筆，展示的不僅是散文體格調，而且對於墓主一生重要履歷，完全避虛就實的筆法。想來祐甫兒子辦此喪事，當以迎合亡父所好才是。邵說操筆以散文為之正是喪家之所欲，可以確定無疑。此文作於德宗死後一年內，稍逾此處所立的年限，但不違本文大旨，故不妨言之。兼且此例對本文論點多一旁證。

　　以上筆者介紹了貞元年間（785～805）的五篇誌文，再加上才過貞元一年不到的〈崔祐甫誌〉，都明顯擺脫了駢體文的桎梏，朝

---

[45] 參見陳弱水，〈論中唐古文運動的一個社會文化背景〉，收入鄭欽仁教授榮退紀念論文集編輯委員會編，《鄭欽仁教授榮退紀念論文集》（台北：稻鄉，1999），頁205。

向散文體邁進。這個判然的分野與韓愈提倡古文運動的時間有所重疊。寫誌文要情真意切，只有以散文體方可為功。這是不消說的事。但阻力是出在文壇的霸權要求人們套典用故，抑且盡出駢儷，當有人坦然面對這樣違反情真意切的撰文宗旨，只有在關起門來寫，而且絕不發表才不受此拘束。寫畢文章、再藏入地下的墓誌正可滿足這點需求。

嚴格說來，說韓愈倡導古文影響了墓誌文類文風為之丕變，可能有點過甚其詞。比較穩妥的說法應是，早就有人嘗試以散文體從事墓誌的創作活動，此舉有助於發抒真實的情感，而就在同時，韓愈發動古文運動又與此一潮流不謀而合，以韓之聲望更加壯大墓誌散文化此一趨勢也是有的。在唐代，古文運動的場域是在藏於地下的墓誌文類，塵世的文學場域仍是駢文的天下。

四、私密與公開兩型墓誌並存於世

墓誌文風丕變由駢入散，只是演變的一個方面。演變的另一方面是墓誌的文本性從絕對私密性變成另外生出公開性一路，乃至私密性和公開性同時存在。

墓誌文本的公開性格緣於喪家找名家寫誌。這種出自名家手筆的墓誌容易流傳出去，這點名家很清楚。也就是墓誌的潛在讀者群原本只限於喪家家人，如今墓誌有公開之虞，它的潛在讀者群就會擴大到喪家家人範圍之外。愈是名家手筆，其被不關喪家的外人所傳抄的程度也就愈發厲害。被人傳抄得愈厲害，誌文傳播的範圍也就愈廣。而名家手筆的墓誌也會因為名家文集的出版流通更廣，保

存情形更加完善。特別是南宋印刷術發明之後，名家寫的墓誌藉著文集的流通能見度和傳世度益發加重。

　　儘管公開性墓誌來勢洶洶，但結果也未完全取代私密性墓誌。社會上仍有大量的家庭找人寫墓誌，不是從家人中去物色，就是由社區型的詞人墨客（按：讀者將在後文看到許多誌作者是鄉貢進士）來承擔其事。不論是家人或是社區文士，都是名不見經傳的人，比較不引人注意，反而達到隱匿其事的效果。這類墓誌一旦出土就會讓我們獲窺各種家庭內部的瑣事。

　　宋代以後那類公開性墓誌，愈是士大夫家庭出身者其墓誌的主題愈發往國家論述傾斜[46]，家人之間的情感這種主題相對也愈加不去碰觸。

　　尤須聲明的是，本書主要運用私密性墓誌文本加以寫成，除非有必要才會動用公開性墓誌文本。這點請讀者留意焉。墓誌說它是傳記文本固然言之成理，但以其過於聚焦死亡書寫，故說它是以死亡為主題、以感情為主題都是可以成立的。私密性墓誌更是如此。

---

[46] 北宋著作佐郎趙安仁為石繼遠寫誌，石家此次葬事發生於淳化五年（994），誌文中有一處言及太夫人之喪。這時筆鋒突然一轉去談國家論述，如右：「乃太夫人終堂之日，分祿以助喪，為存歿之所歸，俾子孫之有託。事光前史，行過古人，則致主安民，經邦緯俗。廟堂之政，從而可知。」以上引文載於北京圖書館金石組編，《北京圖書館藏歷代石刻拓本彙編》冊37（鄭州：中州古籍，1991），北宋部分，誌第3711，頁2030，此處從私家喪事可以牽連到國家，即為本書所強調的宋代墓誌所述好往國家論述傾斜。

第三章

死後相約泉下

南山何其悲，鬼雨灑空草。
長安夜半秋，風前幾人老。
低迷黃昏徑，裊裊青櫟道。
月午樹立影，一山唯白曉。
漆炬迎新人，幽壙螢擾擾。

——唐・李賀〈感諷〉

一、戰爭攪擾日常喪葬事宜

　　傳統本土信仰教導人們死後世界就在活人所居地表下面，根據經驗往地底掘土掘到地下水冒出處，就是活人和死人相隔的界線。古代中國人稱死後世界為「泉下」或「泉壤」是掘土獲水經驗的進一步想像。這原本只是當成遺骸掩藏之處。到了漢代，人們具體指泰山（岱嶽）及其附近小山，諸如蒿里、梁父等，為死後世界所在。這些地名在東漢中晚期成為地府的代稱之一。但漢人在習慣上，死後世界或具體指涉以上三山，或逕以「地下」一詞泛稱之[1]。唐代墓誌中較少以泰山及其附近兩小山來指涉死後世界，而以「泉下」、「泉壤」，或「黃泉」等詞使用較多。這可能是在針對死亡作文化想像時，已日漸擺脫泰山，或其附近小山此類具體地理事物，而朝向較具神思飄渺屬性的「地下」這一泛稱。即使少數人使用到泰山、蒿里之山名，也只是用典性質，並非指實地下世界即在泰山附近。蒿里通常都跟「松門」，或「黃泉」對舉。松門指墳塋旁之松樹，代表該墓主進到黃泉地下世界的入口處。像一位誌作者崔馴於銘文處說：「蒿里黃泉」[2]，另一位無名誌作者於誌文處說：「松門蒿里，地久天長」[3]，又一位無名誌作者於文末說：「望蒿里而銜哀，閉松門以流涕」[4]，以上的「蒿里」都是將墳塋當作墓主進入死後世

---

1 參見蒲慕州，《墓葬與生死：中國古代宗教之省思》（台北：聯經，1993），頁205-12。
2 參見周紹良、趙超，《唐代墓誌彙編續集》（上海：上海古籍，2001），頁1086。
3 同前揭書，頁625。
4 同前揭書，頁614。

界之門戶之比喻，屬於用典性質，明矣。中古時代的文化菁英，甚至旁及一些有知識的處士階層，他們都大力營建家族墓園，隋代以來長安和洛陽兩京是文化菁英的匯聚之所，特別是洛陽從北魏末年大約是在西元 500 年左右，北魏政權就開始經營這所新都城，北魏皇親國戚於死後更選定城郊北邙山為葬所，流風所及，文化菁英階層亦加以跟進，如此年深月久邙山變成全國最大規模的理想葬所。莫說洛陽有家的士大夫會將先人埋於邙山，連遠處的士大夫家庭也不惜跋涉千里選定邙山作為家族墓園的標地。

　　唐代士大夫遊宦四方，有時家人會死於官舍，這些官員都盡可能將先人遺骸送葬邙山家族墓園，實在一時無法做到只好暫厝外地，但最終目標都希望有生之年能遷葬先人於邙山，再不濟也會責成後人完成遷葬邙山家族墓園的大計。玄宗天寶十五年（755）安祿山叛變，兩京淪陷，從此烽火連天達數十年之久，國家都處在風雨飄搖了，叛軍在洛陽還盤踞數年之久。在這種情況下，士大夫家中如有人過世，還要堅持扶櫬返葬邙山的計畫嗎？當然不會。這是一種政治干擾了文化慣習的現象。內戰的確影響了許多士大夫家庭汲汲於埋葬先人於邙山家族墓園的日常文化。但這同時也是對士大夫實踐其死亡文化的一大考驗。安史之亂不僅考驗著李唐政權危機處理的能耐，同時也測試了士大夫經營日常喪事的宗教虔誠程度。底下有一個六口的家庭就在戰亂期間，一口氣連死五位家人，包括父母和兄弟姊妹三人，只餘季弟一人，還活著這位家人要負責五次旅次中的喪事和邙山家族墓園裡的葬事。我講一口氣連死五位，是有點誇張，實際上這些家人是陸續往生的，不過都集中發生在戰亂期間。

　　趙郡李氏中有位叫李守盧的人，官至縣尉，與夫人（不詳）育有三子一女，長子津明經出身，次子深歷官臨安縣尉、汾水令，三子江既無功名也未仕，女兒名琰以在家修行未有婚嫁。這一家庭遺有李津和李琰這兩位兄妹的誌文，這兩則誌文都是李氏兄妹內兄崔元陽（時官大理評事）所寫。

　　根據這兩則誌文，天寶十五年，先是李守盧夫婦去世，繼而李津也在逃難途中過世。李津有位女兒出家為尼，隨叔父李深居臨安官舍。對於如何扶護三個靈櫬返葬邙山，李津女兒與李津季弟李江有意見，這一番叔姪（女）的會商見諸〈李津誌〉中。

　　李津旅次到三吳（今江蘇）死於途中，其骨骸暫厝在臨安，顯然是二弟深和女兒在臨安的緣故。在此之前，三弟江已將父母靈櫬返葬洛陽清風鄉邙山家族墓園。到了大曆三年（768）李深於調往汾水縣令時死在任上，深妻薛氏返回臨安和李津女兒談及要返葬李深骨骸於邙山之事。李津女兒很感嘆自己亡父尚暫厝外鄉，但有鑑於國家遭難，自家何須在意先人遺骸不得歸葬的問題。薛氏表示尊重李津女兒的意見，但得通知親屬周知其事。李江聽到李津女兒的一番議論，反而大表同情，排除萬難都要將兄長遺骸返葬邙山家族墓園。以上情節藉由崔元陽之筆再現如下：

　　初，公（按：指李津）之卒會公弟深尉臨安，公之女子尼子真□從，故公之柩殯于臨安。後深卒汾水令，還殯臨安，而深妻薛氏先歸，營求葬卜。尼子泫然流涕曰：「古不遷葬者，□□之義；今戈戟未戢，鄉□且邊，或慮非常之虞。必從近古之道，若吾涉江登陸，盡目以西，是旅幽魂而孤丘墓也。吾懷衣

落髮，業已出家，請備□除□□□□。」薛氏不奪，言于所
親。公季弟江聞之，噭然而哭曰：「兄弟孔懷，吾敢忘哉！又
何尼子之起予。」遂順流□□，以正丘首。[5]

李深妻薛氏和李津女對於將先人骨骸遷葬家族墓園一事，前者原是
堅持的，後者雖同情乃父遺骸權厝外地，但慮及內戰期間沿路安危
問題，又處於可有與可無之間。此事倘再從深處去想，李津女因係
出家人對於死後家人團聚泉下的想法比起常人如其嫂子薛氏，就沒
那麼強烈（按：這點是第五章要處理的重點）。但是李津女萬萬沒
想到她那番即使辦不成遷葬之事也不用太在意的論調，反而激發了
她三叔力辦其成的決心。李家於國難期間得以完成兩代五櫬遷葬邙
山之舉，是在道路不靖下勉強從事，活人能獲平安不能說沒有運氣
的成分。一般喪家是不會如此操切行事的。

　　事實上，我們再根據崔元陽所寫〈李琰誌〉，得知李琰死於天寶
十五年（755），其遺骸亦暫厝在臨安。李江來到臨安辦遷葬之事，
其實是一門三櫬由他一舉而畢全功。〈李琰誌〉還提到有一姊嫁盧
氏。李琰姊妹從小出家，對於佛教信仰之誠在誌文中有所敘述[6]，
以其無關本章閎旨，不煩贅述。李琰未婚，她只是在家修行，故而
崔元陽的誌文是以「處子」稱呼她。與這個誌文有關的文化訊息應
在另章處理女性與佛教時，再行考察。

　　有一支姓人家從西域徙居中土，先京兆，繼山東，末落腳江南

5　參見周紹良，《唐代墓誌彙編》下冊（上海：上海古籍，1992），頁1771。

6　同前揭書，頁1772。

吳興郡，入唐以來已數百年了。唐末時，支家出了一位大人物，叫支竦，官至鴻臚卿致仕。他相中洛陽邙山，並以此規畫為新的家族墓園，從而放棄了吳興郡和揚州行之有年的兩處家族墓園。支竦的遺願要到他兒子支訥才幫他完成。支訥於大中十年（856）將六代二十五喪，散居各處的家族遺骸全部收攬，齊葬在洛陽河南縣平樂鄉的北邙山。支家遺有六片墓誌，可充分讓我們後人獲窺該家族如何營建一個新的家族墓園，以致使他們一家六代先人可以共聚九泉之下，再續活著時的家人情緣。

　　根據支家六片墓誌，且把原本分葬各地的先人葬所開列如下：

　　一、支光，大曆七年（772）卒，年六十一，葬嘉興縣學秀村。

　　二、支成，元和十三年（818）卒，年六十二，葬嘉興縣永樂鄉。

　　三、支成妻顧氏，貞元二十年（804）卒，年五十四，未明葬所。

　　四、支成繼室曹氏，開成元年（836）卒，年六十五，葬揚州江都邑。

　　五、支叔向，不知何年死，卒年三十七，葬淮濡。

　　六、支詢，會昌二年（842）卒，年十七，葬揚州江都邑。

　　七、支小娘子，大中七年（853）卒，年十九，葬揚州江都邑。

　　八、支孫女子，大中四年（850）卒，年十七，葬揚州江都邑。

　　應該要有二十五人的葬所資訊，但據支家六片墓誌只知以上七人的葬所。

　　支光是支訥的曾祖，往上數還有高祖支敏，五世祖支元亨，只是筆者不知支敏和支元亨的卒年，想必可以追溯到玄宗朝的八世紀中葉。如此說來，支家百年來有二十五位先人走入人們想像的泉下世界，但分散在嘉興和揚州兩處。支竦可能認為以上兩處屬江干地帶，比不上邙山乾燥易居也。

中國人入土為重遷，會為了邙山較乾燥便將家族墓園移動嗎？

　　事實上，揚州作為地方型家族墓園所在地，沒有比較過邙山葬地的人是不曉得邙山優於揚州之處的。有許多唐人在比較過揚州和邙山之後，都感到高下立判，而且急於將舉族墓園改遷邙山的計畫大有人在。以下，筆者就講一則這樣的故事。

　　在陳脩古（官淮南節度推官）為乃弟陳宣魯所寫的墓誌中，提到陳宣魯死葬河南縣平樂鄉杜翟原之邙山。由於陳家重心是在陳脩古，陳宣魯年三十三歲死時只有進士功名尚未居官，而宣魯姊嫁韋氏在洛陽孀居，只有陳脩古有官在身，但官所在淮南。所以，陳宣魯的葬事和喪事是拆開來辦的，在洛陽進行的葬事由外甥韋武負責，而喪禮則舉辦於揚州，由陳脩古主辦，可以想見陳家社會關係是集中在陳脩古一人身上。

　　這則誌文特殊之處在於，脩古藉此誌回憶起當年先父陳諫（官倉部郎中，道州刺史）為祖母備辦喪事於揚州，講到揚州葬地不如邙山葬地之事。誌文文本如此再現其事，如下：

　　　伏以先考（按：指陳諫）官于朝，貞元十八年丁家艱，德宗皇帝詔不許還吳貫籍，從隸京兆。時屬汴路不通，遂奉先祖、祖母神座權窆于揚州，且曰：「土薄水淺，非吾宜也，後舉之期，當置于潁洛之間。」脩古既孤，以日時未便，物力未充，

因循所安，終俟改卜。今君之獨墓于此，與外祖塋域遠若相望，不為無素矣。[7]

陳脩古提到乃弟葬到邙山可與外家房氏列祖禰塋地相望，是與當年亡父遺命邙山葬地優於揚州葬地為多有關的緣故。這種揚州不宜作葬地的想法，想來同樣曾任中央官的支竦與陳諫可說有充分資訊可以獲得。

支竦的臨終遺言分別出現在〈支光誌〉和〈支成誌〉中，但詳略有別。這兩誌均由前鄉貢進士朱賀所寫，在再現其事上，詳細版如此說：

> 初，鴻臚公（按：指支竦）以讓爵諧志，將營菟裘，觀周漢舊邦，悅邙巒固秀，爰顧嗣子訥曰：「如我死則必葬我于邙山之下。」申命之曰：「吾思得陪祖禰壤兆之後，汝當上遷五世，從窆于斯，而為支氏遷也。」[8]

至於簡略版則說：

> 初，鴻臚公致政之歲，居于東周，仰嵩邙之奇峻，濯伊洛之情深，顧謂令嗣曰：「我樂于斯，死當葬我，因是亦奉遷祖禰于吾兆之前，庶隆阜崇崗，可以永固。」[9]

---

7 同前揭書，頁2198。
8 同前揭書，頁2336。
9 同前揭書，頁2337。

從這兩誌看來，在支家的家庭墓園重新規畫大計裡，我們看到兩個重點：其一、支竦想死後可以陪伴之前四代祖父、祖禰於地下，其二、之所以看上邙山，著重在「堅固」一詞，埋在這裡，墓園的墓室可以是堅固的，圖的是保其永久之意，則昭然若揭。

當支訥完成乃父遺令之時，與他同一代的兩位在室女已先死，故也同樣埋入新經營的邙山家族墓園。在室女的家族成員資格未因先死未婚負不孝罪名而失籍，此可見拙作[10]，毋庸在此贅論。支家新的家族陰宅落成於大中十年（856），本來主要分處揚州江都縣和吳郡嘉興縣兩地的亡靈這麼一來全聚在一起了。這是本土死後世界信仰的高度實現。還有，更重要的，從755至804年內戰勃興的年代裡，支家即使想將先人遷葬邙山也有所不便。支家人從事嘉興和揚州家族墓園的經營，與南方相對和平是有關聯的。一時之間處於戰亂頻仍北方的邙山，對一些想從事遷葬先人計畫的士大夫家庭是沒有吸引力的。

上舉李家和支家兩例，在在說明了文化菁英階層的死後世界觀是一種家人再到另一個世界團聚的表示。李家在遭國難期間不管路上如何不平靜，一位年輕的小弟先是埋葬了父母，繼而又從江干護送兩位兄長和一位姊姊的靈柩到邙山去安葬到家族墓園。面對道路治安和經濟負荷雙重困難，連出家的姪女都覺得未能遷葬先人遺骸返回家族墓園，是可以諒解之事，然而身為一代子遺的唯一一人李江反受此激勵，竟然獨力完成使兄姊可與先父母團聚於家族墓園的

---

10 參見拙作〈從在室女墓誌看唐宋性別意識的演變〉，《台灣師大歷史學報》第25期（1997年6月），頁15-42。

心願。這種行動背後端賴中土死後世界觀，否則曷克臻此境地？

再說支家。支家從東晉以還定住於吳郡，中唐以後家族重逐漸北遷至揚州，這出現了家族墓園分化的現象。直到李竦任職中央的關係，習染了洛陽文化菁英以死葬邙山為美的文化，因而囑咐兒子李訥要遷家族墓園於邙山的鴻願。李訥背負的艱難使命是由乃父算起五代的靈櫬都要遷葬邙山的大計，他的壓力多沉重可以想見。他要分跑嘉興、江都，以及邙山等三地，工作量之大，以及經濟負擔之沉重，絕對超出我們今日所能想像的。如此費心和靡費無非是為了滿足以下一種想像：子子孫孫將來可以跟先祖禰共聚一室這樣的死後世界觀。

這種生前死後共聚一堂的死後世界觀等於是把家族主義無限上綱的做法。筆者再舉一張姓家庭於下。

安定張氏於唐末出了一對官聲甚佳的兄弟，長名士陵，次名士階。張士陵死於元和十一年（816），享年五十四歲。士陵歷官侍御史、倉部員外郎，外放為虔州刺史、都督邕州軍事兼本管經略招討處置等使。士陵死前，張家的先父母和先祖父母輩都已安置在邙山金谷原的家族墓園，但仍有一些先人葬在外地。士陵的遺言主要在講要將散落外地的先人靈櫬遷葬回邙山家族墓園。由此可知安定張氏這一家經營邙山家族墓園已有好一陣子，但距舉族遷葬的目標仍有一段距離。我們從前述趙郡李氏李津家、吳興支家都響應當時的一股遷葬邙山洪流的運動，看出此處的安定張氏也不例外。遷葬邙山以營建新家族墓園是中古時代對有錢有勢階層很有吸引力的一個運動，這個運動側面反映了當時的死後世界觀。現在我再回頭去講安定張氏這個家族。

　　張士陵誌文為乃弟士階所寫。張士陵的遺言促成了張家營建新家族墓園於邙山的未竟之業。關於這一點張士階於誌文中如此再現其事：

> 初公寢疾，乃著遺令：「送終之具，務從儉薄，獨以兩房伯父、外祖母旅殯江濆，五十餘祀，先考先妣嘗所遺憂。又長兄韋城府君、從父兄葉縣府君、亡嫂鄭氏，假葬淮上，僅二十年。平心素心，遷祔而已。今悉家有無，遂吾夙志，則瞑目無恨。」其弟其子，哀奉遺言，泣成其事。[11]

　　張士陵不僅抬出當年先父點名的兩房伯父、外祖母這三個在外靈櫬，他自己又補上同代的長兄，從父兄、亡嫂等三具在外靈櫬。如果家族墓園的入籍資格是生前的家族成員資格的複製，在此，我們看到外祖母和從兄弟這兩種人倫關係列入考慮。這會不會是類同於唐初宗族團體的規模？那就是祖父母輩算下來的「再從同居」[12]。但揆之前舉支家狀況，連五代祖也算進來，那就不只「再從同居」了，其實際規模又有過之。前舉李氏之例則止父母和兄弟這兩世代，似乎只是營建邙山祖墳運動的開端之一個案例。張士階面對的是三代七櫬有待遷葬邙山的問題，追究這個問題的產生無非是戰亂伴隨道路不靖的結果。張家五十幾年來無法遷葬先人於邙山，與內戰繼踵而至有關。

---

11 參見周紹良，《唐代墓誌彙編》下冊，頁2002。
12 關於初唐宗族團體問題，可參見拙作〈彭城劉氏宗族團體之研究〉《中央研究院歷史語言研究所集刊》63本3分（1993），頁571-638。

　　張士陵的亡妻杜氏先他十五年死，而且死葬在揚州。張士陵遺言未點到其名，不過張士階揣摩兄意，也一起遷葬回邙山，且與士陵同穴。這在誌文中如此記載：

> 夫人……先公十五載而歿于揚州，及今同歸，蓋從同制。[13]

　　張家這座新的家族墓園，到了開成五年（840）又搬進一位新成員。這一次是輪到張士階的女兒張嬋進住。〈張嬋誌〉為乃兄張塗所寫。這時張士階官湖州刺史，張嬋是他第三位女兒，未婚而亡，士階傷心欲絕。講到張嬋入葬先塋，張塗的誌文如此說：

> 今洛陽金谷原先人之弊廬在，故幼弟勳侍行自長安，將送其葬焉。以其年五月九日歸于土。[14]

　　從士陵死於元和年間，至張嬋死於開成年間，已多歷年所，怪不得這個新家族墓園到了張塗口中已變成「弊廬」了。但這時帝國尚控有通往邙山交通安全之權力，所以張家才能適時返葬往生家人於邙山。張家的例子又一次告訴我們，家人相約死後共聚一堂是中土死亡文化很重要的一個部分，已昇華到價值的地步。這才會引起那麼多人在遺囑中會指名該遷葬哪些家族成員於墓所，成為一大項目。張士陵的例子只是那麼多點名遷葬的遺囑中之一例。

---

[13] 同前揭文。
[14] 參見周紹良，《唐代墓誌彙編》下冊，頁2199。

　　死後得葬先塋與祖先同住佳城或兆域，已變成死後世界信仰中一種熱切的盼望，這種盼望會出現在人們頒布遺命的行為中，也會出現在面對先人權厝外地的子孫其日常生活的話題中。先人死前盼望未有著落，死後必造成子孫一種愧對先人的焦慮。死後與家人團圓的歲月竟然成為誌作者及其筆底人物的欲望對象。想像死後世界就像咀嚼活人世界所建構的家庭幸福之滋味。

　　同樣也是安史之亂後的一個家庭，這次是帶有范陽盧氏郡望的一個家庭。主人翁叫盧伯卿，他的妻子出身清河崔氏，於寶曆二年（826）過世，享年三十七歲。這是妻子先死，丈夫葬妻子的例子，當然未到合葬與否的時機。合葬是否切實執行，通常要等到後死那位配偶在臨終前交代嗣子做出決定。當有一配偶先死，另一未死者倘替前者作誌，這樣的誌文一定沒有合葬與否的資訊，再加上後死配偶的誌文不見得傳世，因此就會留下這對夫妻結果是否合葬的疑問。此處盧伯卿雖係後死，卻留下誌文，因此可供後人獲知崔氏最終還是與夫合葬的，而且就在先塋。

　　崔氏臨終前未能言語，無法清楚交代其後事，再加上盧伯卿遲一刻趕回來見愛妻最後一面。後世讀者如筆者光讀崔氏誌文，還是對這一對夫妻最後是否同赴佳城，尚有疑問。如今可好，不僅盧伯卿誌傳世，伯卿父盧初誌亦傳世。如此一來，我們對於盧氏一門其家族墓園之運作可大致知其梗概。先說崔氏之死。〈崔氏誌〉由盧伯卿堂兄弟盧商所寫，他後來拜相，這時恰好官守河南縣令，是可從便照料居於洛陽的崔氏其喪事。崔氏臨死之時，丈夫伯卿官河中府猗氏縣主簿，這時奉使出差至關中，聽到惡耗盧伯卿請假回家，由於路途遙遠來不及及時趕到家中。根據盧商所寫誌文知，崔氏嫁

到盧家將近二十年，育有男女九人，死時才三十七歲，可知其中養育兒女的辛勞。

〈崔氏誌〉除了言及其家世和婚居生活外，值得注意的是臨終場景和死後葬事，這一部分占一位有三十七年生命史的人的一大半篇幅。先說臨終場景，盧商如此再現其兄嫂之事：

> 明年者（寶曆二年），公如秦，夫人臥病，男女環列左右，候所苦而無告，惟曰：「歸吾洛中。」時二年四月十八日也。及公星馳而至，已望門而哭。誰謂同心，不覯瞑目，嗷嗷孺慕，號叫鰥獨，哀哉！夫人去我何速！時春秋卅有七。[15]

盧伯卿未能得睹亡妻最後一面，構成這份崔氏傳記文本一個重要情節，可由讀者讀出，不煩贅論。其次，關於盧伯卿如何依愛妻遺言經營喪事，盧商為我們再現其事，如下：

> 盧公追其遺言，以其冬十一月九日，歸窆于河南縣金谷鄉焦古村，禮也。[16]

這裡，並未明言焦古村是否為盧家家族墓園地，但從崔氏言「歸吾洛中」和此處盧伯卿將其亡妻「歸窆」云云，應是先塋才對。光憑此誌我們只好如此猜測，幸賴另二誌，此中疑問不難迎刃而解。

---

[15] 同前揭書，頁2094。

[16] 同前揭書。

　　盧伯卿父盧初娶宰相李揆之女，初去世於大曆十年（775），享年四十四歲，還很年輕。他的誌文由盧初岳父李揆所寫就。

　　盧初的死與大曆十年（775）田承嗣造反有關。那一年田承嗣率軍陷相州、洺州，以及衛州。魏軍軍鋒直逼黃河，黃河南岸的滑州正由盧初長官所管，他在那裡當司法參軍。盧初聞田軍軍變顧不得一切，攜家帶幼往南逃竄，一路逃至長江中游，他的岳父坐鎮的節度使府。可能是旅途勞頓、驚嚇兼而有之，一住下就病死了，享年四十四歲。盧初臨終情景，李揆的誌文如此再現其事：

> 自寢疾逮乎歸全，叔父臨視，同生在旁，懿親密戚，罔不咸萃。故其疾也救無不至，其終也禮靡不周，生榮死哀，人事備矣。[17]

盧初的長輩就數叔父盧晊，時官殿中侍御史，上引文中的叔父即指盧晊。引文中的「同生」指的是盧初的同母妹，嫁給李揆的族子李從義，正在楚地當官，聞兄訊亦來探望。底下誌作者再現的是盧初妻——李揆女兒——和盧初妹如何操持喪事，如下：

> 君之女弟，吾族子從義之妻。君子然早孤，惟李氏一妹，先是從夫在楚，及君來之亡也，得與盧氏之女護其終焉。內事維持，嫂妹同力，崩城之慟，聞者哀之，陟岵之望，于茲絕矣。[18]

---

17 同前揭書，頁2112。

18 同前揭書。

盧初死後，一時之間無法返葬邙山，只能就近權葬在楚地，關於這點，誌文如此敘述其事：

> 以其年八月權窆于楚山之山陽原，行士制也。[19]

李揆說這是行士族的辦法，也就是當時文化菁英階層流行的葬制。銘文則明白表示將來要返葬家族墓園，如下：

> 子之亡也，胡寧是殂？殯爾何所？山陽之田；兆云吉兮龜同筮，金雞鳴兮玉犬吠，庶冥贊兮昌後裔，追榮返葬祀萬世。[20]

盧初死的時候，兒子伯卿還很小，這在誌文中凡兩見，一處是說：「有子二人，藐然始孩，未及於禮。」另一處則說：「孤抱乳以隨柩啼，若知兮不知？」再過四十四年，盧伯卿官至知度支雲陽院，盧伯卿不顧反對意見，毅然要將亡父遺骸返葬邙山，結果做成其事。就在原本的盧初墓誌石旁追記其事，這次追記的作者是盧商，這時官至尚書工部郎中。在這個追記中，盧商把一位孝子要代親完成返葬盼望所轉化成的焦慮，表現得淋漓盡致，如下：

> 其孤知度支雲陽院試大理評事伯卿，永惟大事未畢，烝烝孝思，夙夜銜恤，以卑秩綿力，哀懇未從。粵以大和三年（829）

---

19 同前揭書。
20 同前揭書。

己酉歲十月二十六日，自隸州啟護歸祔于河南縣金谷鄉焦古村，依澧州伯父之兆域，東北相去二十六步，西北去尹村大塋五里。[21]

盧初墓誌追記之內容

再據上引文知，盧氏一族的墳塋就散布在尹村和焦古村之間。前此，盧伯卿妻崔氏葬於焦古村處，就是盧家家族墓園範圍內，至此豁然冰釋。

盧伯卿辦完先父遷葬那一年，為五十六歲。再過十一年，即開成五年（840），伯卿病死於河南府濟源縣之私室，享年六十七歲。盧伯卿誌文為再從弟盧愨（時官刑部員外郎）所寫，在本誌中未見臨終情景的狀寫，也不明講伯卿和妻崔氏到底有否同穴而葬。不過，伯卿被葬在焦古村，理應與妻同葬一穴才是。還有，在〈盧初誌〉中提到伯卿母（即李揆女兒）如何操持喪事，到了〈盧伯卿誌〉中，李氏是在寫到伯卿二十多歲當第二任官（陝州安邑尉）時，以病死出場。誌文中以偏伯卿的角度說：「未幾，罹太夫人之憂，顏丁泚血，苴蒢僅存[22]。」這裡的太夫人即是伯卿母李氏。而李氏是否與其先夫同穴而葬，因在本誌中不是墓主，故無一語及之。由於未見〈李氏誌〉傳世，筆者只能猜測李氏應該葬在盧家家族墓園中，而且理應與盧初同穴而葬才對。〈盧伯卿誌〉最特殊的記載不在這些私密的家庭瑣事，而在伯卿的財經官職履歷，諸如東渭橋給納使巡官、知京畿雲陽院、兩池使判官、知閬中院，以及領鹽城監

---

21 同前揭書。

22 同前揭書，頁2204。

等五職。唯這些無關本書閎旨，可不俱論。

從以上盧門三誌的討論，知盧家家族墓園在金谷鄉的尹村有大塋，焦古村先後葬有盧伯卿妻崔氏、盧伯卿、盧伯卿伯父、盧初，以及盧初妻李氏等人的墳塋。其次，我們從盧伯卿妻崔氏（826）、盧初（775），以及盧伯卿（840）等三次喪事，得知形同盧氏一族大動員三次；還有，盧初遷葬返鄉那一次也是，光寫誌的人就有墓主堂弟，和墓主再從兄弟，這明白告訴我們盧氏一族的邊界具體到達哪裡，「再從同居」至少在兆域的泉下不是虛語。盧家在邙山的家族墓園不知經營始自何年，但此處討論至少綿延凡六十五年，有兩代的家人同葬在此墓園中。家人中有愚賢，最終還是要到這裡報到，這就應了盧慤寫〈盧伯卿誌〉中銘文有一句說：「古今共盡，愚賢同域。」了。此外，尤須留心的一點是，775 年那次喪事是葬不成邙山的一次，另外兩次可以順利返葬邙山得利於承平年頭。

二、政爭高潮與返葬邙山運動陷入谷底

前面幾例講的都是以安史之亂以後為背景的文化菁英邙山家族墓園經營史的故事。現在筆者回頭談初唐政潮洶湧之下這一階層其邙山家族墓園如何克保全終的故事。

初唐政爭最激烈者當屬武周代唐那一次，多少忠於唐室的士大夫家庭破家亡身，邙山家族墓園只能任其荒廢。但畢竟還是有少數人遇劫卻躲過風浪、得保家族墓園於不墜。

唐朝開國元勛之一的徐勣在高宗廢后一事上站在武則天這邊，但等武氏簒唐之心益顯的當兒，徐勣孫敬業於揚州舉兵反武。敬業

有弟思文，思文第三個女兒嫁給王勖，在武氏派軍征伐徐敬業軍事
行動中，王勖官拜右玉鈴衛郎將，卻死於是役。徐敬業以失敗收
場，徐家子孫在歷次搜捕行動中幾無倖免。唯獨徐思文三女，因夫
婿為征討軍軍官而且死於戰役，不僅不受罰，而且還受到武則天優
待，命她不得守寡，思文女乃改嫁一位叫溫燁的人（時官潞州屯留
縣令）。思文女還獲保當年祖父朝廷所頒予的李姓此一賜姓。為講
述方便起見，筆者以李氏稱之。溫燁於太極元年（712）去世，李
氏再度守寡，距上次守寡的光宅元年（684），已經事隔二十八年。
〈李氏誌〉的誌作者指出，李氏於處理完溫燁的喪事之後，興起返
住娘家的念頭。當然，這時她的娘家，父母絕對不在了，李家的家
長是她最小的弟弟，時官滄州刺史。請讀者留意，前夫王勖的家，
以及現夫溫燁的家，都不在李氏考慮之列，但她跟王、溫兩家的子
女是有聯繫的。她跟王勖生了三個女兒，她跟溫燁是否育有兒女，
答案不得而知。從李氏死於開元四年（716），享年六十三歲計，她
再嫁給溫燁的年紀最早遲不過三十一、三十二歲，理應還有生育能
力。溫燁娶李氏可能是續弦，溫有四子，據〈李氏誌〉說，長子過
繼給人，二子伯燁對待李氏之死有「如母之酷」，從語氣看不是李
氏所生，另有二子沒來參加喪禮，誌文說：「餘並在遠」，顯示很
生分的況味，可能也非李氏所生吧。這樣說來，晚年的李氏——丈
夫死時已近六十高齡——有三位親生女兒和女婿，有四位後夫與前
妻生的兒子，似乎都不可依恃。比較起來，娘家的季弟滄州刺史才
是最可靠的支柱。更何況誌文文本對這位季弟能參加李氏丈夫葬禮
大書特書，如下：

> 季弟滄州刺史友于伯姊，何日忘之。頃者剖符海壖，跋予洛
> 汭，遣乘瞻遲，勤亦至矣。夫人知命之將□盡，而篤愛天倫，
> 扶病言歸，不捨晝夜。以開元四年閏十二月三日至于滄州，雖
> 泰相歡，展敘情理，吉凶慶吊，悲喜交集。23

李氏的言歸，歸的應是娘家，而非夫家明矣。

誌文對於李氏臨終情景，是當成敘述的一大重心，有如下再
現：

> 常以惠定加行，貪慕真如，臨終乃建說一乘，分別三教，談
> 不增不減，以寂滅為樂，意樂出家，遂帔緇服，如如永訣，非
> 復常情。24

可知李氏臨死入教。然而，她要斷絕的塵世之情針對的是她兩任的
夫家，她對娘家沒有心存斷絕，因為她是葬在娘家家族墓園的。此
處，婦女信佛不與先夫合葬的問題，會在第五章集中討論。而這點
大概就是誌文所說她的遺令吧。據誌文如此說：

> 開元五年歲次丁巳二月壬甲朔十三日甲申，式遵遺命，歸葬
> 于洛陽河陰鄉北原先人舊塋左右，禮也。25

---

23 參見周紹良，《唐代墓誌彙編》上冊（上海：上海古籍，1992），頁1187。
24 同前揭書。
25 同前揭書。

徐家經過翻天掀地的政治變動,至少徐思文這一支還倖存下來,走過了武則天當政期間,可以繼續經營先人墳塋,而使下一代的李氏,以及後來的李氏季弟當還有機會入駐徐氏家族墓園。〈李氏誌〉應是李氏季弟找人所寫。李氏與王昂生的三位女兒都來扶奉母親的靈櫬,從滄州出發,一路直奔洛陽。從684年徐家遭難,到了717年,過了三十三年,徐家的家族墓園還完好如初,也還可供後人繼續使用,而當年打擊徐家不遺餘力的武周政權早已灰飛煙滅。帝國的歷史還沒有徐家家族史長。

另一個家族史長於帝國史的故事發生在一位杜德的女子身上。

杜德出身京兆杜氏,先祖三代均高官,她在十七歲嫁給出身清河崔氏的崔知溫。夫婿後來榮任相職,她也獲一郡夫人封命。她的長子崔忝參加倒武軍事行動有功受賞,她再次榮獲封命,那是神龍元年(705)的事。唐中宗晚年韋后擅權弄政,並毒死中宗皇帝,杜德三子崔諤參與誅除韋后的行動有功,連同杜德三度受到封命,這次達國夫人的地步。崔諤辭榮歸侍母親,睿宗皇帝勅令:「特賜全祿及防閤品子等,以旌慈孝之至[26]。」這在〈杜德誌〉中特予褒獎說:「國朝以來,一門而已,始終貴威,天下榮之[27]。」

〈杜德誌〉中敘及墓主的個人生命史處,有兩點值得注意。第一、杜德嫁到崔家時,崔家規模之大,讓我們見識到兄弟同居共財的景象:諸如「時六房同居,和睦上下,撫諸孤姪,有若己子。」[28]崔知溫及其五位已婚兄弟共聚一個屋簷下,可以想見崔家人口之眾

---

26 同前揭書,頁1266。

27 同前揭書。

28 同前揭書。

多了。

第二，杜德臨死和喪葬情形，由於有皇家贊助，所以誌作者的眼光多被這些褒揚舉動給吸引過去，關於閨門私密情景只是一筆帶過，在此，崔知溫是不見蹤影的。杜德病死於開元六年（718），享年七十五歲。關於她頒布遺令的情形，誌作者如此簡約地再現其事，如下：

> 遺令葬惟瓦木，一皆遵奉。[29]

這是一個薄葬的遺令，卻未及葬處以及如何葬，包括是否將來與夫合葬等。她是在開元七年（719）才順利地給葬到夫家的家族墓園的，如下：

> 權窆于河南府洛陽縣平陰鄉遷善里北邙山之原，先塋之側。[30]

到了開元十一年（723）崔知溫去世，才來陪乃妻於地下，至此，我們才知崔氏夫妻結果是合祔的，亦即採同穴葬的。原來〈杜德誌〉刻石的空白處，在開元十一年被補上如下二十九字：

> 開元十一年歲次癸亥正月丁卯朔卅日景申合祔。[31]

---

29 同前揭書。
30 同前揭書。
31 同前揭書。

　　崔家先後在705年和710年做了兩次政治冒險行動，事後證明是正確的政治投資。假如稍有差池，毀家滅身是可以預期的。一個家庭在短短五年中涉入政爭如此之深，身為母親的杜德難道會活得安穩嗎？她雖然三受封命，榮登國夫人，但這光彩的封命背後是用許多條命換來的。兩個兒子如此熱衷政治，杜德在此究竟扮演何種角色，頗引後人好奇。可惜的是誌文並沒有給我們答案。崔家家族墓園繼續屹立於世，度過了武則天垮台和韋后垮台，以及將來還要面對武則天女兒太平公主的政變奪權失敗事件，這些政治事件都未帶給崔家負面影響，相反地，崔家在政治上的投資正確，反過來也確保了崔家家族墓園繼續順暢運作，一個六房同居的偌大家族勢力使得其家族墓園維持著長青的地位，可不是一件易事呀。

　　再來是兩位婆媳關係的女性牽動著劉家及其家族墓園的命運。唐高宗時劉仁軌跨海東征平定百濟，擊潰日本海師於白江口，其子劉濬年僅十七隨父出征，亦有功勛。此處講的兩位女性，就是劉仁軌和劉濬的兩位妻子。劉濬還碰上徐敬業亂事，他也是綽著功勛。在武則天篡唐自立前夕，劉仁軌先死，劉家的政治賭注交由劉濬負責其事，結果劉濬選擇唐室這邊，他被長流嶺南，死於是處，享年四十七歲，於延載元年（694）權殯在河南午橋東原。這時劉家的家族墓園岌岌可危。

　　〈劉濬誌〉雖標榜墓主劉濬是此誌文的主人翁，但真正的角色是其妻李氏，其次是劉仁軌妻，在誌文中尊稱她為「文獻夫人」，因為劉仁軌受封為文獻公的緣故。〈劉濬誌〉是濬外孫王進就家臣擬就之稿抄寫成書體付刻的，提到文獻夫人處，是她晚年生病的十年，由劉濬夫婦臣侍湯藥。有一天，武后召見進宮，問文獻夫人身

邊有幾位女兒照料病體,文獻夫人回答說,有男孩和媳婦照顧,比
起女兒還管用云云。等到老夫人過世,劉濬忙完喪事入宮拜謁皇
帝。皇帝此番又提到據皇后所說,卿夫婦都很孝順,接著又說,
「忠臣取於孝子,豈敢忘卿乎?」劉濬獲此嘉獎,回家後講給家人
聽,說在家所為都讓皇帝給知道,感到非常光榮。老夫人替兒媳在
皇后面前稱許有加,如今身為兒子的劉濬又親自聽到皇帝的嘉獎。
這或許決定了劉濬夫妻在武氏篡唐事件上只能站在唐室這邊的緣故
吧。

　　劉濬死在嶺南,李氏萬里投荒,將亡夫遺骸運回中土安葬,可
是〈劉濬誌〉一大敘述重心,誌作者再現其事,如下:

> 及公(按:指劉濬)枉歿南荒,夫人攜幼度嶺,行哭徒跣,
> 扶櫬還鄉,寒暑四年,江山萬里,一朝而止,誰不嗟伏。[32]

如此艱鉅的大事,花費了四年的時間,決定的時間卻只有一個早
上。然而,政治鬥爭還沒完,就李氏看來,這場鬥爭是她與武則天
較量誰活得長。先是在永昌元年(689)武則天有所讓步,有幾家因
忠於唐室而被懲罰的家庭,包括劉濬家在內,政府發還沒收的財產
和遭剝奪的免稅役特權。李氏為此告誡諸子說,不要因這等小惠而
改變政治忠誠,換言之,李氏的政治立場並不因武則天示惠而改

---

[32] 參見周紹良,《唐代墓誌彙編》下冊,頁1366。此誌於1960年出土。黃永年最早
　　以此誌研究武周革命,以及劉仁軌真實家世。這與本書書旨不同。黃文叫,〈讀唐
　　劉濬墓誌〉,收入氏著,《唐代史事考釋》(台北:聯經,1998),頁519-35。

變。李氏兩個兒子因此拒不出仕。李氏如此堅毅，這在誌文中如此
再現：

> 太后自永昌之後，寬典行焉，如公數家，例還資蔭，夫人誡
> 其子曰：「用蔭足免征役，不可輒趁身名，汝祖父忠貞，亡身
> 殉國，吾今食周粟，以媿明靈，汝儻事偽朝，如何拜掃！」二
> 子親承訓誨，甘守鄉園。[33]

在這裡，清楚獲知劉家的精神支柱是李氏，她高度認同乃夫當時的
政治抉擇；還有她的公公劉仁軌是死後獲葬高宗陵寢的忠臣，李氏
以此激勵兩位兒子，如果不站在先人同一陣線上哪有顏面每年按時
祭奠？在此，李氏還借用了伯夷、叔齊不食周粟的典故，這典故用
得巧極。恰好武則天的國號也是周。在杜德夫人這位女士身上，我
們無法從她誌文獲知她在對抗武周政權上所扮演的角色，但從〈劉
濬誌〉我們清楚看到李氏這位女性是家族對抗行動的策源地呵！
　　李氏的對抗其背後有其見解和慧識。她在唐中宗復國之後，率
領一子入京陛見皇帝，有親戚認為這是愚行，她不為所動，堅持非
見皇帝不可，結果如願給見到。而且，更神奇的是，詔命頒授官職
給她兩個兒子。她的親戚驚訝不已。這在誌文如此再現其事：

> 神龍之初，中宗監國，詔國夜過，婦人鳳典，因率一子入
> 都，修詞詣闕。時有親表愚昧，非笑是行，數日之間，果有恩

---

33 參見周紹良，《唐代墓誌彙編》下冊，頁1366。

命，各授班秩，咸驚訝焉。其為識見也如彼。[34]

李氏活得可夠長，不僅度過武則天當權的二十年（684～704），而且還在李唐恢復政權的二十五年（705～729）安享餘年。李氏是在開元十七年（729）因病去世，享年七十九歲。關於李氏的遺言和遺願，誌作者不去寫她在家中會見親友的場面時出現，而是在寫到皇帝遣中使來問遺願時出之。關於這點，誌文是繼家族聚會見李氏最後一面時，接著寫出如下：

> 至翌日，上令中使賻絹布六百段，仍問卜葬之所。二子口奏：父母遺願，並請歸附先塋。優詔曲臨，便允所請。[35]

這裡的先塋不是劉家家族墓園，而是劉仁軌獲葬的高宗陵寢所在。這在底下誌文提到：

> 以十八年五月十九日，合祔葬于文獻公陪乾陵舊塋西次，禮也。[36]

誌作者對此劉濬夫婦同穴葬，以及劉仁軌、劉濬父子同葬皇陵之事當成佳話予以敘論，如下：

---

34 同前揭書。
35 同前揭書。
36 同前揭書。

父子鄰兆，存亡事君；夫妻同穴，始終今義。[37]

依上述看來，對於劉家兩代夫婦的人生，沒有比這句敘論還更貼切的了。

劉家的家族墓園在何處，在本誌文中未見提到，不過，我們相信只要李唐帝國存在一天，這個帝國絕對不會虧待這個一門二代的忠勇之家。劉家有三位人物獲葬皇陵的紀錄就是劉家家族墓園得以永續經營的最大保證。

此事還有一個插曲不可不提，到了開元十八年劉濟和李氏榮葬皇陵之時，她那兩位兒子，一位任祕書少監，另一位任祠部郎中，這樣三、四品的官職就是當年劉家挺過政治黑暗期換得的實質獎品。劉家的代價就是家長慘遭流刑，以及兩個兒子白衣在家二十年。

筆者再舉一例，它是橫跨唐代前期和後期的例子。話說博陵崔氏有一家庭入唐以後相當興旺，代有人物出現，到得大曆年間（766～779）時，這一家已出現過崔暟（官汝州長史）、崔沔（官祕書監、太子賓客），以及崔祐甫（這時是中書舍人，以後還會高升）等三代傑出人物。崔暟的上數三代從河北徙關中參與西魏政權起，已在長安咸陽北原設下家族墓園，而且歷經兩代。等到崔暟入仕遇到遷都洛陽的緣故，故而家人去世者多改葬邙山，從此邙山成為崔家新的家族墓園，從崔暟算起歷經四代不變。所以，說崔暟是參與營建邙山使成全國型家族墓園運動的有功分子之一，迫不為過。

---

37 同前揭書。

以上在吳少微和富嘉謨合寫的〈崔暟誌〉，以及文末所附崔祐甫的〈補記〉，可以見出，茲徵引於下：

> 初安平公（按：指崔暟）之曾祖涼州刺史自河朔達葛榮之難，仕西魏，入宇文周，自涼州以降，二代葬于京兆咸陽北原。安平公之仕也，屬乘輿多在洛陽，故家復東徙。神龍之艱也，御史僕射（按：指崔沔）以先妣安平郡夫人（按：指王媛）有羸老之疾，事迫家窶，是以有邙山之權兆。自後繼代，家于瀍洛。及安平公之曾孫也，為四葉焉，況屬兵興，道路多故，今之不克西遷也，亞于事周之不諧北葬。[38]

以上崔祐甫敘及其家族墓園三遷記，等於是在講西魏至唐中葉以來的帝國興衰史，可以看出世家大族追逐帝國中心反映在其家族墓園改定對帝國的依存上。崔家此例比上述諸例還要透澈不過。

在那個時代，死在外鄉無法立即返葬鄉園的例子多的是，終究是要勞煩後人處心積慮要完成先人返葬故鄉墓園的遺志。在這裡，一般情形是經濟的因素，凡一個家庭於先人死後家道中落，必定使後代花費相當長的時間才籌得出經費去遷葬先人。有了經費還不見得能成其事，有時遇到戰事，道路不靖，喪家要雇舟車搬運靈櫬都不見得有商家要接此生意。唐代中葉安史之亂，以及亂後倘中央與河北關係惡化動輒戰亂橫生，這樣的國家大事都影響到天下文化菁

---

38 同前揭書，頁1803。

英階層一系列的遷葬計畫之遂行。唐代上半期即使國家承平，但中央政治舞台卻政潮洶湧，每一次政爭都導致許多家庭家破人亡，這時也顧不得家族墓園的經營，許多遷葬計畫因而被迫延宕下來，這是筆者綜合以上討論提出來的一個淺見。

三、先塋、薄葬與合葬

現在我們再回頭去看死亡文化中攸關本土死後世界的問題。

墓誌這類文本在死亡書寫上，不見得事事再現。一個人處在死亡過程中，多少都會有遺囑和飾終之典，而埋葬狀況更是理當不可少。但載有遺囑此一情節的墓誌還總是少數，絕大多數墓誌是失載遺囑這一文化項目的。還有，埋葬情況也不見得誌誌說得詳盡周全，總有掛一漏萬之處，這裡牽涉到每位誌作者在選材上，有著畸輕畸重的取捨問題。

一般情形所見，當遇到有一配偶還活著之時，在埋葬這一項目的表達上，側重點在於有無選「薄葬」[39]的對待方式，以及有否葬在「先塋」等這兩個因素。薄葬之外的另一選擇是厚葬。在當時價

---

[39] 在漢代，葬制與死者身分要有對應關係，凡逾制的被稱作厚葬；還有，過度奢華、不當靡費的也有此稱。但厚葬風氣受到社會壓力和孝道等兩因素的鼓舞，不可遏抑。反過來，喪家盡可能減輕喪葬花費的，就叫薄葬，這是因為慮及經濟後果，或特定宇宙觀的指引。但喪葬花費要降低至何種地步，亦因人而異，沒有定準。再者，薄葬論具有反死後世界的傾向。此可參見蒲慕州，《墓葬與生死》，頁227-68。還有，有人對於先秦厚葬和薄葬之爭議解釋成不同喪葬觀念的鬥爭。此見李德喜、郭德維，《中國墓葬建築文化》（武漢：湖北教育，2004），頁22-24。

值觀上，厚葬會引起非議[40]，即令有人深喜為之，也不敢聲張[41]。至於有無葬在先塋，更是彰顯死者孝思的一大指標，倘無特別之處，臨死者多半以死後葬在先塋為首選。這些意思通常在臨死者的遺囑中會表現出來。

　　還有一種情形，是配偶中那位後死者會碰到一個問題，那就是，他／她點了「薄葬」，也要了「先塋」的葬所，他／她還要對夫妻是否同穴葬，進行抉擇。這在誌文的表達方式叫「合祔」與否。合祔表示夫妻生前情深，死後還要同寢一處。每對夫妻不見得生前和樂以至情深，但葬事操在後人或後死者手裡，生前怨偶或許也會被人以同穴葬來處理。然則，有人選異穴葬嗎？有的！那是出於很奇特的原因，有的說是要返葬娘家墓園，有的說基於佛理人死如燈滅一了百了，要完全離開塵世。這種異穴葬的要求，出於女性為多，但男性也不是沒有。關於異穴葬的問題另章處理。本章處理的是同穴葬的問題。

---

[40] 事實上，政府明令禁止厚葬，見《唐大詔令集‧誡厚葬敕》（台北：鼎文，1978，再版）。但此令形同具文，社會上窮奢極欲的人所在多有，今天考古挖掘發現許多大型墓葬建物，內中壁畫、明器，以及種種設施無不令今人嘆為觀止。當時有人採行厚葬，與本書競相以薄葬為尚者，相映成趣。還有，厚葬的墓所遺物豐富為人注意。薄葬墓所幾無遺物和遺跡可言，易為人輕忽，而且易遭破壞。事實上，薄葬的墓所應比厚葬的墓所多得多才對。

[41] 會中墓誌中坦承是「厚葬」的應是少數。像荊南節度副使嚴籌死於咸通三年，他的兒子官河東節度驅使官奉母命治喪，在京兆人杜巖所寫誌文中明言：「致之厚葬」即是一例。同前揭書，頁2395。至於本書下文會有誌作者形容喪家「罄絕家資」治喪的用語，是否即是「厚葬」，這倒是要視喪家財力大小而定。倘若喪家財力不足再如何化費，也還是薄葬的格局。

四、鰥夫的喪葬文化餐點

我要先說鰥夫臨死者的三種選擇，即薄葬、葬先塋，以及夫妻合穴葬等。

貞元十四年（798）一位致仕的男子叫崔程的，出身清河崔氏的閥閱之家，死於洛陽福先寺，享年五十一歲。他的誌文由其季弟崔稅以恭筆抄錄，文章是崔程昔日的河南府同事陸復禮所寫，崔稅和陸復禮都在河南府任參軍事之職。所以，陸復禮跟崔家兄弟都有同事之誼。崔程死的時候，兒子還只是成童，他的兩任夫人都先他而死，因此，他的喪事應是季弟所經理。崔程家中沒有主婦主持家事，或許就是崔程或其季弟選佛寺辦喪事的原因。當時選佛寺辦喪事還剛時興，尚不普遍[42]。陸復禮一開筆就說崔程遺體於貞元十五年（799）被葬於「洛陽縣平陰鄉陶村先塋之東南一百八十步」，而且是與前夫人鄭氏「合祔」，即同穴葬。之所以葬先塋當為當事人的心願，陸復禮的筆法不是徵引當事人的話，而是改為轉述呈現，如下：

崔程和前妻同葬，而後妻在崔家墓園他處埋葬，且前後夫人為姐妹

> 今葬近先塋，平生之願也。[43]

那麼後夫人葬在何處？有否同穴葬呢？答案是先葬在先塋處，

---

42 參見盧建榮，〈墓誌史料與日常生活史〉，《古今論衡》第 3 期（1999 年 12 月），頁
21-22。

43 參見周紹良，《唐代墓誌彙編》下冊，頁 1906。

不過不與乃夫同穴葬，而是另穴挨次而葬。後夫人竟不與乃夫同葬一處，有何講究呢？有的。據誌文文本如此記載：

> 且聞生無并配，葬宜異處，先長同穴，情合禮中，君子以為宜。故後夫人之墓共域并遷，列于西次。[44]

誌文未明言處在於是後夫人意思，還是崔程的意思。不過，先後夫人是姊妹，所以才會說年幼的讓賢給年長的，合情入禮云云。後夫人將與乃夫同穴葬的權利讓給前夫人，是有這麼一說。這個例子可讓我們後人開了眼界。兩位夫人都幫同崔程生有兒女，前夫人與乃夫相處九年，育有一子二女，後夫人與乃夫只相處一年，生下一位女兒就死了。

再講一位先後兩娶男子的故事。張沘是范陽方城縣人，祖、父分任郡、縣幕僚，他自己歷任兩郡幕僚和兩任縣令，服公職二十年，於天寶三載（744）去世，享年五十五歲。他先娶一位出身宏農楊氏女子，生有二子，後娶一位博陵崔氏女子。這則〈張沘誌〉為張沘姻親所為，重點放在後夫人崔氏身上。由於張沘死在外地大梁，家人未及見他最後一面，頒布遺令的場景容或因此被省略。不過，崔氏似乎知道張沘遺願為何，一個是先祖和父母靈柩，另一個是兩位絕後兄弟的靈柩，都權厝在外地。還有，前夫人楊氏葬所也要重新處理。誌文文本是以崔氏深知乃夫內心之痛的角度，道出張沘的遺願如下：

---

44 同前揭書。

公子道靡究，大事未終，及瞑目他鄉而無恨者，蓋恃夫人之
能賢也。（下略）以天寶四載（745）十一月十九日舉先代奉
寧神于平陰之南原，成遺志也。啟舅姑之雙殯，收絕嗣之兩
喪，楊氏幽魂，合祔于公，從周禮也。[45]

崔氏雖不及恭聆乃夫遺言，但畢竟心通其意，一舉代夫完成遷葬好
幾副靈櫬於洛陽邙山新營建的家族墓園。這在誌文本有如此歌頌
崔氏的說詞：

今夫人量力而行，度功以處，事就而家不破，人亡而道益
彰。（下略）[46]

張泚出身河北，想來他的遠祖葬處理應在此。但張泚任官之後
染有建家墓於邙山的習氣，唯他有生之年未能成就此番大事。事情
反而是在他死後辦成，他的繼任之妻崔氏雄才大略地完成在邙山建
立家族墓園的大舉。這樣，崔氏自我想像：讓她甫逝不久的丈夫很
快就與其先人相會於邙山泉下，同時也可以與前妻楊氏同寢一處。
至於崔氏是否預留一處供她日後的埋骨之所，此誌並未明說。

根據前二死亡敘事文本的故事，兩位先後二次娶妻的男子，都
做到，死葬先塋，以及與妻同穴葬這兩個地步，唯獨薄葬與否不見
提及。我的想法是，崔程和張泚都只是小官，特別後者生前都感無

---

45 同前揭書，頁1591。
46 同前揭書。

力經營邙山墓園，想來鋪張辦喪事是不可能的事。如此，提不提薄
葬沒有切要。有能力備辦喪事的人才有資格說要不要鋪張這一地
步。

再來這位有過二妻的丈夫，就是在誌文中明確標示「先塋」、
「薄葬」，以及「同穴」全套都來的例子。

趙瓊琰這位男子是河南人，他的曾祖和祖父兩代均出仕，但只
是地方小官，他的父親則白丁終身。他本人則踏入仕途，但一直在
地方小官範圍遷轉，做到老死也不過是縣丞。他死於開元二十八年
（740），享年六十八歲。〈趙瓊琰誌〉是趙家疏族一位叫趙翌的所
寫。誌文中明寫趙氏元夫人是吳興郡姚氏，繼室夫人是廣平郡程
氏，都先他而死，留給他兩位兒子。喪事就是這兩位兒子所為。

誌文文本先是說趙氏與兩位夫人生死睽隔，如今因同葬一處，
也就沒有好悲傷的，這樣安慰語茲徵引如下：

> 死生殊寔，徒懷胡越之悲；旌兆同歸，終沉松檟之路。即以
> 二十九年春三月改卜遷祔，異啟塋域于梓澤西原，從古禮也。[47]

這裡點出夫妻三人葬在先塋，而且又同葬一處。至於薄葬遺令的遵
行，是由二位兒子所發動，趙翌如此再現其事，如下：

> 如公遺令薄葬，今嗣子一如訓焉。[48]

---

[47] 同前揭書，頁1519。

[48] 同前揭書。

　　唐代有些男子即令元妻先死，也沒有再續弦，如此後死的鰥夫到底較多情，還是另有原因不得而知，總之，在他們要闔眼之前都會遺言交代後輩，要葬先塋，而且要與亡妻合葬。茲舉四例以明之。

　　唐代有位職業軍人，官至折衝都尉，叫公孫孝遷，先世是遼西人，曾祖、祖父，以及父親三代都出仕。開元二十二年（734）他死於大同府的官舍，享年七十三歲。〈公孫孝遷誌〉為一位平民彭炎所寫。喪事由孝遷諸子先定等人所籌畫，公孫先定是禁衛軍的一位軍士，從這裡就可知道以他的關係所能找的作誌者所以會是一位平民了。公孫孝遷的靈柩在未能找到合適的吉辰安葬之前，先權厝在洛陽城東的伊川鄉。誌文文本敘及公孫孝遷的遺令很簡單，只說：

　　　公遺命合葬。[49]

前已敘及，公孫孝遷死在官舍，顯然諸子都來不及趕赴官舍見乃父最後一面，乃父就去世了。誌文未及頒布遺命的場景，很可能是沒有這個機會的緣故。至於公孫孝遷如何託人帶口訊給兒子，就不是誌文敘述重點，因而被省略了。但因乃父遺令是與亡母合葬的關係，故而誌文提到孝遷妻子先死的情形，如下：

　　　夫人瑯琊王氏，窈窕淑慎，作嬪君子，年四十，先公而逝。[50]

49 同前揭書，頁1450。
50 同前揭書。

夫妻合祔於先塋地界倒是短短此誌大書特書的情節之一，如下：

> 以二十三年龍集乙亥十月二十七日昭告亡靈，改卜遷祔，移
> 神于北邙山，入夫人舊塋，禮也。[51]

顯然，王氏當年去世之時，公孫孝遷已預先做好將來合葬的準備。
在此，似乎可證公孫孝遷對王氏用情專注，可連同他沒再續弦一事
一併考量，可以得證。誌文文本底下對同穴葬的情形有所描述，如
下：

> 雙裘並舉，二室同封。[52]

　　公孫孝遷及其妻王氏才完成同穴葬，十二年後邙山的另一角
落，一位叫盧全貞的男子和一位叫李氏的女士讓他們兒子從事另一
夫妻同穴葬的動作。

　　盧全貞的上四代都是顯宦，特別是他的高祖盧思道更是當時一
位國際名人。盧全貞晚年得病辭官住在鄴城的一座別墅。他的夫人
出身趙郡李氏，死於開元二十九年（741）。盧全貞則死於天寶五載
（746），享年六十歲。〈盧全貞誌〉未署名作者，唯喪事由全貞諸
子所料理，當出於兒子所託之人。

　　盧全貞晚年養病別墅，相信有兒子隨侍在側，他有餘裕頒布遺

---

51 同前揭書。
52 同前揭書。

令，關於這一點，誌作者如此再現其事：

> 公啟手之際，遺令有言，其于窀穸，不令改制。[53]

該誌敘述著力之處端在葬事。先是說何以權葬在鄴都一段時間，是由於該年未遇良辰吉時，這點無獨有偶類同公孫孝遷當年一樣。該死亡敘事文本如此描寫：

> 昔歲未吉，會初旅櫬于他鄉，今卜惟協，從竟歸附于先塋。[54]

到了天寶六載（747）一開年的正月五日就是良辰吉日，盧全貞及其妻李氏的兩副遺骸才合葬於邙山先塋。這在誌文中，誌作者如此再現其事：

> 以明年正月五日，葬于北邙山河南縣平樂鄉杜郭村大塋西北二里。[55]

從前述全貞遺令：「其于窀穸，不令改制」，現在則具體道出葬所何處，夫妻同穴抑異穴，可知很久之前，說不定就在盧妻下葬之時，盧全貞已決定葬先塋，而且採夫妻同穴葬了。遺令只不過向其

---

53 同前揭書，頁1661。

54 同前揭書。

55 同前揭書。

諸子再作確認。諸子依令而行，以及爾後作為的情節，都教誌作者
再現如下：

> 孤子洌、浰、澐、泚、浣等，敬遵理命，不敢有違。粵以天
> 寶十載十月二十四日合葬舊塋，禮也。[56]

事情還沒完，就在天寶十載（751）又做了一次同穴葬的陰宅工
程。如此說來，盧全貞從權葬、到遷葬先塋，再到同穴葬，一共做
了三次掩葬的動作。就不知盧妻是否也是三次了。

　　這個例子讓我們對合葬一事要做謹慎考量，可能其中尚有講究
之處，只是不為我們今人所知罷了。

　　這邊杜郭村邙山的夫妻合葬事才演完一百年，同樣的戲碼又在
金谷鄉邙山上演一次。這次的男女主角是寇章及鄭氏。

　　寇章上谷人，他的前三代為宦，有州幕、縣幕，以及縣令，自
己則官至陝州大都督府左司馬。他娶滎陽鄭氏女，先他十七年死在
外地，死後得遷葬先塋金谷鄉的邙山。寇章與鄭氏沒生兒子，只生
三位女兒。長女出家為尼，次女嫁一位范陽盧氏出身的男子時官縣
尉，三女尚待字閨中。大中三年（849）寇章以七十五歲高齡死於
陝州官舍。能料理他後事的人只剩二女婿，不過，二女婿倘任官遠
地、一時又不能告假的話，也無法替寇章處理後事。結果，寇章請
來姪孫寇貢替他料理後事。

　　這個死亡敘事文本一開筆就敘述寇章遺令姪孫找一位叫崔耿的

---

56 同前揭書。

官員，是他一位老朋友，一方面是鄰居，另一方面兩家家族墓園相
鄰。還有，寇章預築的墓室也深為老友所知。這一切的一切表示崔
耿比寇章的女兒還熟悉寇章的葬所和葬法。這是何以寇章遺命姪孫
去找崔耿就可一切迎刃而解的原由所在。另外，寇章算是絕嗣，這
也是為什麼遺令只及葬所和葬法的深層原因，對寇章而言，塵世一
切已毫無留戀，唯剩死後世界要去跟老妻作伴、去跟先人相處，如
此而已。

　　崔耿在敘及寇貢去陝州料理寇章後事上，如此再現其事：

> 　　易簀前二日，命姪孫貢曰：「爾將葬我，必乞崔耿文，識我
> 墓。我願也。」貢護公喪歸東洛，束詣余，泣拜告叔祖臨歿殘
> 言。耿承訃改服，哭於寢門，退念與公世舊，俱家金谷側，鄰
> 居審教、毓德南北里，交情甚歡，而不失敬，燕游笑謔無間，
> 益在其中，餘三十年，風雨不變，得全于有常耳。（下略）[57]

表面上看來，崔耿介入誌文太深，但從另一方面看，他在寇章的生
命史中占有獨特地位。從上引文知，崔耿一聽說寇章的惡耗，立即
改穿喪服，並前往寇府哭於寇章靈柩之前。從這裡知，寇崔兩人交
誼不比尋常。更遑論兩家無論陽宅還是陰宅都相鄰了。

　　關於寇氏夫妻合葬的情形，崔耿再現如下：

> 　　（寇）貢得龜報，啟拭夫人塋，以（大中）四年（850）正

---

57 同前揭書，頁2274。

月乙酉奉公合祔焉。58

誌文在敘述這個情節之前，還特別交代原本寇章要將鄭氏葬在寇母墓旁的。如今則夫妻同葬一穴。

從以上死亡敘事文本可知，寇章夫妻不僅葬在先塋地界，而且還是同葬一穴的。

唐末今山西銅鞮縣有一戶張姓人家，主人張免是一般尋常百姓，有三位兒子都是軍人。在乾符六年（879），張免以六十四歲之齡死於家中。他的夫人唐氏早在乾符二年（875）就先過世。張免的誌文不表明誌作者為誰，倒是寫到遺令，唯極為簡略，如下：

遺令薄葬，務取隨時。59

張免三位兒子對於亡父的葬所，要到中和三年（883）才經營完成，只見誌作者如此說：

合祔于銅鞮縣北一里，先人之塋，禮也。60

據此，可知張免得與亡妻唐氏同葬一穴，而且又在先塋範圍之內。這麼說來，張氏夫婦是葬先塋、同穴葬，以及薄葬等三者俱全。

---

58 同前揭書。
59 參見周紹良、趙超，《唐代墓誌彙編續集》，頁1147。
60 同前揭書。

此誌的珍貴處在於張免一家屬於下層社會，難得會花錢雇人做墓誌，讓我們見識到菁英文化流風所及。這點下文會再多舉例說明。

開元二十四年（736）和開元二十六年（738）邙山平樂鄉平樂原的鄭家和王家家族墓園新添生力軍，兩位新到家族墓園報到的人，一位出身滎陽鄭氏的鄭訢（官至持節開州軍事開州刺史）享年七十六，另一位出身瑯琊王氏的王固己（官至忠王府文學）享年六十一。

這兩位都是鰥夫，妻子都先他們而死。鄭君死於任上，由兒子千里迢迢護柩返洛，王君死於洛陽私第。兩位最後都與妻子於先塋處同穴而葬。鄭、王兩位還有一個相同點，那就是都遺令其子嗣採用薄葬。只是誌文文本再現的方式有別。先說鄭氏的誌文如此記載：

> 遺命凶事務從省約。嗣子從一等，扶負靈輴，遠歸于洛。[61]

這是將遺命加以轉述的筆法，敘述側重的是孝子的遷葬孝行。至於王氏的誌文如下：

> 深嬌多藏，切誡落葬，醻醻百甕，禮簡于宋元；孝經一軸，事賢于秦正。嗣子璵等，守而行之。（下略）[62]

---

61 參見周紹良，《唐代墓誌彙編》下冊，頁1460。
62 同前揭書，頁1481。

雖然也是轉述筆法，但具體點出薄葬至何程度。王氏指定要與他一起下葬的物品，為食物百甕和《孝經》一冊。

以上兩例提供我們，死者要求於後人的葬事是（從葬）先塋、（夫妻）合祔，以及薄葬這一全套的東西。這是當時流行的喪葬全套文化。

喪葬全套文化流行樣式中，還有兩種情形有所歧出，值得注意。第一種情形是有些鰥夫生前信佛，卻在死後世界觀上不受影響，仍然堅信本土死後世界是要與先人同居泉下的。下文兩例足資說明這一點。

一位活躍於高宗、武則天朝的藍田男子叫梁寺，官至行澤王府主簿，死於垂拱四年（688），享年四十一歲。梁妻唐惠兒，在乃夫去世前八天先死，享年三十六歲。兩人育有子嗣，喪事即由兒子負責，誌文由孫子所寫。

梁寺是與乃妻一起信佛的，誌文文本如此再現信佛狀況：

> （上略）併開精舍。夫人亦凝心貝葉，（下略）咸借慶于一乘；倬彼好俅，並歸神于八正。[63]

該誌亦將葬所情形和遺言合併敘述，如下：

> 粵以其年（即垂拱四年）十一月十七日合葬于終南山梗梓谷口隨信行禪師林側，陪大父錄事參軍之舊塋，申鳳志也。[64]

---

[63] 參見周紹良，《唐代墓誌彙編》上冊，頁775。

梁寺是關中人，梁家的家族墓園似乎不在長安城郊的龍首原，而在終南山區，他與妻是同穴葬，再明顯不過，而且挨著亡父墳塋，其旁有位高僧的墓所。先塋和合葬兩原素都有，就是不敘及薄葬。

再一位男子出身吳興武康沈氏，叫沈浩豐，已改貫為洛陽人。〈沈浩豐誌〉未有作者署名，字跡有多處殘泐漫漶，湊巧沈妻的姓名都給掉了，只知是吳郡人氏。沈浩豐主要歷官是在開元年間，官至行汾州長史，死於開元二十八年（740），享年六十五歲。沈家是個「闔門二百口」的大家庭。他最後與亡妻合葬於邙山，也不成問題。文本敘及遺令處只是一筆帶過，如下：

> 薄葬近古，式遵遺令。[65]

這是站在兒子實踐遺令作為敘述側重點，才出以這樣簡化，甚至跡近省略臨終場景的鋪陳。關於這樣的判斷，我持的理由是沈浩豐晚年養病於家，他很有從容的餘地與親生兒子話別。但誌作者在取材上花費太多篇幅在敘寫沈氏的宦跡，連帶闔門私祕之事較為忽略。

誌作者關於沈浩豐信佛的鋪敘，也極為簡單，如下：

> 居常待終，樂道無悶，耽釋典之外，殷勤藥物。[66]

顯見信佛也不是誌作者寫作的側重點。不過，這已足夠給我們線

---

64 同前揭書。

65 參見周紹良，《唐代墓誌彙編》下冊，頁1525。

66 同前揭書。

索，去研判沈浩豐是信佛者。然則，他在死後世界的選擇上，寧取中土者，也不取異邦者。換言之，他在喪葬禮俗上，行的是本土的全套文化：先塋、合葬，以及薄葬。佛教所予他的作用不在死後世界的抉擇，而在別處。於此，我們見識到本土、異邦混雜文化之一端。

寶曆二年（826），洛陽永豐里王宅老夫人蔣氏於陰曆十一月三日去世，享年七十三歲。街坊鄰居聞此惡耗一點也不意外，那是因為王老太太已臥病三年，全賴長子王袞臣侍湯藥，為她遍訪名醫延年。王袞時官度支郎中。蔣氏的誌文，王袞也不假手他人，而是自己親力為之。當他寫到蔣氏遺命時，是將乃母的話譯成書面語，並再現如下：

> 但伏念饋藥之辰，嘗有命曰：「昔我孤苦，每懷忘生，復思亢情，誰與追遠？爾念此誠，有時而行。」[67]

蔣氏有一個悲慘的童年，才生下不久就遭逢安史之亂，洛陽淪陷之時，蔣氏父正官鞏縣縣令，蔣氏外祖正官御史中丞全都蒙難，蔣氏母盧氏蹈井自盡，幸而不死，否則襁褓中的孤女（即未來王袞母親蔣氏）也無從賴以活命。蔣氏就這樣隨著寡母度過國難的童年。蔣氏沒有親兄弟，乃父的香煙是由伯父遺一子過繼得以不絕。蔣氏這位嗣兄有一女兒，後來變成王袞的妻子。所以，王袞與乃妻是表兄妹關係。

---

[67] 參見周紹良、趙超，《唐代墓誌彙編續集》，頁880。

　　蔣氏嫁到王家，很在意她先父先母遺骸權厝外地，她希望有生之年能將其雙親靈柩遷葬先塋。她這一宿願賴其兒子代為完成。王袞於元和八年（813）官伊闕主簿，以其地近洛陽，乃著手完成先祖父、母的遷葬工作，以告慰乃母。等到長慶三年（823），王袞升任度支郎中時，他又進一步取悅母親。王袞向朝廷要求頒授諡號給其外祖父蔣清，以及頒授封命給其外祖母盧氏。結果蔣清得一「忠」諡號，盧氏受封為郡夫人。蔣氏對其先父、先母的孝思之誠於斯可見一斑。

　　前引遺命中有句話說：「復思忼情，誰與追遠？」這話又作何解？蔣氏與其夫之間關係如何不見王袞多所著墨。只知蔣氏與其先夫之間是異穴葬。誌文說蔣氏墳距其先夫墳有「四十八步」遠，但都在「河南縣平樂鄉杜翟村」的王家先塋範圍內。這樣就形成雖葬先塋，卻夫妻異穴葬這種情況。

　　我們再看另一線索，蔣氏誌文的書跡由其先夫四從姪王長文（官洛陽令）提供。據王長文說蔣氏墳距其父墳「七星餘一百步」，又距其媳（即王袞亡妻）墳「四十三步」。這表示什麼？表示蔣氏對夫家和娘家同樣重視，冀死後可以穿梭兩家之間，距離上沒有問題，很是方便。

　　蔣氏既與先夫同葬先塋，何以選擇異穴葬呢？我認為是佛教信仰帶給她思以面面俱到方式來處理兩個死後世界問題有以致之。

　　我們透過王袞的筆引領進入蔣氏佛教信仰天地，可蔣氏又不完全皈依佛法，她連同道教也信。這麼一來就變成王袞筆下描繪的景象：

> 宿契上乘，誦《妙法蓮華經》，廣自在惠因，法諱實相義。
> 晚歲亦探黃老之術，受正一籙，道號：「道微」。故以方便真
> 素，理家及物，盡三教之奧旨，符一切之大順，而我無取焉。[68]

不單雜糅佛道，連同儒家也一併被她收羅在內，變成王袞所說的
「盡三教奧旨」，也就是我所強調的儒、釋、道三者合一的雜混文
化。其實，前述敘及蔣氏對父母的孝心就是她深受儒家影響的顯
現。

　　一位混雜文化如此的女子在面對泉下世界和西方極樂世界的選
擇上，就無從雜糅，也就是真正的文化根底會現出原形。中土和異
邦的死後世界無從雜糅，只能選擇。最後選擇的應是泉下世界，但
夫妻分穴而葬卻帶來夫妻情愛難以斷絕的問題。所以，她才會質問
兒子，同時也是自問：「復思伉情，誰與追遠？」蔣氏就帶著這個
疑問要去前赴大家想像的死後世界。

　　再舉一個三教混一的混雜文化之例，發生在北宋開國初年。開
寶四年（971），開封延福里安宅的主人叫安崇禮，才從鄭州衙內指
揮使一職退下、因病返家療養。就在這年病亡，享年五十七歲。他
的誌文由鄉貢進士李象所寫。在這誌文中，李象揭露了安崇禮三教
合一的想法，這個想法是他平常向僚友講的話。李象再現其事如
下：

> 嘗謂僚友曰：「夫飾身者文，仲尼不曰：遁世無悶；毓德者

道，老聃不曰：養素全真。吾今襲大《易》之居真，達玄元之
返樸，而今而後將欲慕大乘義，種未來田，不亦可乎？」於是
聞者知君以三教飾身，百行為則。（下略）[69]

上述引文中，孔子、老子在思想上可合而為一，《易》、大乘佛教
也混為一談，而佛教種福田的想法也赫然在其中。李象又指出凡聽
到安崇禮說詞的人都知道安是位三教合一的人。

李象在誌文中又交代了，安崇禮兒子採行對死者葬法的情形，
那是一方面葬在「河南縣平樂鄉朱楊村之大塋」，另一方面又與早
死多年的亡妻高氏「卜祔」在同一穴中。所以，三教合一的安崇禮
在死後，是由得後人暨葬先塋，又與亡妻同穴葬。就此而論，安崇
禮的死後世界應是中土式的，而非異邦式的，儘管他也崇信佛教，
但他文化真正的基盤應是中土文化。

葬在邙山杜翟村的蔣氏和葬在邙山朱楊村的安崇禮及其妻高
氏，兩家葬地都在平樂鄉界，不過時間相隔百多年。在這段時間
及其前後，混雜文化是當時一種趨勢，不會只有蔣氏和安崇禮兩例
而已。

五、鰥夫的另類喪葬文化餐點 不提亡妻與合葬問題

再有一種情形是，墓誌作為死亡文化書寫的一種文類，當誌作
者不提後死的鰥夫其妻情況時，代以其他文化價值作為書寫的選項

---

[69] 周伯謙主編，《全宋文》冊2，卷50（成都：巴蜀，1993），頁114。

題材。這種情形，書寫的側重點多半變成亡父向乃子灌輸道德情操。於是道德論述取代了與夫妻情深有關的鋪寫。於此，不禁讓人懷疑到底是妻子之事如何乏善可陳，還是有所避諱而不得不然。誌文不論長短，妻子之事就是吝於一提。在此，全套的喪葬大餐一定會省卻合葬這一項目。

〈獨孤炫誌〉是個長篇鉅製的文本，由獨孤炫的四子乘所寫，身為兒子哪有不知其母的道理？獨孤乘就是無一字提及乃母。獨孤家在洛陽，三代為宦，曾祖隋上大將軍，祖唐光祿寺卿、太常卿，父唐縣令。誌文著重官歷之鋪寫，占去約三分之二的篇幅。其他三分之一篇幅則包括家世、葬所、志向，以及遺言。最後，有兩句話是獨孤乘寫此誌的背景。

與本書有關的是葬所和遺言。先說葬所，誌作者再現如下：

> 以其年十一月景子朔二十七日壬寅，歸厝於河南府河南縣平樂鄉邙山東原，去先塋三里，禮也。

據此，我們確知獨孤炫是葬在離先塋三里處。[70]

獨孤炫死於開元二十四年（736），享年七十歲，官至漢州刺史，是在官舍去世的。死前，他的諸子來得及前赴官舍見他最後一面。關於臨終場景，獨孤乘再現其事，如下：

> 明日遂瘳，因誡其嗣子曰：「啟予足，啟予手，吾以清白相

---

70 參見周紹良，《唐代墓誌彙編》下冊，頁1462。

遺，窀穸之事，庶其庶乎？」[71]

遺言中，除了交代墳塋之外，就是出以道德論述，說他一生清白足為諸子楷模，這是他留給諸子的遺產。

觀上例知，誌作者對於喪葬全套套餐，並未照單全收，只及葬先塋一項，其他（與妻）合葬以及薄葬，皆所不及。特別是合葬，沒有理由不道及妻子的。誌文中，連獨孤炫始仕之時遭逢母喪之事都教誌作者寫到，緣何未有一語及獨孤妻？是夫妻反目，是以身為誌作者的兒子為尊者諱？此誌留下許多疑問給後世者。

唐貞元十九年（803），前寶應縣丞韓恆去世於乃子韓重華萍鄉縣令之官舍，享年五十六歲。這樣的死別生離情景每天各地都在發生，韓家的喪事也沒什麼特殊的地方。韓重華在十七年後為了歸葬亡父遺骸於家族墓園所在地的洛陽邙山，才寫了〈韓恆誌〉一文。

在這二百五、六十字的誌文中，讓我們想像一下：官至大理少卿兼御史中丞的韓重華有一晚獨坐在一方桌案前，就著一室的熒然的燭光，回憶起當年臨終場景時，他憑藉一管蘸飽宣城製墨汁的紫毫筆寫道：

臨終謂嗣子重華曰：「吾平經時略，汝得之矣，吾歿無恨。」[72]

揆其話意，韓恆以他一生行誼為傲，乃子深悉之，這也是道德論

---

71 同前揭書。

72 同前揭書，頁2052。

述。遷葬事宜是由韓重華主其事，沒有理由不提韓恆妻一字的道理。就算誌作者再怎麼惜墨如金，哪有不提的道理？誌文中在寫到韓恆於二十歲始仕那年遭逢喪事去職，這等父母生死大事都入誌，韓恆妻究竟去何去處，更沒有理由不寫。然而，韓重華就是對乃母事蹟守口如瓶，讓人深感其中必有隱情。

　　以上兩誌無獨有偶，都不碰觸墓主妻子之事，是以只有葬先塋，喪葬套餐中的其他兩項可都免了。事關夫妻合葬「古今之義」的情義論述雖然沒有，但卻突出攸關父慈子孝的情義論述。這是否以此代彼的寫作策略不得而知。但從死亡書寫的角度去看待此舉，全套喪葬套餐只點了先塋一項，似乎過於單薄，特別合葬事涉夫妻情義，不提顯得古怪。在此情況下，以父子一倫替代夫妻一倫，也不能說這是個寫作策略。更何況如果能有所隱瞞關於夫妻關係的事，不能說這其中不存在任何講究的餘地。

　　鰥夫在處理與亡妻是否合葬問題上，筆者發現有的墓誌作者或喪家有意無意間略過妻子不提，讓後人無從研判到底合葬與否。這是一個難以捉摸的問題，我們固可說其中必有隱情，但每對夫妻的問題一如人臉妍蚩各自不同，難以一概而論。不過，下文這份墓誌卻有線索可供後人察考緣何不提妻室的問題。

　　開元二十八年（740），唐驃騎大將軍兼左驍衛大將軍知內侍事楊思勗去世，享年八十七歲。喪家請出守太子左贊善大夫邢璹來寫〈楊思勗誌〉。楊思勗先人為徙居安南五代的中原人氏，本姓蘇，入宮為宦官才改姓楊，他參與過中宗時誅滅韋后之亂和太平公主之亂。玄宗時代，楊思勗和高力士俱為皇帝身邊親信，只不過楊思勗長於軍事常被差遣出京平定各地亂事[73]。此人殘忍好殺，據誌文

說，總結他一生殺人共二十萬人。

　　邢璹描寫楊思勗是位孝子，為了方便祭掃父母墳塋，他將父母遺骸遷葬在長安城的春明門外。他的遺囑就是要人將他遺體存放到父母墓室之中。邢璹再現臨終場景發生之事，如下：

　　　　臨終遺囑，使甫竁于塋兆之際，成就養之志也。[74]

結果事與願違，他的葬所是在長安士大夫死後嚮往之地的龍首原，而非父母葬處的春明門。邢璹如此再現其葬所情形，如下：

　　　　越八月壬申，葬于萬年縣龍首鄉之神麀里，禮也。[75]

這不知是誌作者簡化其事，還是辦理喪事者未依遺命行事，就是不提思勗遺體是否與其父母遺體合葬一起。

　　這則誌文毫不及楊思勗妻事。當然不會提，因為楊思勗是宦官頭子，是不可能娶妻的。至於誌文提到思勗有兒子叫楊承宗，官至壯武將軍、守左武衛中郎將，可能是思勗養子。在當時，有地位的宦官都有養子。這點並不奇怪[76]。〈楊思勗誌〉毫不及乃妻之事，原來是這麼一回事。由於楊思勗是位名人，故可察知其究竟，其他泛泛之流人物就不那麼容易察知其中底蘊了。

73　參見閻守誠、吳宗國，《唐玄宗》（西安：三秦，1989），頁133。

74　參見周紹良，《唐代墓誌彙編》下冊，頁1510。

75　同前揭書，頁1509。

76　參見盧建榮，〈彭城劉氏宗族團體之研究〉一文，有例子得知宦官有養子。

六、平民的全套喪葬文化餐點

以上透過墓誌所探討的死亡文化，集中在文化菁英階層，特別是官僚士大夫群體。對於一般平民，如果他們有經濟能力時，是否也會有點選喪葬全套套餐的做法呢？平民的資料一向傳世的不多。不過，筆者發現有兩則平民墓誌，內中有言及點選喪葬全套套餐的作為。

有一位叫孔桃栓的處士，於開元十七年（729）去世，享年六十九歲，他的喪事由兒子所經理，他的墓誌可能也是兒子請人代筆，只是沒有署名。誌文中說墓主是孔子第十八代孫，因官職關係居住在洛陽。這裡面只提到孔桃栓高祖有爵號，他的祖父「鼓缶自樂」，沒寫到父親。

該誌敘述重點在於虛寫墓主的為人，當然都是偏正面的。講到妻子，也是正面敘寫其為人成功處。孔妻鄧氏死於長安三年（703），年四十。誌作者再現臨終場景著重道德訓誡，之後再現葬所只泛講北邙山，而不具體確指何處，如下：

> 遺令誡子，孝于惟孝，友于兄弟。即以其年四月二十四日葬于北邙。[77]

關於孔氏夫婦合葬事，誌文在講完鄧氏婦德後接著說：

---

77 參見周紹良，《唐代墓誌彙編》下冊，頁1354。

即以開元十七年與父合葬。[78]

據此，這誌文是以兒子敘事觀點來看待夫妻合葬之事。

　　據上所述，孔桃栓在死亡文化上，採行的本土死後世界觀，因而在喪葬套餐上，是葬北邙山先塋，而且是夫妻合葬。但不知孔府喪事的主事者——應是墓主兒子——與誌作者有沒有考慮到要有薄葬這一項目，從誌文看完全不著一字。從孔桃栓兒子孔乾滿身任永穆公主家臣這點看，孔家應不是富裕之家，葬事想要鋪張也無此本錢。孔桃栓無須在此有所交代，相信孔乾滿不至在這喪事上花費過多。

　　唐越州上虞縣寶泉鄉有位土財主，叫葉再榮，在開成四年（839）突發奇想，要找人事先寫好、並刻好墓誌石，而且預作七座墓穴——可能留給自己夫妻，以及五位兒子所用。在誌石上，由於夫妻先後死的關係，先後刻上了會昌元年（841）和咸通二年（861）這兩個年頭。

　　葉再榮找一位鄉貢進士東海人糜簡作誌，就在開成四年卜兆得寶地開始經營墳塋，關於這點，誌作者再現墓室之經營，如下：

　　　卜宅吉兆，選地得寶泉鄉孝敬里新成村，預造墳墓合祔，并全先備夫妻同穴之義。[79]

---

78 同前揭書。

79 同前揭書，頁2315。

在這裡，我們可以確知葉再榮重新經營家族墓園，而且預留將來夫妻同穴的墓所。這樣，先塋和合葬兩項都完備了。至於薄葬，就出現在葉再榮給子孫預立的遺囑中，這在誌文亦有所再現其事，如下：

> 生前有言，誡諸子曰：「常情等檢省隨時，無妄破費，慎勿奢僭，益後子孫，莫惑交親，宜守志行，喪祭依禮，無忤我情。雲來之孫，永不可望，託麋秀才文字為我銘云。」[80]

像葉再榮這樣有經濟能力的人才夠得上條件要向子孫明確交代喪事要鋪張與否，在此情形下，才有言及薄葬的可能。像上舉孔桃栓的情形，要向乃子交代薄葬，亦屬多此一舉吧。

從孔桃栓和葉再榮的兩個葬例看來，喪葬全套文化已從文化菁英階層往下滲透到略有知識的處士階層。

七、未亡者寡婦處理亡夫的喪葬餐點

以上所舉例，是關於後死之鰥夫在臨終之時面對喪葬之事，多少都要對亡妻有所表示，俾便後人料理葬事。通常鰥夫都要與亡妻合葬。但如果男子先死，後事勢必落在寡婦之手時，由於未達談及合葬與否的時機，因此在喪葬套餐的點選上，只剩葬先塋，以及薄葬這兩項，或單選，或全選都有。為具體明瞭其中端倪，我們且舉

---

80 同前揭書。

數例於下：

　　筆者擬先處理，葬先塋和薄葬二者全選之例。當文化菁英家庭有喪事時，喪家妻、子連同他們所請的撰誌人一同會商如何完成死者誌文。後人如我們再據此誌文觀察當時人們所消費的死亡文化究竟是何一番面貌。

　　有些誌作者仕再堨臨終場景上，他們會直接徵引死者的話語，像崔潛於天寶五載（746）在撰述〈楊炭誌〉時，即採用直接徵引死者臨終遺言的，如下：

　　　疾之革也，顧謂其夫人安昌縣君新興秦氏曰：「吾猶齊太倉令，有子婿三人，則雖姻族所賢。而令宗廟之主，使鄧攸之門慶絕，若敎之鬼餒，而心誠痛傷，以殀于地，甚矣。」[81]

死者這話是說，雖然有三位佳婿，但自己卻無子嗣，如此勢必造成楊炭絕後，而且死後也無人按時祭奠於他。這是死者死有餘恨之處。不過，這樣的意思崔潛竟然在將口語譯成書面語的過程中，動用了齊太倉令和鄧攸的兩個典故。可見崔潛在再現楊炭口頭遺囑之事上動了手腳。

　　因此，楊炭的喪事完全由乃妻秦氏一人所料理，一方面將亡夫葬於先塋，而且採薄葬之法葬之。這在誌文如此再現其事：

　　　惟其夫人斂以先王之服，詣乎薄葬之典。且以為奢則不遜，

---

81 同前揭書，頁1601-602。

　　儉無可欲，思之行之，在達而已。詩遵同穴，傳敘未亡。未亡
　　之人，亡無日矣。往者我君，靈其先厝，又之幽讚，德自難
　　名。于嗟楊公，遂居此室。[82]

　　在此，以秦氏觀點說她採薄葬之法葬其先夫，而且意外地道
出，她對同穴葬的認同。至於秦氏將亡夫葬於先塋之處，是在此誌
文敘及亡夫以六十七歲之齡卒於官舍之時，崔潛就讓它出現了，如
下：

　　至來年（按：即天寶六載）正月二十六日，旋葬于河南北
　　山，先人故塋之次，禮也。[83]

　　有些誌作者在敘及臨終場景時，都一筆帶過，這時對於死者的
遺言情節之敘寫，只能出以轉述的方式。底下二例即可讓讀者明白
這種寫作策略：
　　先後死於開元二十一年（733）的張時譽（官至渭南縣尉）和
開元二十九年（741）的張景陽（官至右監門衛兵曹參軍），兩人均
死葬邙山，前者只在銘文處泛講邙山未明所在，後者則於誌文明揭
邙山陶原。〈張時譽誌〉和〈張景陽誌〉的誌作者，都是死者家
人，前者為其姪張翊所寫，後者則出於其宗人張楚金手筆。
　　張翊在敘其及叔採薄葬時，不諱言家庭經濟不佳的緣故，之後

就提葬先塋，他如此再現其事：

> 歸全之日，家無贏儲。遺令孀孤，俾無厚葬。以其年三月五
> 日，蔽祔先塋，禮也。[84]

張楚金在敘寫其宗叔採薄葬時，是以孝子張呈回憶亡父生前的
誡子行誼而說的，之後就提到死者遵從該守的喪禮。他再現存歿雙
方相互體恤之事如下：

> 嗣子呈以君生有約儉之誡，沒從寧戚之禮。[85]

以上兩例的誌作者在敘寫薄葬的採行上，都以轉述方式為之，
所異者，前一作者採第三人稱全知觀點，後一作者採第三人稱限制
觀點。而葬先塋的方式，在兩誌文中各有不同方式表示，更不在話
下。

在喪葬套餐點選上，有時寡婦與誌作者在協商誌文時，只慮及
葬先塋此一單一選項。下文我們將依誌作者寫作策略，在敘及臨終
場景時，採直接徵引筆法者先說明於下：

天寶十載（751），起居舍人翰林院待制閻伯璵替一個崔府喪家
寫了〈崔湛誌〉，於其中，他依次敘寫墓主的家世、官歷、臨終遺
言、一生總評、妻孥狀況，以及葬事等。與本書有關的部分要屬臨

---

84 同前揭書，頁1409。

85 同前揭書，頁1527。

終遺言和葬事這兩項。

崔湛死於天寶九載（750），享年七十。崔湛諸子顯然都前赴他在鄭州的官舍見最後一面。關於臨終場景，閻伯璵再現其事，如下：

> 公未之寢疾也，將合祔先君，日月有期，儀器宿備。及疾亟，命其子曰：「吾孝感無徵，天命不祐，大事將舉，沉疾日臻。如將不赴，爾其卒事。」嗚呼！疾亂而不忘孝思者，未之有也。[86]

可見崔湛在未生病時即明言死葬先塋，到了瀕臨死亡邊緣，在與先人未有所感應之時，乃遺言交代諸子葬他於先人旁邊。葬先塋凸顯的是子對父孝的人倫之義，這是親子情義關係藉由葬事再鞏固一次的表示。再者，引號中崔湛講的話應已經由口語譯成書面語了。

對於諸子實踐乃父遺命的情景，閻伯璵的如椽巨筆不予放過，再現如下：

> 克遵理命，爰卜新塋，即以天寶十載八月十日，奉遷厝于洛陽縣平陰鄉之北原，從祔先君，禮也。[87]

「克遵理命」是描寫唐代孝子依亡父遺命的常用套語。在此，果然

有沒有妻子的？

---

86 同前揭書，頁1657。

87 同前揭書，頁1658。

見到崔湛被葬在先塋。

　　長慶三年（823），汝州都防禦巡官盧國方為堂弟盧直喪事，寫下〈盧直誌〉一文交付喪家付刻。盧直出身范陽盧氏高門，娶清河崔氏女，生有一子二女，兒子尚年幼，死時才五十三歲。盧直一生未奉職。

　　關於盧直臨終場景，盧國方敘寫差算詳細，他再現其事，如下：

　　　　異日，忽謂諸弟曰：「吾自知年不及耳順，豈非分歟！」嘆
　　息久之。蓋知命者也。朝發其言，及日中，遇氣瘚不知人，藥
　　術祈禱，靡所不為，竟無小瘳，奄然長逝。[88]

在此，盧國方為我們指出，盧直才有預感知活不過六十歲，不料他當天就死了。嚴格說還來不及交代遺言呢。盧直對諸弟所講的最後一番話，只能說他以活不過六十歲為憾的慨嘆。

　　盧直死後得祔邙山先塋，這在誌石有兩處表現手法：一在誌文，如下：

　　　　以其年十月二十二日葬于邙山北原，祔先塋，禮也。[89]

另一在銘文，如下：

---

88 同前揭書，頁2075。
89 同前揭書。

長河遙榮兮峰巒對峙。□□爾兮兄墳次，魂其安兮泉扉永
閟。[90]

可見盧直所在先塋的位置，是依傍其長兄墳的。這是從誌文說盧直
是次子，故知他有一長兄。

在喪葬文化菜單上只及先塋一項者，對於臨終場景採轉述筆法
的墓誌，所在多有，茲舉三例於下：

首先，不管死者是高官顯宦，抑無官職者，喪家找來的誌作者
不是在身分上起碼鄉貢進士及其以上的寫手，就是不知名者代為操
筆，前者有竇公衡於天寶九載（750）所作的〈李華誌〉和中書舍
人崔祐甫為同事於大曆十三年（778）所作的〈寇錫誌〉，後者為墓
主次子找無名作者於長慶二年（822）代筆的〈邢真賢誌〉。

其次，李、寇，以及邢等三喪家為誌作者所再現的臨終場景，
完全是轉述口氣，茲一一抄錄相關處如下：

竇公衡的寫法是：

靈龜其長，佳城在此，厥十二月朔有七日，葬于洛陽清風之
南原，成遺志也。[91]

這表示李華遺言內容中言及葬所為先塋。

崔祐甫的寫法極其詳盡，不愧是大家筆法，這在誌文中是少見

的極品，他再現臨終場景所發生之事如下：

> 公之遘疾也，形羸而神不耗，雖氣如難屬，而言猶有倫，與
> 親賓之問疾者，款曲辭訣。以時更亂離，舊業荒毀不能調田構
> 宇，以為孤兄子庇身餬口之所，惟是為恨。又遺命家人以棺槨
> 衾帽機筵繯杖之事，纖芥必至，然後啟手足歸全。可謂慎終
> 哉。92

此處有三個重點值得留意。首先，在親友最後會面上，臨死者一副
從容辭世狀溢於言表。其次，唐代晚期一般士大夫家庭是把兄弟子
姪輩列為成員的。此所以寇錫才會以不能庇護子姪輩為其恨事。又
次，存放進墳塋的物品為墓主生平日常用物，計有床褥、帽子、桌
案、繯衣，以及手杖等事物。這意味著寇錫臨終尚想像於泉下仍會
過著一如生前的生活方式。

至於寇錫葬所是要到文末才被再現如下：

> 以其明年歲次戊午四月丁丑朔二十七日癸卯，歸葬于河南府
> 河南縣邙山之原，從先塋，禮也。93

邢府墓誌文的代筆者在再現臨終場景所發生的事情上，則略其
遺言內容，如下：

---

92 同前揭書，頁1805。

93 同前揭書。

> 公此日旭旦遺告，有如知終，語倍英靈，神增爽晤。辭畢溢
> 然，有如之歸。于戲！脩短之理，古今一致。以其年十一月丁
> 巳朔四日庚申于舊塋之內，禮也。[94]

可見這位誌作者側重的不是遺命本身，而是臨死者以平靜心情面對
死亡的神情。但他接著一語帶到葬所是先塋，又似乎暗示遺命內容
及於葬所。

由於邢真賢是河北定襄人，故而誌文雖未明指先塋何處，但已
非洛陽邙山可以確定。邢真賢一定被葬在其家鄉的地方型墓葬墓
園，而非全國型墓葬墓園的洛陽邙山或長安龍首原。

八、臨死者寡婦的喪葬抉擇

現在輪到瀕臨死亡的寡婦上場。當這種婦女面對要處理亡夫喪
事，或是自己將亡即將面對要與亡夫合葬與否問題，處此情勢，婦
女在喪葬文化大餐的點選上是否與前述男性鰥夫在處理亡妻喪事上
反應相同呢？在此，筆者要先告知一事。那就是婦女將亡涉及是否
與亡夫合葬問題上，她們誌作者或者只以婦女，或亡夫為名的誌
文，或者出以夫妻合祔誌。但無論如何，原先亡夫葬所裡面那塊亡
夫誌石是廢棄不用呢？還是繼續留用？關於這一細節，筆者知有一
例是原石續予留用，唯於文末空處再做一補記的動作，註明第二次
葬的時間即可。這可見崔暟和妻王媛兩誌，各自補上合葬時間[95]。

---

[94] 同前揭書，頁2068。

　　筆者先說婦女選與亡夫合葬之例。在這裡，通常葬所都是先塋附近。

　　大曆十三年（778）一位嫁給蕭家的女性崔氏替她父母完成合葬先塋的人生大事。這位崔氏女子乃父崔傑死於天寶十一載（752）享年五十一，乃母盧氏死於大曆七年（772）享壽同樣五十一。這個巧合在女婿族人蕭倫所寫〈崔傑誌〉（按：請注意不寫〈盧氏誌〉）中大書特書如下：

　　　　齊眉相敬，齊壽而歸，諒知冥運之期，宿定同穴之契。[96]

這對夫妻生前是否佳偶成雙不得而知，夫妻年齡相差二十歲，只因同是五十一歲去世，就說天生注定要同穴葬，只是牽合之說。

　　蕭倫略過臨終場景這段不提，就跳到夫妻葬於先塋，然後順帶一筆說，這是遵從遺令。因此筆者據以判斷盧氏臨終遺言殆不脫此範圍。只是蕭倫以側筆敘寫來再現其事，如下：

　　　　祔于邙山之先塋，遵遺令也。[97]

　　大中十二年（858）守都水使者韋元實（出身京兆韋氏）為死於前一年的堂姊寫了〈王府君夫人韋氏誌〉。韋氏丈夫王脩本（出身太原王氏）多年前先過世。韋氏無夫族可資依託，乃投奔娘家。

95 同前揭書，頁1803和頁1804-1805。

96 同前揭書，頁1810。

97 同前揭書。

韋氏與先夫只育有一女，長大嫁到趙家，生趙金兒。韋氏喪事由外孫趙金兒出面，委請祖舅韋元實寫誌。

韋元實在再現臨終遺言場景上，只及王脩本的，不及韋氏的，如下：

> （王脩本）屬纊猶能言，顧謂夫人曰：「鬻其第，將我歸于洛師，啟遷我祖父伯仲女兄女弟凡七穴。」夫人曰：「未亡之人，何生生為。」一如王府君之顧命。由是士林以為節婦。[98]

王脩本所想的只是他自己死後世界有仙逝的親屬陪伴他，還叫妻子把房子賣了，一副不管自己妻子死活的模樣。而韋氏就這樣顧死不顧生，便博得「節婦」的美名。

大中十二年，韋氏死，得葬先夫的邙山葬所，誌作者如此簡單再現其事，如下：

> 祔于夫之塋兆，禮也。[99]

以上韋元實是死者韋氏的堂弟，寫了半天誌文，堂姊夫一生所占的篇幅大過堂姊的多得多，他只是在塑造乃姊是位遵從夫命的好妻子這一美德形象。韋氏守寡的日子都只是在為死後追隨亡夫於地下做準備罷了。韋氏其真正守寡人生是否如此，不得而知，但韋元實要

---

[98] 同前揭書，頁2363。

[99] 同前揭書。

再現給我們後人知道的無非是活著的人生是為死亡服務這一點。

　　開元七年（719）許州扶溝縣縣尉裴昌期的官舍，一位守寡達三十四年的女子杜氏（出身京兆杜氏）以七十五歲高齡病死。裴昌期是杜氏的次子，她的長子榮期時官魏州貴鄉縣主簿，不知趕得上見其乃母最後一面否，杜氏的誌文作者吝於一提。這位誌作者不但不重此一細節，連誌文標題都不是杜氏，而是死於垂拱元年（685）的杜氏先生裴自強。這則誌文的敘述重心是在再現裴自強的遺令如何被杜氏嚴格執行。誌作者如此再現其事：

> 而良人早丁荼毒，兼喪友于，歲月不便，松楸未植，爰始彌留，深相託付。夫人罄竭資產，營求宅穸，四序未周，三墳咸舉。[100]

這是講裴自強將生前無法歸葬其父或母，以及兄長之事完全託付給杜氏。杜氏以不到一年時間找人築成了三所墓室。下文是誌作者對杜氏此舉歌頌不已的話，就不煩徵引了。

　　反倒是杜氏的臨終場景不是誌作者所措意的事，筆者不信杜氏臨終無片語交代。誌作者只說杜氏於開元九年（721）與亡夫合葬一處。這個葬所跟她當年所做的先塋都是洛陽邙山平樂鄉。

　　這是後死的孀婦選擇與亡夫合葬的例子。誌文雖未明言葬先塋，其實應該就是。至於符合薄葬標準與否，就難以論定了。

　　以上三位後死的寡婦於去世被人寫在誌中都以先夫的附屬品被

---

100 參見周紹良，《唐代墓誌彙編》上冊，頁1241。

再現其人生，她們的餘生只是在等待完成先夫遺命的那一刻。

　　一位不知名的誌作者在開元二十六年（738）為一位張姓婦女及其先死多年的亡夫苑策寫了〈處士苑府君張夫人合遷誌〉一文。

　　文章標題「合遷」，已道盡夫妻合葬之事。事實上，誌作者也同樣省略張氏臨終場景，一筆就跳到兩人合葬於丈夫家鄉的家族墓園中，然後才順筆提及說這是遺令，如下：

　　　　遷合於相州林慮縣西南西里府君之舊塋，奉遵遺令，禮也。[101]

在這個喪葬行動中值得注意的一事是，喪事由張氏嗣女苑大娘負責。故而誌作者也應當是她找來的人。這是一個平民經營有墓誌葬禮的例子，極為珍貴，不容忽視。

　　就在韋元實寫〈王府君夫人韋氏誌〉的同一年，一位幽州良鄉縣尉劉曾替長官良鄉縣令陸侗的尊翁陸峴暨夫人寫了〈王氏墓誌銘〉，但墓誌蓋作〈王氏夫人墓記〉（按：請注意不稱誌而稱記，特別在墓誌定稱出現數百年後猶有此變體）一文。

　　陸峴官居幽州節度押衙使持節薊州諸軍事，死於元和九年（814），享年四十八。王氏乃將先夫與前夫人遺骸一起合葬，對此，劉曾再現其事，如下：

　　　　以其年七月十四日與先夫人雍氏遷祔于薊城北歸仁鄉劉村之原，禮也。[102]

---

101 參見周紹良，《唐代墓誌彙編》下冊，頁1484。

王氏要到會昌二年（842）才死，享年六十七。她的葬所與先夫及前夫人合葬處不同，應該是她次子居官之所，即「涿州范陽縣永福鄉元村里之私第」附近。理由是誌文最後提到王氏於死後十六年遷葬回先夫墓側，故而前此為權葬。權葬具體如何，劉曾予以省略。

現在值得我們留意的是劉曾如何再現王氏臨終場景，如下：

> 夫人自以災從二豎，疾起膏肓，識楚祝無徵，知秦醫不及，顧謂二子曰：「吾聞魂飛長夜，幽沒室殊冥；魂歸九泉，萬里無異壤。必葬我于府君之塋側。」侃等泣奉遺旨，以十二年戊寅夏五月六日遷窆于府君之塋兆之坤維，禮也。[103]

這是本誌特出之處。即後夫人讓賢給前夫人與亡夫合葬，自己卻選擇「異穴葬」。王氏採異穴葬的理由是基於本土靈魂觀的崇拜，亦即死而有靈，死人都活躍於地下，則葬不葬在同穴，差別不大。「萬里無異壤」是婦人與夫採異穴葬常見的理據，王氏此言並無孤明先發之處。這類例子所在多有，本書後面還會見到。此處還有一層深意不可不知，那就是王氏向兒子講不必與乃父合葬，其實是善體兒子處境，怕他勉強操切從事，靡費過多，不如就近埋葬。所以，不同穴葬是為安慰兒子而說的。在此，再一次看到感情因素壓倒文明習俗因素，亦不容我們忽視。

要之，就葬先塋而言，兩位夫人和丈夫同點選了，至於合葬，

---

102 同前揭書，頁2361。

103 同前揭書。

則只及前夫人，後夫人則不然。

　　就以上五例看來，寡婦比起鰥夫來在臨死前，選取與先死配偶合葬的決定不像後者那麼主動兼積極，她們都是配合先生和兒子的狀況而行動。丈夫在先走一步之前，往往將生平做不到的遷葬先人工作交付妻子去執行，而且一副不顧生者生理，強要妻子非做不可的模樣，有點跡近窮凶惡極，虧得寡婦都甘之如飴。這在誌作者再現起來，她們只為博得「婦德」的美名。前面幾個例子中。有些葬事是女子娘家出力為之，而非男方這邊親屬。結果誌文仍是男尊女卑，以寫先死的丈夫為主。這在我們後人看來，很為這些多付出的女性感到不平。這是古今文化隔閡鉅大的所在，不可不知。

　　有的誌作者對於夫妻是否合葬不列入再現工作的下筆重點，取而代之的是薄葬的講求。凡沒寫及合葬的，不見得就是沒有合葬。按說女性為後死者應以她為主角，不講薄葬則已，要講則當以她為主才是。事實上又不然。有的誌的薄葬發動者歸諸女性，有的則是男性。

　　一位不著姓名的誌作者於如意元年（692）受託於喪家而寫下了〈楊訓誌〉，楊訓只任文林郎的小官，去世時四十九歲，遺下妻子鄭氏及兒子楊崇祖。到了如意元年，鄭氏接著去世。本例為女子後死於男子，但在死亡書寫上，誌作者以先死的男子為主角，女子只是附從地位。誌文明指這對夫妻合葬於邙山，不煩徵引。本誌主角是楊訓，鄭氏所占篇幅不多，即令寫到臨終場景只及楊訓的，不及鄭氏的。誌作者再現當年楊訓臨終場景，如下：

　　　臨歿誡子，令其儉葬，座惟瓦器，斂以時服，素棺黃壤，歸

其速朽。[104]

據此知楊訓薄葬的具體內容為，瓦製器具、以現有衣飾權充的斂衣，以及最陽春型的棺木，還有不必築墓室。鄭氏的聲音在此誌文中是聽不到的，她應有臨終場景但被省略了。

同樣是一位無名作者於開元九年（721）寫了〈裴撝誌〉。裴撝出身河東裴氏，前三代仕宦至五品以上高官，死於太極元年（712），官至持節寧州諸軍事寧州刺史，享年七十七歲。夫人權堅晚他八年去世，時為開元八年（720），享年六十有八，遺下八位成年的兒子。這位誌作者在再現臨終場景上，筆觸唯及裴撝，如下：

及屬纊之日，遺命斂以時服，諸無所藏。[105]

裴撝在薄葬上更加限制之處在於埋入地下的器皿，前述楊訓要求為瓦製品，裴撝則一樣也不用。兩人在斂服上相同，都不特別訂製，而是就現有衣飾中選用。

誌作者在再現裴權兩人合葬事上，相當特殊兩見於誌文，一處是說：

粵以開元九年十月二十九日與夫人權氏合葬于河南縣平樂鄉北邙山之南原，禮也。[106]

---

104 參見周紹良，《唐代墓誌彙編》上冊，頁830。
105 同前揭書，頁1246。
106 同前揭書。

另一處是說：

> 以開元九年十月二十九日祔于邙山之壠，禮也。[107]

寫〈裴撝誌〉的作者相當用心，關於裴撝的家世和官歷，敘述翔實。即使居附屬地位的權堅部分，舉凡其家世、人品、協助丈夫事業成功，以及守寡後傷心的表現等，都在再現所及範圍內，甚至連死於汝州臨汝縣之別墅也寫到了。

天寶九載（750），洛陽居民張鏡初遭逢母喪，乃請洛府鄉貢進士張恆為亡母寫墓誌，誌名〈崔氏誌〉。此誌提到亡父處，只說亡母當年嫁給張君，此人官居右威衛右長上果毅，連名字都吝於一提。關於亡母臨終場景，張恆再現其事，如下：

> 殮以時服，遵其儉也；殯于西堂，遠其姑也。[108]

可以看出，是在講到亡母穿著何服赴佳城，以及葬所離其婆婆的相對位置等，才以回溯筆法說這是當時亡母臨終遺言交代。至於崔氏葬地是邙山平樂鄉之原，就不煩徵引了。

大中三年（849）洛陽居民劉元晟為亡母梁氏喪事請人寫墓誌，誌名〈梁氏誌〉，此誌在敘及丈夫處剛好字跡殘泐不清、難以辨識，反正丈夫先她而死。此誌對於梁氏臨終場景倒是寫得甚為用

---

107 同前揭書。

108 參見周紹良，《唐代墓誌彙編》下冊，頁1644。

心，完全改寫梁氏所言為書面語，如下：

> 逮嬰綿瘵，自知□□□之日，命諸子弟而誡之曰：「吾疾甚
> 矣，必將終乎？夫生滅人之常情，□□年過知命，不為夭枉，
> 汝勿深恨。吾歿之後，務從儉薄，以素棺時服□□，古來厚
> 葬，無益死生，汝宜慎之。」夫人言訖而歿。[109]

梁氏薄葬的標準類同於前述楊訓者。誌文還說劉元晟等「追思遺
誡」，之後就「窆于先塋」。筆者尋思這種語氣，死者的遺言多半獲
得實現才對。

　　同樣是洛陽居民的苗讓先後在貞元二十一年（805）和元和二
年（807）迭遭父母之喪。他在元和四年（809）親自寫下亡母〈楊
氏誌〉。

　　誌文明白表示先父歸葬長安家族墓園的，如下：

> 祔長安大塋，禮也。[110]

苗讓才花錢辦完一場喪事，接下來亡母這場喪事，恐怕就力不從心
了。或許是這個原因，他只能將亡母遺骸權厝在洛陽，如下：

> 權安厝河南縣內陳村南原之禮也。[111]

---

109 同前揭書，頁2273。
110 同前揭書，頁1970。
111 同前揭書。

對於苗、楊二人夫妻一場最後不能合葬，不是夫妻感情不睦，而是後人的財力一時力有未逮。

　　苗讓在〈楊氏誌〉中沒能點選合葬這項喪葬文化餐點，他的筆觸只好在別的地方下功夫。他讓亡母臨終場景較有看頭，在他再現其事之下，是這樣表達的：

> 　　臨決付命：「遺恨悲于弟妹，念汝少孤，遭世不愍。吾之疾苦，未卜前途，撫育之分，未能使汝免于饑寒之憂。」[112]

苗讓筆下亡母不僅僅是位很能體諒兒子難處的母親，而且是出以「人生有恨」的情形下憐惜兒子處境堪憂。試想這樣的母親還會向乃子提出不盡情理的非分要求：「合葬」嗎？不會的。有時死亡書寫的墓誌不點選全套文化套餐，不是出於當事人沒有意願，而是現實有所不允許也。要求薄葬的話，誰不會講，在生人活不下去的情況下，還要講求死者的文化顏面嗎？對於〈楊氏誌〉中欠缺合葬和薄葬的文化餐點點選，筆者試著從這樣一個角度去理解它。這配合前述劉曾寫的〈王氏誌〉，更加確定，女性在面對與亡夫合葬與否，以及為兒子經濟能力著想有所衝突時，比較不像男性那麼愛惜文化顏面，非選合葬不可，而是體諒兒子經濟情況為重，可以不惜放棄與亡夫合葬這樣的喪葬文化餐點。這又是情感因素壓倒文明因素又一例。

　　揚州居民陳季端在會昌元年（841）邀請鄉貢進士呂貞儉替去

---

112 同前揭書。

年甫去世的母親蔣氏寫墓誌。陳季端父多年前亡故，蔣氏最終是否
與亡夫同穴而葬，誌文沒有明言，只說：

> 以其年春二月十三日甲寅寧神卜兆于江陽縣嘉寧鄉北五乍之
> 平原，禮也。[113]

揚州城外五乍原是當地士大夫嚮往的地方型墓園場地。呂貞儉在此
誌中著意鋪陳的敘事重點厥為臨終場景，他再現其事如下：

> 自夫人于開元五年（840）六月中旬臥疾伏枕，至今春漸將
> 逾瘥，知大期向終，顧謂男曰：「吾氣力頓衰，殆將不起。夫
> 禮節廉讓，汝粗知也，吾終之後，汝主奉家業，當謹節溫勒，
> 無至衰毀，此即吾瞑目無憂。」子遺此示，向卯而終，享齡六
> 十九矣。[114]

蔣氏臨終訓子往後要節儉持家，雖屬於老生常談，但不失為正確價
值觀。此外，還有一點不容忽視。她要兒子不可因哀戚而損毀身
體。她指示在承擔家業的重任前提下，對母親哀思要減到最低程
度。這裡又見母愛的情感因素戰勝文明因素的一種現象。如果此處
推論無誤，母愛的感情界線往外推移的結果，立意彰顯夫妻情深的
合葬文明因素就有崩潰之虞。可蔣氏既不言合葬，也不講薄葬。這

---

113 同前揭書，頁2210。
114 同前揭書。

種以道德論述作為遺言的主軸，其內容或有所蹊蹺，只是揆此誌文毫無線索可供考索。呂貞儉以直接徵引筆法表示遺言內容，可見他視此情節為敘事重心。

九、歧出的死亡文化書寫

以上所述只是從死亡書寫文類──墓誌──所觀察到的死亡文化之一般情形。一般情形之外不免有歧出的狀況也不可不知。

縱使說時人認為理想的死亡方式是，臨死者就躺臥在自己家床上，有家屬親友環伺在側，直看著自己嚥下最後一口氣。這就是所謂的「壽終正寢」了。這樣的理想告別塵世方式發展出有相應的文化語詞項目，早就歷有年所，廣為一般人所重視。然而，現實環境並不允許人人都可以此方式去世。中古時代的官員為宦四方是常有的事。莫說官員有可能死於任上，雙親和妻兒亦可能逝於旅途之上。如此，遺體權厝外地同樣事屬平常。歸葬故鄉不僅臨死者之所欲，也是他們後人視作頭等人生大事。歸葬故鄉墓園是死後追尋幸福的一種嚮往，誌作者筆下人物視歸葬為欲望之所在，正是死亡書寫的重心所在。

在這種情形之下，也不是沒有人針對歸葬故鄉的慣習發出質疑，只是為數極少，難以形成氣候。

開成五年（840）壽州城中有一薛姓人家，老大人薛贊（官至縣令）致仕期間因病去世，享年七十九歲。他的兒子薛元慶時官魏州元城縣尉，想必他已請假返家料理老父喪事。薛元慶請出堂叔薛居昫為亡父誌文操刀。在〈薛贊誌〉一文中，除了告訴我們，薛贊

妻李氏先死多年之外，還告訴我們，薛贊並不在乎能否得葬老家先
塋。薛贊出身河東薛氏，老家理當在河東，先塋勢必亦在該處。然
而，他遺命不必歸葬故鄉。這在薛居昀筆下含糊其詞，意在為薛元
慶卸責，不僅臨終場景不見敘述，而且所指遺言也只出於他的轉
述，如下：

> 祔葬于下蔡縣淮陽鄉戍家里大安原。蓋舊里綿遠，未遂歸
> 葬，從遺命也。[115]

據此，不論薛居昀以長輩身分如何同意薛元慶不必歸葬亡父遺體於
故鄉，還是薛贊如何遺言交代乃子此事，我們都不得而知。請注意
死者被葬在異鄉，誌文不敢說「禮也」。還有，路途遙遠也很難用
作說服他人不必歸葬亡父的理由。但反過來說，倘無亡父遺言，薛
元慶想要合謀堂叔欺騙世人其可能性也很低。要之，這是少見之
例，在誌文中明言歸葬不必遵守。歸葬是集體之想望，薛家父子竟
然膽敢超脫，極其不易。

不必講究歸葬先塋的例子還有一個。

德州安德縣人何載，生前官至縣令。就在元和四年（809）某
秋夜去世，臨死前下了一個奇特的遺令，這在李元渝為他所寫的誌
文中如此再現其事：

> 公之臨終，飭其子曰：「吾聞人無常居，因地為利，可于莊

> 所擇不毛之地而葬我焉。」[116]

顯然，何載不是一位人死非葬先塋這種文化論述的擁護者。

可是兒子並未遵從亡父把他葬於莊所不毛之地，而是葬在鄉間墳場，這個死亡敘事文本再現其事，如下：

> 冬十有一月，庚申葬我公于臨津縣崇孝鄉張司馬村之原，禮也。[117]

下文會述及一位女子李元素的先夫官至幽州節度衙前兵馬使，很可能是站在與李唐中央為敵的一方。他的兩位兒子也應該與幽州鎮軍有深厚關係。李元素的女婿是唐朝中央派任官員，而元素自己出身隴西李氏，這在感情上，讓她傾向女婿，超過傾向幽州當地人的夫家。何載也是河北人，在魏博鎮使府做事，在文化上與兩京士大夫所代表的唐朝菁英文化扞格難通也說不定。這樣說來，李元素和何載的家庭文化異常作為又跟李唐中央與河北關係緊張這一大歷史有關了。

通常就算老父因某種原因特別允許兒子從權處理歸葬問題，身為兒子因有輿論壓力的關係難免設法歸葬亡父，即令終其一生有所不能，也會遺令晚輩以不得歸葬先人為憾事。下文就是一個這樣的例子。

---

116 同前揭書，頁1975。
117 同前揭書。

　　元和十二年（817），洛陽城靖恭里有一戶楊家，家長是才致仕一年多的前國子祭酒楊寧，就在孟夏四月某日去世，享年七十四歲。這時他三位兒子，即楊汝士、楊虞卿、楊漢公等三人，都在朝為官，聲譽甚隆。〈楊寧誌〉請來大國手錢徽（時官守太子右庶子）主筆。錢徽一開筆就再現臨終場景，如下：

　　寢疾革，顧謂子弟啟手足曰：「吾齒七十四齡，生奉遺體，大懼不克，今幸全而歸之。所不瞑目者，惟先故未裏事。」言絕而薨。于是復者升號于靖恭里第，三日而殯于倅。[118]

這番遺言明白指出，死者自己很滿意他這一生，唯一遺恨就是未能葬先人於先塋。楊家三位名滿天下的兒子聽到老父這番話還能不拚命嗎？想也知道，不言可喻。錢徽接下去就去再現兒子如何完成亡父心願之事，如下：

　　粵八月壬申望，其子汝士等祗服理命，卜宅先祖考妣于河南府河南縣金谷鄉尹村之北原，啟公從之，以故夫人河南長孫氏合之。嗚呼！得禮之順矣，畢先君之志，盡孝子之心，善夫！[119]

這樣，楊家子弟就可想像：楊寧偕老妻長孫氏又和樂地與先人共聚泉下。

118 同前揭書，頁2023。
119 同前揭書。

有些寡婦臨終既不要求葬先塋，也不要求與亡夫合葬，而是葬
到娘家家族墓園，要與父母相處於地下。

開元二十九年（741）五月四日，洛陽尊賢里楊府老夫人（閨
名源內則）去世，她出身河南源氏，嫁給楊璡（早死，官至縣
尉）。〈源內則誌〉不知出於何人之手，很可能是老夫人乃子楊宏
所為。

源內則的遺命有二，其一、薄葬，其二、葬娘家而非夫家先
塋。這在誌作者如此再現其事：

> 夫人遺命薄葬，願陪考妣之塋域，不忘本也。即以其月二十
> 三日歸葬邙山，禮也。[120]

源內則打破婦人出嫁從夫，死葬夫家的習俗，這在當時雖不是
先例，但是鮮少之例[121]。她所提的「不忘本」文化論述更不是她孤
明先發。凡她的同道也會這麼說。

大和六年（832），源內則的一位同道，就是前面拿來與何載葬
事文本作對照的李元素，在長安道政里她的女婿劉礎家辭世，死後
也被葬在娘家家族墓園的龍首原。〈李元素誌〉正是劉礎之作，時
礎官右散騎常侍兼光祿卿。劉礎在再現臨終場景上，對於李元素的
遺令，只是含糊其詞，如下：

---

120 同前揭書，頁1521。

121 參見陳弱水，〈試探唐代婦女與本家的關係〉《中央研究院歷史語言研究所集刊》
68本1分，（1997年3月），頁167-248。

> 屬纊之時，精神不撓，所有遺託，其詞甚哀。嗚呼！[122]

劉礎不想讓讀者具體感受李元素詞語如何哀法，即令如此，但理應包含她擬葬娘家家族墓園的念頭才是。

劉礎在〈李元素誌〉文中，講到元和十五年（820），唐中央在河北三鎮的直接接管政策徹底失敗，劉礎原官幽州隨一批撤守官員前赴新任命地的南陽。從此，住在幽州的李元素就跟愛女、女婿一家失去音訊達十年之久。何以如此？李唐中央與河北有十年交惡的經歷，殃及老百姓無法互通音訊。這在誌文如此再現其事：

> 旋屬薊門長惡，嬭党稱兵，音書兩亡，倏忽十載。[123]

李元素是在十年後聯繫上女婿，然後於大和五年前赴長安與女兒相會。母女才相處不滿一年，李元素得病死在女婿家，享年六十六歲。這個例子告訴我們，戰爭是如何影響社會天倫的。這點前已述及，此處毋庸再事贅論。

以上兩位婦女臨死，寧選安葬在娘家墓園，卻不願與先夫同穴葬。這在另章還會詳論。

有些鰥夫或在乃妻死時，或在自己臨終，決定不與亡妻同穴葬，而是比鄰而葬。

開元十年（722），洛陽崇讓里有一源宅主人去世，享年八十

---

122 參見周紹良，《唐代墓誌彙編》下冊，頁2129。
123 同前揭書。

歲。死者源杲官至使持節隨州諸軍事，在致仕期間撒手人寰。源妻唐氏在長安三年（703）過世，源、唐二人育有二子一女，女婿是前述提過的楊璡，女兒即前述已及的源內則。〈源杲誌〉不知作於何人之手，這位作者在再現臨終場景之時，相當用心，為我們留下彌足珍貴的材料，如下：

> 當疾亟而神識不撓，遺令薄葬，啟手啟足，怡然待終。謂其子及女曰：「吾位至方伯，貴也；年登八十，壽也；生死恆理，復何恨哉！雖與爾有隔，不能忘情，但于地下得奉先人，實為幸矣。」此蓋達于命而不忘于孝也。[124]

源杲視死亡為隨侍先人的幸事，只是不能忘情於子女為其缺點。這樣的死亡觀就是前述所及的家族主義之具現。死亡是實踐家族價值的又一扇門戶，家族主義的信從者均如此想像：走進這道門戶，當年孺慕長輩的情景即將重現。

誌作者指出源杲在死後不滿一個月就被葬到家族墓園，該處是在「河南縣平樂鄉邙山之北原」，源杲亡妻已先在該處等他二十年了。但源杲並非要與亡妻同穴而居，而是住在她隔壁，這在誌文如此再現：

> 故夫人西平唐氏，以長安三年（703）先窆于塋左。以古無合葬，弗令重開，曰：「神道遐通，況非遠耳。」[125]

---

124 參見周紹良，《唐代墓誌彙編》上冊，頁1258。

夫妻死後不必同穴的理由，源杲所提的兩點幾乎是他同道中人都如此持說。這兩點是其一古人沒有合葬制，其二神不滅論教導人們靈魂是可以溝通的，因此空間上的遠近不是問題。

　　一位住在涇州的商人施昭就是源杲的追隨者，在源死後約八十七年，施將夫妻比鄰葬的戲碼重新搬演一遍到距洛陽千里外的涇州。施昭妻汪氏先死五年，施則死於元和四年（809）秋天，享年七十三歲。施子清河請華齊望為亡父作誌。就在施死後五個月，施清河完成葬事。這在誌文中如此再現：

　　　　祔窆□于故夫人之墳東，禮也。原塋鄉里，已載夫人之誌焉，雖非合葬，有若同穴。[126]

這裡告訴我們，當年汪氏去世時有一誌石陪葬，如今也不用啟出做任何補記的動作，橫豎施昭的誌石已有所說明。

　　源杲和施昭兩人社會地位懸殊，卻在喪葬文化上同樣做出反主流的動作。

　　就夫妻異穴葬的行徑而言，源施兩人還不至驚世駭俗的地步。以下這對夫妻各自要求的葬所則相當遙遠。這對夫妻，男的叫張師儒官至宣州南陵縣尉，女的姓王。張死於乾符五年（878），葬於廣明元年（880），這時王氏也趁便為自己起造墳塋。〈張師儒誌〉是出自一位刺史手筆，他叫蔡德章，為死者的外甥女婿。誌作者在處

---

125 同前揭書。

126 參見周紹良，《唐代墓誌彙編》下冊，頁1976。

理這對夫妻異地葬時，如此再現其事：

> 公之先域在于馮翊，近載緣諸子從職多在諸方，南北驅馳，離
> 鄉日久，遂逐便移家于上都崇仁之里，靈筵之禮，備之于堂。以
> 廣明元年十月五日乙酉吉辰，歸葬于萬年縣寧安鄉新塋之禮也。
> 夫人王氏，以其糟糠之情，饗祭從便，阻以地遠，恐後違時，不
> 赴馮翊舊鄉，慮其子孫闕春秋之祀而從近焉，乃卜新塋在鳳棲
> 原也。防其異日無虧灑掃之儀，子孫團圓不墜松楸之主。[127]

據此引文，可知張師儒為改變其張家家族墓園的始祖，但乃妻王氏
又何嘗不是改變其家族墓園祭掃地點的始祖禰呢。有必要一個家庭
兩個墓制嗎？墓園緊挨著居家所在地，誠然有其實質考慮在。張家
從馮翊搬遷至長安，為此，家族墓園也做了調整。張、王這對夫妻
選的葬地，顯然王氏更考慮近便性。她以葬所更近長安的優勢，認
為對子孫更具吸引力。然則，她何以不考慮如此令子孫兩處奔波祭
掃，不如集中一處，地雖遠但畢其役於一功，不是更佳？夫妻死後
要競逐子孫祭拜的機會，竟然是這次夫妻異穴葬要考量的重點，聽
起來似乎太過離奇。

十、死亡書寫與家族主義的複製

前述往往言及中古死亡文化有複製家族主義之功能。關於這層

---

127 同前揭書，頁 2503。

道理，筆者再援引三個家庭來說明。

孔子的第三十九代、第四十代孫，即孔溫裕和孔紓父子，於唐末住在洛陽城中，父子同逝於咸通十五年（874），先後只差七十六天。孔紓死時才三十三歲，官左拾遺，乃妻韋氏（出身京兆韋氏）負責喪事，請來孔紓至交鄭仁表（時官殿中侍御史）來寫亡夫誌文。

鄭仁表不愧文壇高手，在再現孔紓臨終場景上著力甚深，篇幅雖長了點但值得抄錄於下：

> 始得疾，不言于人，因晡哭若絕，左右始知有病。甚矣！臥塈室中，不復進饘餌，疾益亟，方肯歸常所居舍，悉召骨肉迨僕使，惟言僕射公（按：即乃父孔溫裕）葬時事，指揮制度，必以古禮，戒誨約束，委曲備悉。左右皆泣。公曰：「吾平生無纖小不是事，天報我甚厚，使亟得歸侍地下，爾盍賀而反以泣耶？吾自遂性，不能無傷，生全大孝，送終設祀，宜益儉削，無以金鉛纖華為殉，無以不時之服為殮。吾幼苦學，尤嗜《左氏傳》，所習本多自讎理，宜置吾左右。友人鄭休範多知我所執守，相視若親弟兄，我亦常以所為悉道之。請以誌我。彼不能文，必盡其實。」言竟，撫弟妹若將千百里為別者，視妻子若將一兩夕不面者，而怡然其容，如有失而復得。已而終。嗚呼！其喜歸侍手？[128]

---

[128] 參見周紹良，《唐代墓誌彙編》下冊，頁2467。

孔紆撫慰家人要恭賀他即將侍候老父於泉下，故無需悲傷。誌作者鄭仁表也認為孔紆「其喜歸侍」。這種視死如歸不是道家那種一切還歸天地、化為烏有的說法，而是儒家那種遊子倦遊返家得侍老父的提法。至於遺言中言及薄葬處，更不在話下，孔紆除了要求不要奢華殉葬品，不要特別訂製殮衣之外，特地要求他自校讎的一本《左傳》要記得置於墓中，想必他死後還要繼續攻讀它。

孔紆的「其喜歸侍」強調的是父慈子孝這一倫常，固是家族主義。下文為延續家族生命不惜大事搬遷家族墓園，又何嘗不是家族主義的另一番面向。

乾符二年（875），洛陽城外一戶崔姓人家其主人崔璘去世，享年五十六歲。翌年，崔璘遺體被運往汝州梁縣新豐鄉趙村里，去與亡妻李氏合葬。這一情節在誌作者崔閱（時官右司禦率府錄事參軍分司東都）一開筆就寫出來了。在再現臨終場景部分，主要在講一定要找崔閱來作誌文，不煩徵引，只消點出其理由即可，如下：

> 必能揚我祖宗之德行也，欲誌吾之墓，無出崔君。[129]

誌文要能彰顯祖宗德行也算是家族主義的一個環結。現在崔家的問題在於崔璘二子崔銑看來，短短幾年父母、兄弟俱喪，可能與葬所風水不佳有關。從西元870死母親，872年死大哥，875年死父親，877年死季弟，母親死前兩年兩位妹妹先去世。如此說來，不到十年內崔家二代死去六人，只剩崔銑一人。所以，崔銑將改遷家族墓

---

129 同前揭書，頁2475。

園事付諸行動，其詳細過程，見於他為亡父自撰的〈崔氏改卜誌〉。關於他與風水師之間的對話，他再現如下。這得從親戚勸他講起：

> 「子之怙怙併失，昆弟俱喪，得非松柏陷于不善之地乎？有楊均者，居東平，子能迓之，必有所益。」鈯曰：「惟惟。」及楊生至汝上，目先大夫之塋，乃告鈯曰：「子角姓耳。艮為福德，地不欲卑，坤為鬼賊，勢不欲盛。斯地也，皆反于經，須求改卜，或冀安寧。余聞邙山之上可置子之先靈，地曰尹村，鄉曰金谷，北背瀍水，東接魏陵，屬洛京之河南縣界。如神道獲安，則子亦安矣。」鈯曰：「且懼滅姓，豈敢望安。教命藏依，果決塋辦。」乃用乾符四年（877）三月二十六日，自汝州梁縣啟護先考府君、先妣夫人葬于此地，即四月二日也。長兄諱鈵，比祔葬于汝墳，今亦改卜，去大塋東南七十七步。（下略）

讀者看到了吧，崔璘才被葬下一年就被重新開挖，改葬邙山，可見崔鈯恐懼莫名之一斑也。這種先人不安於地下會殃及地上活著的子孫。世代之間、存歿之間如此安危相繫，這又是家族主義的作用。還有，上述引文中，風水師指崔鈯亡父墳地欠佳，違反經書所載之道理。此處的經書指的是《葬經》。

首都長安直轄區內的鄠縣有棟別墅住有一位致仕多年的士人叫李翼，是楊國忠的外孫。李翼在大和六年（832）以七十一歲高齡辭世。他的誌文由女婿武公緒（時官京兆府兵曹參軍）所寫。武公

緒告訴我們，大和九年（835），李翼遺體被葬在洛陽縣平陰衙村邙山之原，是子孫遂行李翼遺命的結果。這在誌文以寥寥數字被再現如下：

> 遵遺命從先塋之禮也。[130]

楊國忠去世已久，楊家在政壇上的影響力早已煙消雲散。但楊家所帶給李家的財產，到了李翼這代差不多開始給敗光。李翼一人花費還是有限，整個家族一起同居共食的結果，不到十餘年全部用罄。這在誌文有精采的再現：

> 公以相門之孫，郡守之子，家業豐厚，足自瞻給，而宗族弟兄，遠近咸至，同居共食，無所間異，不十數歲，蕩然靡餘，忻忻然若有所得而不恨也。匪保財產，克敦友愛，可謂過人之度矣。[131]

這種散盡家財以照顧宗族的作風是武公緒所褒揚的，不是筆者要說的重點。重點是李翼經濟行為的背後憑藉的是家族主義這個文化品牌。在理當照顧宗人的文化和有效經營家業的經濟之間，就李翼看來，寧捨後者而就前者。李翼年輕當到尉官一任就退休返家，與乃妻一共養育了八子四女，可見他是位愛家的男人，他死的時候，未

---

130 同前揭書，頁2157。
131 同前揭書。

亡人與他經營了近四十年的婚姻生活。

　　前述崔銑也不用太傷心，他還不算最悲慘的人。有人家庭最終還是絕後，即令事主先後娶了兩位夫人，仍養育不成小孩。不想悲運還沒了結，最後這一位鰥夫想和兩位亡妻合葬，連卜者都卜不出吉日，只能無限延宕。這位衰運的正主叫高琛。

　　高琛於天寶八載（749）死於洛陽尚善里自宅，享年七十二歲。他的遺命很簡單，就是找姪兒高銑過繼其家。高琛的誌文由右武衛騎曹參軍邢宙所操筆。此處值得我們關心的是士大夫文化菁英集團跟卜筮文化的關聯。前述崔銑在術士楊均的教導下將家族墓園整個搬遷到邙山，還指明具體哪個所在。在此，人之姓還分什麼五聲之類，崔姓屬於「角聲」，而方位的「艮」位和「坤」位，又如何如何，這類玄學是當時知識分子遭遇日常難題賴以求援的對象。高琛原想把權葬異鄉的兩位亡妻遺骸一起運回洛陽，和他葬在一道。不想卜筮之士告訴他卜不出吉日，還是另俟他年。這一情節由邢宙再現如下誌文中：

> 以其載八月二十二日甲子窆于洛陽縣平陰原，禮也。公元夫人杜氏，杜氏卒，繼室以楊氏，亦早即代。塋兆殊焉。今以五勝相推，六甲躔次，詢于卜筮，以定月時，而繇象有差，合祔非吉，且仍舊貫，以俟他年。[132]

　　高琛的例子告訴我們，即令當事人有很強的意願要與兩位亡妻

---

132 同前揭書，頁1635。

合葬，無奈卜人算不出吉日也等於是無法合葬。以後的事誰能保證
子孫會花大錢遷葬兩副靈柩返邙山呢？許多不表明要合葬與否，或
是不提合葬之事，可能原因很多，但卜人說了才算，當事人說了還
不能算數。我們也要把卜筮文化列入考慮才好。

第四章
擺盪於不愧與情牽之間

若以世榮，其恨莫平；

若以佛理，恨即可止。

苟達於此，是睹涯涘；

鰥孤之冤，既可以弭。

窀穸之恨，亦可以已；

刻石而紀，存乎年祀。

——唐・唐思禮〈亡妻太原王夫人墓誌銘〉

[手寫註記：飾終：此詞最早現於荀子
荀子認為喪禮再讓死者再現生前的情況，侍奉死者如生前侍奉他。
荀子認為飾終：整个喪礼过程和儀式的內容。　通典：初終之時，即人刚死所行之礼。]

一、遺囑和飾終之典的文化行為未必入誌

[手寫註記：盧建榮：臨終者与身辺之人的互动，以及这些人的回報。]

　　講到墓誌所呈現的中國人之死亡觀，筆者要再強調一遍，主要集中指的是五至十一世紀的中國人，而且也主要是有經濟能力的知識階層，或其眷屬。

　　中央研究院歷史語言研究所擁有唯一的實物墓誌石是殷墟考古工作的意外收穫之一，很值得在這裡用作說明的例子。此誌是隋文帝仁壽三年（603）期間的產品。墓主是位沒落官宦子弟，叫卜仁。他的祖父和父親先後在北魏（或是東魏也說不定）、北齊任官，北周滅北齊，卜仁成為亡國遺民，恐怕是這一政治變動使他未仕也說不定[1]。這則誌文，一大半在講他先世和祖、父兩代的事功和官歷。講到卜仁本人時，誌作者同前舉第二章寫〈劉夫人墓誌〉的筆法一樣，四字一句，共得六十四字，誌作者再現卜仁一生，如下：

　　　　才鋒俊傑，理義兼深。

　　　　並駕曹張，齊驅牧馬。

　　　　朱紫玉食，豈辱布衣？

　　　　每尚兩踈，不羨終氏。

---

[1] 關於東魏北齊遺民在北周、隋、唐等政權治下備受打壓的情形，參見拙作〈六至八世紀中國法律知識的建構及相關的文化和權力問題〉，《台灣師大歷史學報》第29期（2001年6月），頁43-56。

西園待士，乍引仲宣。

東閣迎賓，時遊元禮。

雷驚獸駭，風操未移。

梁木奄摧，俄從物化。[2]

　　以上六十四字含概一個活到五十三歲男子的一生，何其簡約之至。這比起劉夫人這位女性還要來得精簡。本誌接下來講喪葬情形，不贅。整體看來，墓主家世及其德行特質才是誌作者從事再現人物一生的核心所在。關於他的德行特質方面，誌作者不事創作而完全是用典，像提到東漢末年的名流，諸如西園八校尉（按：其中一位是曹操）、李膺，以及王粲等人。〈卜仁誌〉在駢文體墓誌中相當有代表性。

　　每一位臨終者與他／她有意義世界的個人和人群有所互動，這是死亡文化很重要的環節。臨終者會出示遺囑給這些個人或群體，而這些個人或群體也要回報以一些行動，這些行動是有文化項目的，叫作「飾終之典」。下文，我們就來見識有別於前章遺囑的另一方面和「飾終之典」的文化意涵。不過人世的文化作為不一定就會在墓誌中呈現。從北魏到南北朝晚期，在俗人，或官僚墓誌中，我們很少見到關於遺囑和「飾終之典」的書寫。墓誌欠缺這一類有關死亡文化的書寫，並不表示人間欠缺這類的文化活動。直到唐代，人們才把遺囑和「飾終之典」列入墓誌傳記書寫的項目之一。

---

2 參見中央研究院歷史語言研究所文物陳列館藏，〈故處士卜仁墓誌銘〉實物拓本。

二、女性口頭遺囑中道德論述的文化意涵

遺囑有口說和筆寫兩種，前者多是女性臨終向親人講的話，後者多為男性死者於神志清醒、健康情形良好時預先寫的。前者是在講求世俗價值，是在講履行塵世的責任，這些責任多與家族主義的價值有關。

女性墓主生前多不舞文弄墨，她們若有遺囑亦屬口頭為之，而且所言重點不多，易於譯成書面語，方便載入墓誌中[3]。是以墓誌中多見有女性墓主的遺囑。在前章已指出，婦女在死亡文化上有一種是喪葬文化套餐的點選，除此之外，別有一種喪葬文化涉及強調女性獨有社會責任之踐履。這方面死亡文化亦可藉諸墓誌文類所再現的遺囑表達方式窺見。此處筆者且舉後世出土六誌來說明。

有一次李唐朝廷派遣人員出使朝鮮，出使團的正使是崔鍔，副使是趙朝政。這個使節團出使朝鮮三年毫無音訊，崔家情形如何不得而知，倒是趙家的母親每天望斷秋水，巴望趙朝政有一天平安返國。趙家母親總算盼到這一天。當母子會面時，據事後趙母的墓誌文本再現當時會面的感覺是說：「悲倍於喜。」趙母去世那年已守

---

[3] 女性遺言從口語譯文語的過程中，很可能發生類似義大利史家吉日布格（Carlo Ginzburg）在研究十六世紀磨坊工人的法庭供詞，以及法國史家勒華拉杜里（Emmanuel Le Roy Ladurie）在研究蒙大猶村異教徒的法庭供詞所示，這些口語聽入書記官耳中，寫在卷中的已是翻譯過的，或是被扭曲的東西。上述兩位義、法史家所見分見 *The Cheese and The Worms: The Cosmos of a Sixteenth-Century miller* (London: Routledge & Kegan Paul, 1980, c.1976)，以及 *Montaillou: The Promised Land of Error* (New York: Vintage Books, 1979) 這兩本英譯本。

寡二十二年,於大和八年(834)臨終對兒子遺命被再現說成是:

> 汝忠于國,又孝于家,海外□三年,吾期重見于此,盡矣。
> 更何恨焉?[4]

這個墓誌是趙朝政委託崔鍔所寫,應該可靠。趙母遺囑是沒有任何
交代。這是因為她認為能見乃子從海外安返,已是於願足矣,無復
多求。更何況朝政安返故國鄉園後又能與她相處多年。這在她只有
更加滿足的分。這個遺囑等於是說臨終者了無遺憾,故而無言可
立。

一位嫁與左內率府冑曹參軍裴簡的崔氏女子,於元和九年
(814)才結婚一年六個月,復育有一女,尚在襁褓中,就因重病垂
危。崔氏好不甘心,先是向公婆、父母訣別,表示以不克為人媳、
為人女為恨,繼而向丈夫辭命,乞求丈夫勿因她死後與其娘家疏
遠。關於上述遺囑行為,誌作者,亦即其夫裴簡,是以轉述筆法再
現之,如下:

> 臨殁辭所事所生,以不克為婦為女為恨。謂所從,以不踈己
> 宗為託。言終而逝。古君子之善終者,無以過之。[5]

從這則遺囑,筆者可以約略琢磨出,一位婦女不能完成社會託付,

---

4 參見周紹良,《唐代墓誌彙編》下冊(上海:上海古籍,1992),頁2153。
5 同前揭書,頁1999。

她的內心是如何地煎熬不已。我們可以清楚看到，崔氏以不能踐履家庭／家族價值而抱憾到難以自抑的程度。從這裡，筆者不妨如此推論：反過來說，一位女性一生倘能完成「為人女」、「為人妻」、「為人媳」，以及「為人母」等社會責任，她的人生意義才算完滿。

唐代宗永泰元年（765）洪州刺史張翃偕妻鄭氏住於官舍，而遠在洛陽故家的張母突然垂危，命在旦夕，就在兒、媳不在身邊情形下，乃取出一箱衣服，並向侍者交代遺囑，這在誌作者如此再現其遺囑：

> 長新婦至，與之，表吾平生知其純孝也。[6]

等到代宗大曆十三年（778）、十四年（779），張翃夫妻連番謝世，張翃嗣子張士源（時官汝州葉縣尉）於德宗建中元年（780）為父母合祔於洛陽邙山一事寫了一篇誌文。上述遺囑就是張士源在敘寫其父母一生時，所講的一段人生插曲，跟他祖母和母親有關。

張翃母臨終遺囑特別針對的是媳婦，贈以遺物表示她對乃媳的感念，張士源講這則祖母遺囑的故事，乃在表彰其亡母孝行，以一位臨終的婆婆對乃媳的感激之情，刻畫出一位為人媳者如何成功地扮演好其家內角色，這比寫千言萬語的獎飾之詞還取信於人。誌作者筆下媳婦如何實踐其社會責任，在婆婆臨終的肯定下畫下完美的句點，一位合格的媳婦於焉誕生，是這則誌的敘述重心所在。

咸通元年（860），洛陽建春里有一韋府人家，男主人韋素早已

---

6 同前揭書，頁1820。

去世四十年，未亡人齊氏如今病逝，享年五十九歲，沒有子嗣為她守喪，虧得齊氏季弟齊孝曾出面替她治喪，並替她寫下誌文。她不幸的婚姻是由她姑媽做主的結果。齊孝曾寫的誌文，是故事中套故事，明寫齊氏，其實側寫齊氏的姑媽，也就是她的婆婆。所以，韋素與齊氏之間的婚姻是表兄妹婚。這個婚約是透過遺命執行出來的結果。這在誌文中如此再現其事：

> 姑常撫夫人首曰：「笄無他從，必為我季婦。」[7]

這是平常就這麼一廂情願，當然齊氏的父親齊奧深悉其事。到了齊氏婆婆去世，她又遺言交代一次。這在誌文只是極其簡單的再現，如下：

> 及終又言。[8]

現在就看齊氏父親的意向了。齊奧時官鄱陽郡守，是認可這門婚事的，請看齊孝曾如此再現齊父如何執行婚約：

> 洎先君（按：齊孝曾事後回溯其事時稱亡父）由刑部郎中出刺鄱陽郡，召孤甥（按：韋素）而遵遺旨焉。[9]

這是指齊暝召見外甥韋素要他遵守乃母遺令，同時也表示他是許可這門婚事的，也要韋素依從其意。

齊氏婆婆的遺令是強烈令其兒子、姪女一定要結婚的意思。這又有著要求其娘家兄弟代她為子完婚之意。一位母親的社會責任就是要看到兒子完婚，如今未完成而去世，遺令不無充滿一種社會責任未能踐履的焦慮。筆者據此可推知誌作者筆下未見兒子完婚即逝的母親，在關於她的死亡書寫上其焦慮的標的在於對社會責任踐履的期盼上。

大中十三年（859），洛陽銅駝里住有一位叫曲麗卿的婦人，當她嚥下最後一口氣之時，享年五十九歲。她臨終之前頒布一則不令其季女曲雲卿回家奔喪的遺令。這在乍聽之下會讓人覺得這位婦人好生奇怪。但等我們讀了她女婿魏鑣（時官鄧州刺史），寫的誌文就會明瞭其中大有深意。

原來曲麗卿是位不幸女子，毀於「父母之命」的婚姻之下。唐末一位出將入相的大官劉昌裔，有個幼子叫劉紓，昌裔妻硬是做主讓劉紓娶了不想愛的曲麗卿。之後可能就在母親去世之後，劉紓把曲麗卿讓渡給一位大官，不知是做填房還是妾侍之類的。曲麗卿生了四位女兒，三位長女都出嫁不久便去世而且保不住子嗣，只剩小女兒曲雲卿，擅長音律和歌舞，被時任洛陽令的魏鑣給看上，想納為妾。曲麗卿就跟魏鑣約定，她不要聘金，只求魏氏給其女一個法定地位。魏鑣依從，且婚後非常寵愛曲雲卿。等魏鑣升任為南陽太守，曲雲卿隨以俱往。曲雲卿在洛陽產一子，到了南陽又懷孕要生第二胎。以上俱見魏鑣以回憶筆法所寫的誌文。

曲麗卿感於女兒婚後幸福，正覺得慶幸之時，不想她竟得病，

自知不起乃下遺令要時任東都留守衙前虞候的長子李從約不得告知乃妹有關她病亡的死訊。魏鑣將曲麗卿臨終場景再現如下：

> 居無何，得寒熱之疾，伏枕兩月，迎醫萬方，從初至重日，誡其子及家人輩曰：「慎無報女。吾女性和孝，必驚奔請視吾疾。吾疾不瘳，兼病吾女。」由是寢疾累月，路遙莫聞。迨困亟之際，尚口占其書，訓女深切，俾老于魏，用達其身。言訖奄然。[10]

據上可知，曲麗卿自忖死亡必矣，倘若為女兒獲知其病必定前來侍候湯藥，這樣她怕連累女兒恐其致死。這樣愛女情深然顯然與她早年不幸遭遇有關。難得女兒有好的歸宿，身為母親的曲麗卿認為有義務維護女兒的終身幸福。這從當年她嫁女不收女婿聘金，也是著眼於女兒幸福強過自己添財的想法。前後兩件事都反映曲麗卿對女兒的憐愛這樣的情感因素，是強過婚姻收聘金和臨終需女兒的照護等文明法則。這是感情勝過文明的又一次演練。這則特殊的遺令其背後同樣照映出母親對社會責任踐履的強大精神。

　　此事還有一個插曲不可不提。魏鑣在寫丈母娘誌文裡加入點私心，將他當年邂逅曲雲卿之事寫得活靈活現，真是少見，魏鑣如此再現當年與乃妻邂逅事：

> 季女號雲卿，善音律，妙歌舞，詞巧春林之鶯，容麗秋江之

月。家洛橋之北，秋水泛漲，領女奴婢數人，徐步金堤，閑觀
雪浪，裙服綽約，豔態橫逸。洛陽令魏鑣鳴騶呵道，目逆而送
之。11

魏鑣將曲雲卿的儀態、服裝，還有動作等俱筆之於誌，令讀者印象
深刻，一點都不擔心對乃妻事蹟著墨太深或有傷誌文反客為主之
理。

　　士大夫家庭中，正妻的女子固然有，但正妻以下的妾、妓之流
的女子也是男主人合法的性伴侶。只是這類正妻以下的男主人性伴
侶在家中地位是個複雜的問題。這類女子與男主人之間都生育有小
孩，這些小孩的法律地位是非常脆弱的。還有，正妻倘有小孩，這
種小孩多以歧視的眼光看待父親正妻以下的女人們。咸通年間祕書
監韋澳以年老多病正分司東都，他靠的是側室李越客這位女子幫他
照護一切。當年嫁給韋澳之時，李越客才二十歲。韋澳的正妻裴氏
育有二男三女，在李越客刻意曲意承歡之下，這些正妻的子女才對
李氏產生接納之意。李越客也幫韋澳生了二女四男。就在咸通六年
（865）冬天，李越客以二十六歲之齡先韋澳去世於洛陽嘉慶坊宅
第。她的死對韋澳打擊很大，據韋澳替李越客所寫的〈側室李氏
誌〉，有兩處再現李氏如何照護他的病體，如下：

　　余素多病，藥膳進退，衣服寒溫，必能撙節調適，用安五
身。

---

11 同前揭書。

吾老而被病，待汝而安。捨我長逝痛可量哉！[12]

從李越客要照顧一位病中老人，到打點十一位小孩，即使鐵打身體也承受不了幾年，何況是位弱女子，如此年輕去世，與操勞過度必有關係。李越客除了是男人性伴侶之外，她形同韋府的廉價女工。

李越客並不葬在洛陽，而是長安萬年縣洪固鄉李尹村南，據誌文文本說其葬所距離正室夫人裴氏墓所為東北方向五百步。韋澳可能出身京兆韋氏，才如此大費周章將側室夫人葬到故鄉。李越客的親生兒女還小，這是何以韋澳如此安慰李越客之靈說：「雖尚孩孺，性頗孝謹、聰惠，必能成立[13]。」這好像是說李越客於臨終有所不捨，只是韋澳在誌文寫作上捨此材料。

士大夫家內婦女中，比側室低一級的為如夫人。下文筆者介紹兩位如夫人。第一位的境遇與李越客相仿，死時很年輕，只有二十一歲，也是一位李姓女子，她跟華原縣丞王某（諱名）生活了五年，育有一子一女。李氏死於天寶九年（750），葬在長安通化門外北原。李氏的誌文不知為誰所寫，可以確定的是不是用王某的語氣來寫。這位李姓女子不知是何來歷，只因貌美，「王公好奇賞異，求娉納焉」[14]。王某擊敗競爭對手，獲得美人以歸。本誌文的敘述重心在於講王某如何寵愛李氏，被誌作者再現如下：

---

[12] 參見周紹良、趙超，《唐代墓誌彙編續集》（上海：上海古籍，2001），頁1064-1065。

[13] 同前揭書。

[14] 同前揭書，頁625。

　　既美于色，又賢于德。飛鳴鶬鶬，言笑晏晏。所以恃寵于枕
席，承恩于帷房，將如夫人，其兆已見。[15]

一位男人被如此性愛魅力所主宰，可說溢於言表。李氏死後遺下一
男一女，據誌文說：「並才離襁褓。」李氏臨死顯然未獲王某的口
頭保證，她的兒女未來命運顯然是堪憂的。這雙兒女家中地位云
云，更是過於奢談了。

　　再一位如夫人鄧氏可擺脫這種子幼母死的悲運。這一方面鄧氏
活得長久，另一方面她的兒子長大成人，而且爭氣，有以致之。這
則誌文雖短，卻將遺令納入書寫。鄧氏嫁給一位姓夏侯的男子，官
至白水縣令。到鄧氏死於咸通九年（868）時，其夫早已去世。鄧
氏死於河中府的官舍，不知寄誰籬下。她的兒子夏侯洙請出叔父夏
侯藻（時官陝虢等州都防禦判官）操筆寫其亡母之誌。這則誌文極
其簡單，只講到墓主數事如下：出身（高曾不仕，父任州參軍）、
個性、遺言，以及葬所。以上，遺言與葬所是相關的。鄧氏遺命要
夏侯洙葬她於長安，結果據誌文所說，洙「既承慈旨，敢違其教？」
就在亡後一個多月，鄧氏葬於「萬年縣洪固鄉中大韋村」。在此，
既不說「先塋」，也不說「合葬」，很可能鄧氏獨葬一處，與其亡夫
家族墓園無涉。此誌的重點是在於夏侯洙能請動叔父夏侯藻寫誌，
這就表示夏侯藻只承認自己與洙之間是叔姪關係，再進一步，想承
認鄧氏為其兄嫂這個家庭長輩的位階，恐猶有一間吧？鄧氏這位如
夫人的一生竟只配在誌文中寫其個性：「夫人梗概，性剛剋，有難

---

15 同前揭書。

犯之色[16]。」誌不及鄧氏才德，唯道其個性威嚴。這真是少見的婦女傳記文本。關於鄧氏遺言部分，夏侯藻如此再現其事：

> 愛自抱恙，語其子曰：「我百年後，葬我于長安城足矣。無負吾心也。」[17]

從此語氣看來，鄧氏自知在家中地位位卑不敢多求，其次，她是認分安命的表示。就此而言，鄧氏可能無望可葬於先夫的先塋，更遑論合祔了。

唐代士大夫家多有內寵，但這得視正妻態度而定。當時流行妒婦之風，多數男子不敢造次，寧擔「懼內」之名而不以為羞[18]。但心慈的正妻也不是沒有，下列這則誌文就是女子允許丈夫廣搜內寵而不以為意的一個例子。

開元二十七年（739）洛陽立行里元宅的女主人韓氏不幸謝世，享年四十九。嗣長子元孟寬負責亡母的喪事，他請出校書郎王弼為亡母寫誌。王弼於文末特別填加一句話如下：

> 弼託以深知，情因詞舉，恭惟妙善，直書其事。[19]

許多誌作者為表忠實記事，沒有情不稱詞的誇飾寫作，都會如此表

---

16 參見周紹良、趙超，《唐代墓誌彙編續集》，頁1078。

17 同前揭書。

18 參見牛志平，〈唐代妒婦述論〉，《人文雜誌》第3期（1987），頁92-97。

19 參見周紹良、趙超，《唐代墓誌彙編續集》，頁582。

白。這是墓誌散文化以後才有的現象，值得在此鄭重指出。這句話裡面，有一句說：「恭惟妙善。」究竟所指為何呢？值得分疏如下：唐代妓院乃是非多之地，打架滋事在所難免。因此每家妓院多雇有保鏢處理衝突事務。那時的保鏢叫「廟客」或「妙客」[20]。韓氏縱容丈夫在家中胡天胡地，這在誌作者來看，是一種「妙善」，也說不定。

誌作者筆下所建構一位不善妒的女子是以如下面目出現：

> 夫人見貞吉如不及，閨妒忌如怨偶，先是：公有內寵，謀其廣嗣。
>
> 夫人施惠及下，宜爾子孫，求思賢□，而無慍色。[21]

在當時芸芸眾妒婦中，韓氏的表現相當突出。這則誌文對於韓氏夫婿元有鄰只是出以模糊身影，究竟行蹤何處，也未一語及之。這裡似乎暴露韓氏與夫婿關係之淡漠，同時也側面反映元孟寬對父親所持的態度。

韓氏被葬在洛陽城邙山的平陰鄉之原。誌作者沒寫此處是否為元家的家族墓園，也不透露韓氏的葬法可以表示與夫婿關係的絲毫之處。此誌如是實錄，恐怕隱諱的地方還是不少。這種男子生前有內寵，難免疏離正妻及其兒子，其結果大概就是這樣淡漠的夫妻關係和疏離的父子關係吧？這則誌文中的內寵的那位女子只是被側寫

---

20 「妙」與狎妓之事有關，參見宋德熹，〈唐代的妓女〉，收入鮑家麟編，《中國婦女史論集續集》（台北：稻鄉，1999，再版），頁83。

21 參見周紹良、趙超，《唐代墓誌彙編續集》，頁582。

到以致形象模糊，但可取與上述兩位如夫人誌文合觀。

咸通五年（864），兩池榷鹽使李從質在河中府的官舍中傷心欲絕，原來是隨著他遊宦四方的家妓張氏以五十一歲之齡去世。約半年後，張氏遺骸安葬於洛陽邙山金谷鄉。張氏替李從質生二男一女，兩男均出仕。可見李氏於家中地位應不低。李氏的誌文由丈夫親自操筆。在簡短的誌文中，李從質對於張氏的性情和性感兩方面，如此再現：

> 色豔體閑，代無罕匹；溫柔淑願，雅靜沉妍。隨余任官。[22]

寥寥兩句話，成為後人想像張氏容貌的唯一憑藉。筆者認為，李從質多半放著家中正妻不管，反而是與張氏相處較多。如此說來，這位家妓張氏的人生反比正妻為圓足。張氏唯一不能與正妻爭的就是死後無法與丈夫同穴葬罷了。

咸通十年（869）癘疫嚴重，洛陽也不例外。一段青樓女子和一位官員之間的愛情在癘疫中蔓延開來。這位青樓女子叫沈子柔，居住在洛陽思恭里，她上有母親、姨母，下有弟弟一位。沈子柔的行情是很高的，據死後由其愛人源匡秀（時官分司從事）所寫誌文說：「凡洛陽風流貴人，博雅名士，每千金就聘，必問達辛勤。品流高卑，議不降志[23]。」依唐末一金價值八千文[24]。而一般妓女夜

---

22 同前揭書，頁1055。

23 同前揭書，頁1085。

24 參見加藤繁，《唐宋時代金銀之研究》（香港：龍門，1970）卷上，頁272，卷下，頁62, 69。

度資為一千文[25]。對照來說，沈子柔的價碼相當高。但是她獨對源匡秀「所矚殊厚」。源匡秀為沈子柔所寫誌文，主要在寫沈子柔死前七、八天光景。有一天沈子柔約源匡秀相會，一場古代版的「愛在瘟疫蔓延時」就此發生。結果兩人相會不過七、八天，沈子柔不幸染疫去世。源匡秀悲不可抑，在誌文末慨嘆說：

> 天植萬物，物固有尤，況乎人之最靈，得不自知生死。所恨者貽情愛于後人，便銷魂于觸嚮。（下略）[26]

沈子柔究竟被葬於洛陽何處，新掘出土的誌石中未見交代片語隻字。這樣的青樓女子誌文殊為少見，值得附記於此。

總之，側室、如夫人，以及家妓都沒有資格與夫同穴而葬。而妓女沈子柔與恩客源匡秀不是夫妻關係連邊都搆不上，提都不用提。這類家中邊緣人物的女性倘短命而死，她們的子女前途是堪憂的，倘活得長命，而且兒子長大成人又有出息（入仕），這樣，她們的地位才能確保。還有，上文中尚被蒙上面紗的那位「內寵」，看得出來即使正妻包容她，但正妻的兒子不見得包容她。我們看到這位為亡母治喪的正妻兒子是與其生父距離拉得很遠的。這位兒子會正視乃父的內寵嗎？筆者不無懷疑。由於講到曲麗卿，筆者設法

---

25 參見孫棨，《北里志》冊2（石家莊：河北教育，1994），頁164「王團兒」條下小字註云：「曲中諸子多為富豪輩，日輸一緡於母，謂之買斷。」一緡為一千文。

26 參見周紹良、趙超，《唐代墓誌彙編續集》，頁1085。本書只以一妓女來說明。據姚平，《唐代婦女的生命歷程》（上海：上海古籍，2004）一書統計，從周紹良兩部墓誌彙編中可收集到十八例。見該書，頁2002-203。

逸出正文便把類似家中姬妾的例子都拿出來講，還旁及一位妓女。

　　乾符四年（877），洛陽陶化里永寧縣尉李陲宅第中正在發生一件生離死別的人生戲碼。李陲的姊姊李愨即將謝世。她於咸通九年（868）以十九歲妙齡嫁給崔滂，十年於茲，育有二男二女。李愨是宰相李絳的孫女，出身趙郡李氏的高門。她在病重時曾對李陲說：

　　　　吾聞生有其地，勞而無功，其我爾之謂乎？[27]

這意思說她自知出身好，但辛苦十年卻等不到成功果實的摘取就要死了。換言之，她以未能目睹自家兒女男婚女嫁就提前撒手人寰，心有不甘也。這又是誌作者為我們展示一位未完成社會責任踐履的母親其哀哀無告的圖像。

　　李陲曾對李愨臨終場景有極細節的鋪陳，他再現其事如下：

　　　　當彌留之際，謝崔姑曰：「某以冥期難逭，固不悵悵，然所埋恨于地下者，長違嚴訓，永隔慈仁，未竭侍奉之心，不副憂憐之意。鍾憐醜媚，希保留之。」顧此人寰，戀何及也！再安幼稚，下念童僕。屬纊之時，尤加勻布。既而泣下，左右魂銷。[28]

屬纊以白棉絲置於亡者口鼻確認其氣息是否尚存，屬纊之時即去世之時。

據上引文知，李愨對其婆婆表示，她死有餘恨，原因是她有負公公婆婆的憂憐，而她自己還不想離開公公婆婆。她還特別拜託婆婆善

---

27 參見周紹良，《唐代墓誌彙編》下冊，頁2484。
28 同前揭書。

待長女崔醜媚，讓她長大成人。她有長子崔蘭孫才七歲，比醜媚要大多了，不見李憨特別提及。顯然最教她放心不下的是年幼的崔醜媚了。以上，我們看到李憨對公婆的歉疚之心，以及對女兒的顧慮，這些都是李憨覺得身為人媳、身為人母的未竟之業，是她未能踐履的社會責任之所在。

李陲在乃姊去世後一日還夢到乃姊向他訴說泉下一切安好。這在誌文中，李陲如此再現其事：

> 後一夕，陲得夢于夫人曰：「吾獲計於前途，得歸身于我黨，因緣復結，似可庶幾？釋不云乎：『隨願往生。』」此夫人之深志也。德書未盡，詞且云云。[29]

引文中之「我黨」應是地下先人，李憨應是佛教信徒，視死亡為另一種生命的開展。只是她融合了本土和異邦的死後世界觀，「往生」是到泉下世界與祖先歡聚。關於這類混雜文化，下章會進一步討論。

上述六例講到趙朝政母、裴簡妻崔氏（提到崔氏的婆婆）、張翊母張氏（提到張氏的媳婦鄭氏）、韋素妻齊氏（提到韋素的母親）、魏鑣岳母曲麗卿（提到女兒曲雲卿），以及崔滂妻李憨（提到李氏的婆婆）等。以上六則女性口頭遺囑所透露的文化符碼，有三則集中婆媳關係：其一是新嫁婦因娘家和夫家對她期望的落空而有所抱憾，其二是婆婆以贈禮方式感激媳婦的孝行，其三是媳婦託孤於婆婆並表示有所欠負。這三則同樣屬於私生活領域中的情感世

---

29 同前揭書。

界，突出的是一方面母／婆慈，另一方面子／媳孝這樣互惠、互賴
的情感世界。無論是那位新嫁婦為短命而抱憾以終，還是有十年媳
婦資歷的女子覺得人生徒勞無功，正是出於無法實踐這樣家庭的情
感義理。至於那位感恩於媳婦的婆婆則是社會責任踐履的成功版，
剛好對照前面兩個失敗版。其餘三則中，其一是有關一段寡母因感
恩對孤子無所求的感情，其二是母親以未能為子完婚乃請人代為執
行其計畫，其三是母親愛女情深不要她守護其死，改而寄望乃女婚
姻美滿。這三則講的是母子或母女的親情，是母親臨死念茲在茲的
頭等大事。所以，婦女所被賦予的文化使命，不論有無做到，都成
為女性墓誌死亡書寫的中心所在。長幼之間互惠的報償行為更是踐
履文化價值之所在。

三、女性口頭遺囑中死後特別安排的要求

　　大中十三年（859）陰曆七月二十日癸酉申時，一位穿著喪服
的中年男子立在一個新墳之前，身旁一位筮卜師傅正指揮兩名徒弟
拾奪日晷、羅盤針等生計雜物，一副準備收工的模樣。穿喪服的中
年男子自顧自撫摸著新刻的墓碑，上有「北平田君故夫人隴西李氏
諱鵠」的字樣。原來這座新墳埋的是一位叫李鵠的女子。新墳座落
在河南府河南縣龍門鄉南王村溫泉里的一個山崗上。這位服喪男子
正是李鵠的丈夫，叫田宿，是武寧軍節度使田牟[30]的小兒子。

---

30 墓誌中田宿並未表露乃父名諱，據查郁賢皓，《唐刺史考》冊2（江蘇：江蘇古
　籍，1987），頁816，得知，田牟任徐帥為859至861年期間。

　　田宿才與李鵠成婚一年半，沒想到新夫人就遽然去世，死時才二十六歲，留下孤子田玉同目前才兩歲不到。田宿與先前夫人所生有男孩二人、女孩三人都比田玉同大不了多少。田宿回想這兩個月來忙著喪事的情景，不覺悲從中來，不可自已。田宿要離彭城（武寧軍節度使府所在地）之前，曾去向使府「掌書記」官姚潛乞求墓誌，獲得同意。田宿備辦靈車為的是將亡妻遺骸葬往龍門鄉南王村。姚潛的誌文不能拖欠，否則會影響七月二十日的葬事。從五月十九日李鵠去世，筮卜師傅測得吉日是七月二十日，姚潛估算一下時間，從彭城驅車駕往洛陽，田宿這一趟路是不能耽誤的。姚潛事後還記得田宿來拜託他寫誌時一面哭著說的話：「亡室將葬，願銘素行，敢敬以請[31]。」姚潛知此事推辭不得，爽快答應了。

　　田宿思前想後，覺得最感傷的莫過於乃妻訣別之時向他說的話。田宿在央求姚潛寫誌時已一五一十告知姚潛。姚潛如實寫於誌文中。我們今天仍可從新掘出土的李鵠誌石讀到李鵠死前向乃夫說的一番話，是經姚潛再現之後的孑遺，如下：

> 　　殆寢疾彌留，便知必離人世，謂其夫曰：「死者聖賢不能移，余命將盡于此。子必不得以往者滯念。孤墳宿草之後，則可以訪婚淑德，勿使兒女輩久無所恃。」[32]

當筆者寫本書寫到此處時，仍可感受李鵠為丈夫、為兒女著想的情

---

31 參見周紹良、趙超，《唐代墓誌彙編續集》，頁1018。
32 同前揭書。

愛熱力，在姚潛寫來是溢於言表的。在這裡，我們看到李鵠對自己
的死看得很淡，而且還反過來安慰丈夫。

姚潛接下來依田宿所說，將李鵠對田宿講的另一番話再現如
下：

又曰：「所沉恨者，來子家未再周，舅姑知我厚，不得盡供
養之道，以報慈愛，死且不暝矣。」[33]

前一段話是視死如歸，這一段話則是遺恨人間。李鵠自己認為在
「為人婦」這一點上未能克盡厥責，故而有所自責如此。這是尋常
女子面對姑舅在堂卻先死一步常有的話語，已見前述兩例，不在話
下。李鵠於此也不例外。

以上兩段話是李鵠與乃夫私下裡講的話，旁人無從得知。至於
飾終之典和頒布遺令於家人的情節，在我們今天挖到此誌，也可從
中得知當年姚潛如何再現其事如下：

及將革之際，列命諸子，無言而諦視之。[34]

西元859年陰曆七月二十日這一天立於李鵠墳前的田宿，又何
嘗忘得了乃妻辭世最後一刻諦視諸子那一幕呢。田宿一想到這一
幕，他只覺站立不住，趕緊雙手按住墓碑，聊事休息一番。

---

[33] 同前揭書，頁1018。
[34] 同前揭書。

　　李鵠的父親官同州白水縣令。李鵠在父親死後隨母遷往甬橋驛居住。此處是徐州地界繁榮的商埠，帆檣林立，水陸交通便利有鹽鐵支院設在此處[35]。田牟得知治下有李家女待字閨中，就遣人說親，獲李鵠母張氏同意。於是李鵠從甬橋驛嫁往彭城。這番說親以及迎娶的事[36]，姚潛略有所聞，只是沒有像這次為了寫誌文去打聽更多的細節。

　　今天掘出的李鵠誌，字跡是田宿書法，田宿為乃妻抄寫姚潛誌文，可知田宿深愛乃妻李鵠有多深了。

　　以上的遺囑偏向女性回顧一生後所做的自我評價。有沒有關於死後世界的言論呢？很少，從北魏至分裂為東、西兩部的時代，迄今筆者只發現兩則。一位河東女子薛氏嫁給洛陽人寇嶠做填房。寇嶠官至刺史，先死。薛氏不僅善待前妻子，而且還在該子早殤之後傷心欲絕很久。薛氏育有二子一女，隨亡夫叔父居於關中。大統十三年（547）薛氏死於長安，臨終有所遺命。據誌作者如此再現其事說：

　　　　遺令（前妻子）痓于（其墳）左披，示終身不忘夙心。[37]

這表示墓主強烈要求將亡夫的前妻殤子陪葬在她墓旁。這裡透露薛

---

35 關於甬橋鎮於唐末日趨重要的景象，可參拙作 "Hsu-Chou's Struggle for Autonomy in Late T'ang China" (University of Washinton: 1993, 博士論文), pp. 43-47。

36 參見周紹良、趙超，《唐代墓誌彙編續集》，頁1018。

37 參見〈寇君妻薛氏誌〉，收入趙超，《漢魏南北朝墓誌匯編》（天津：天津古籍，1992），頁490。

氏於死後想與她疼愛的前妻子生活在地下世界。

　　北魏宗室有位女子叫元純陀，一生兩嫁。誌作者告訴我們說，純陀於丈夫去世原擬守節不嫁的，無奈乃兄強逼她再嫁，才嫁給車騎大將軍邢某。關於這個情節，在傳記書寫上再現為「兄……違義奪情，確焉不許」。這麼一句話了結。這裡透露女性身體自主權與娘家對再嫁持寬鬆態度有某種關聯[38]。至少表面如此，唯無關本書閎旨，可不俱論。沒想到那邢某又先她而死，她就削髮為尼，不過不居於寺，而居於外孫（也是一位親王）家。在永安二年（529），純陀去世於滎陽。這個誌特殊之處就在於，純陀對其家人（有子，有孫）交代遺言，講到身後事。這是南北朝時代難得一見的有女性遺囑的墓誌。前述已及，這個時代臨終者即使有遺囑的行動，也不見得會被誌作者予以再現。這個女性墓誌何以會講到遺囑呢？就在於純陀違反常俗的作為。原來貴族死後講究的是要葬在家族墓園的，但純陀認為沒必要再與祖先重聚於地下，強烈主張葬在別處。說她不願見祖先於地下，是筆者的猜測，誌文對於如此反俗舉動，只說要堅其修道之心這樣一個宗教的理由，筆者想這是墓主改變其死後世界的表示。此誌的誌作者如此再現純陀臨終交代遺囑的場景，如下：

　　　　臨終醒寤，分明遺託，令別葬他所，以遂脩道之心。兒女式

---

38 關於針對情義論述探究女性再嫁問題，可參拙作〈慾望之河——唐代情、義邊界的建構和逾越〉，收入熊秉真主編，《欲掩彌彰：中國歷史文化中的「私」與「情」——公義篇》（台北：漢學研究中心，2002），還有拙作〈從男性書寫材料看三至七世紀女性的社會形象塑模〉，《台灣師大歷史學報》第26期（1998年6月），頁1-42。

遵，不敢違旨。[39]

這個例子就是後章要集中討論的女子因宗教理由與亡夫異穴葬的問題，同時它足以說明葬家族墓園一事過於平常，即在誌文常見的「葬先塋」為一般誌作者所不寫，直到有人不願如此做才被載入誌中。這個線索為我們指出臨終者原本強烈要求死後要與先人生活在一起，已成常俗，是毋庸再事要求的。除非有所困難（見後文），或是墓主甘願違俗一如本例。

還有，更重要的，以上薛氏和元氏死後分赴兩個世界，前者是中土式的，已見前章所論，後者是異邦式的，將見於下章所論。

四、男性口頭遺囑中的死後世界想像和情牽塵世

講完女性遺囑，接著講男性遺囑。男性的書面遺囑過於長篇鉅製，根本無法容納在墓誌之中。再說，書面遺囑通常離死尚遠，等到真正面臨死亡，男人當下的想法恐怕也與心平氣和下預寫的遺囑，有所不同。現在且先處理男性的口頭遺囑，而且是見載於墓誌中的。前章在處理男性口頭遺囑時，多偏向喪葬餐點文化這一方面。此處要處理的男性口頭遺囑則屬另外一種。沒錯，男性墓主倘有遺囑，亦有口頭式的，以其簡短故仍被一些誌作者揀選為墓誌的寫作題材。但首須聲明，簡短並不是誌作者在從事死亡書寫必然予以選材的原因。在近年出土北齊男性墓誌中，迄今尚未發現有遺

---

39 參見趙超，《漢魏南北朝墓誌匯編》，頁261-62。

囑[40]。此事暫置勿論。還有，男性的遺囑多少觸及死後世界，這點跟女性遺囑中偏向生前反省模式的這一種，構成鮮明的差異。

話說蜀州青城縣丞樊涗於大曆十一年（776）五月去世之前，已經病了好一陣子，在剛發病之時，根據他的從孫樊宗師為涗寫的墓誌，涗常向左右表示說：

> 吾聞夫樂者樂其所自生，而禮及其所自始。邇暮遠宦，不克旋歸，存既不獲以歲時而洒掃，歿又長限乎道途之遼遠。吾今且死，魂魄長恨，恨終天地，其誰知之？[41]

由於樊涗是單身赴任，親人（按：墓主妻早逝，未遺有子嗣，此處親人指其血親而言）也不在身邊，所以以上他對左右說的話，可以說與遺囑無異。他是以不能埋骨家鄉為恨事，理由是活著的人（按：指血親）無法對他適時祭奠，死去的人（按：指他本人）又被框限在遙遠的異鄉。也就是說他想歸葬先人墳塋的心非常強烈。幸虧樊涗再從子孫非常孝順，他的這番遺願就在死後十七年後得以如願。他被遷葬回洛陽，就在邙山他的先祖墳塋處，而且與先他而死的亡妻合祔。

死於外地的人其生前都有強烈欲望想有朝一日得返葬故鄉墓園的。這點無分男女心同理同。前述寇嶠妻薛氏死於西魏大統十三年（547），權葬於關中，迨北周宣政二年（579）才返葬洛陽與其亡夫

---

40 參見趙超，《漢魏南北朝墓誌匯編》，頁386-479，有幾十則北齊男性墓誌，都不提遺囑之事。

41 參見周紹良，《唐代墓誌彙編》下冊，頁1874。

合袝。照說薛氏的遺命中有一部分也應當跟樊浣一樣，以不得返葬洛陽為念的。然而誌作者在表述上出以後設的筆法，在述及葬在關中之後才表示有所遺憾。他如此說：

> 邵州君（按：指寇嶠）先卒河洛，夫人羈殯渭陽。存表同德之譽，沒興殊域之恨。[42]

到這裡，誌作者才挑明說死者（即薛氏）以葬在外鄉引為恨事的。至於（存）活的人都很稱譽薛氏的德行，可能薛氏特指要讓早殤的前妻子陪葬在她墳旁這件事，而不是泛指她的婦德。這裡突然岔開舉女性之例，只是在強調歸葬家鄉的文化行為並不存在性別的問題。但從後人而且偏男性的角度看，這個案例透露出，人們想像先死的寇嶠在地下世界期盼有一天妻子會來與他相聚。所以此一女性墓誌曲折地反映出前死男性墓主的想望。同時，寇嶠的誌石未被挖掘到，想來他倘有遺言的話，大概不出其子孫日後所為的範圍。

　　樊浣擔心死後無人適時祭奠於他，這裡透露一條重要線索供我們思考。前述第二章〈幽州刺史誌〉亦有這個時代難得一見的遺囑，講的是他要求死後勿專門用醬菜祭拜他[43]。這兩條材料無獨有偶都講到墓主於臨終對死後世界關於吃的問題。親人能為死者祭奠有賴於宅第和墳塋距離不遠，才有可能。這又是死後歸葬故鄉的背

---

42 參見趙超，《漢魏南北朝墓誌匯編》，頁490。

43 〈幽州刺史誌〉載云：「日煞（殺）牛羊，酒肉米餐，不可盡掃日食塩豉食一檩記。」轉引自劉永智，〈幽州刺史墓考略〉，《歷史研究》第2期（1983），頁88。揆其文意當係遺囑。

後動力所在[44]。事實上，死後祭奠的要求是不分男女的。北齊天保六年（555），并州主簿王憐妻趙氏去世，臨終遺囑說：「委財三寶。朔望奠祭，不得輒用牲靈[45]。」她是佛教徒，特別交代祭奠勿用肉品。還有，第三章有一例說有一位男性墓主死後準備百甕食品殉葬。以上綜合三男一女的死後飲食的安排透露出：中國人想像死人有吃的問題，而有些人對吃有所講究，或有所避忌。這些都在遺囑中反映出來。

有位叫常俊的平民，祖籍是河內但已遷往遼西定住，於大曆十四年（779）臨終前，向他的妻子和季弟交代後事說：

> 爾等而一其無二焉。始終念茲，無忝斯語。生死者幻，曷足悲乎？淨爾意，焚寶香，於是乎大稱十念，超間諸禪，俄然無心而歸真也。[46]

這番遺囑是非常佛教式的，臨終者反過來安慰親人不用悲傷，因為他就要到另一個世界去了。這是不是合乎西洋遺囑重視死後世界的這項特性，值得吾人注意。如果常俊相信有死後世界其事，那麼毋庸置疑他的死後世界可以推知應是佛教的西方極樂世界。

---

44 關於遷葬故鄉的討論，可參見拙作〈從在室女墓誌看唐宋性別意識的演變〉，《台灣師大歷史學報》第25期（1997年6月），頁26-31。據此可知遷葬計畫往往耗費兩代的時間去經營始克有成。另關於歸葬行動背後原由的討論見中砂明德，〈唐代の墓葬と墓誌〉，收入礪波護主編，《中國中世の文物》（京都：朋文舍，1993），頁373-75。

45 參見趙超，《漢魏南北朝墓誌匯編》，頁399。

46 參見周紹良，《唐代墓誌彙編》下冊，頁1817。

常俊的住處在遼西縣歸化里，死後葬地在薊州城北、高粱河南、禮賢鄉，而他是河內人。這是一個籍貫、住所，以及葬地各在一方的例子。常俊擺明不令其後人有祭奠的餘地。他的死後世界不在泉壤之下。他的誌文是一位號稱「房山野人」的康濟所寫，在講到葬地處，是說「從宜也」[47]。

類似常俊的舉動，筆者在唐代之前一位洛陽人（祖籍黎陽縣）身上也見過。北周大象二年（580）一位下層軍官梁嗣鼎臨終對家人有所交代。誌作者如此述其事：

> 臨終，願捨勅賜衣物，造金銀像區（軀），《涅槃經》二部。[48]

北周時代的人倘有遺囑行動，在誌文的表述上不像唐人那般清楚。引文中「願」一字即有唐代「遺令」之意。梁嗣鼎是位虔誠佛教徒在誌文中即有透露。誌文說他「志尚玄門」。舉凡將榮耀的勅賜衣物捐出，打造兩尊佛像，以及鐫刻兩部佛經等作為，都是一種佛教信仰的彰顯。據此，他應該是位相信西方極樂世界的人。

同樣由臨死人安慰親人的遺囑還可由以下三例見之。首先，趙郡李氏出身的李宏於大曆年間正官曹州司法參軍，忽得風疾乃辭官返洛陽家中，從此過著退休生活。就在貞元八年（792）生了一場大病，躺在床上一個月無法下床，就在彌留之際，遺命親人說：

---

47 同前揭書。

48 參見趙超，《漢魏南北朝墓誌匯編》，頁491。

自古無不死。[49]

這麼簡短的一句遺言似乎在安慰生者，勿以他的死感傷。李宏的墓誌是由親弟前房州司戶參軍李宰親手寫的。這樣的遺囑，李宰應該當場親耳聽到才對。

其次，布衣賈琔也是洛陽人，在貞元八年（792）十月就要死的時候，呼叫弟弟，並命令兒子說：

吾疾將衰。

接著嘆一口氣說道：

日月逝矣，歲不我與！人生幾何，俄成終古。吾當逝矣！吾當逝矣！[50]

以上賈琔臨終口占遺囑的行動完全依據誌作者的再現呈現出來的，這個場景在誌文中所占的篇幅，幾與死者一生六十二歲饒富德行的作為其所占篇幅約略相當。因此，這個遺囑在這誌文中占有突出的部分。這個遺囑表面上看有點感嘆，但窺其究竟也是要家人看開的意思。

這樣樂觀面對死亡的態度，往前追溯一百多年前亦可看到。七

---

49 參見周紹良，《唐代墓誌彙編》下冊，頁1869。
50 同前揭書，頁1870。

十四歲洛陽平民賈德茂於顯慶三年（658）臨終前對兒子告誡說：

> 生者氣聚，死者氣散，聚散之間，天道常理。吾瞑目之後，
> 稱家還葬，不用送死妨生，以取□□。[51]

這則遺囑是迄今所見出土唐誌中最早的一件。雖然文末遺漏兩字，但揆其文意，是講喪事務必從簡。在誌作者描寫之下，這位臨終者表現一副視死如歸的模樣。賈氏的遺囑旨在安慰他的家人。

下文要舉的四個例子中，除了有一視死如歸之例外，再舉三個情牽塵世的例子。

代、德兩朝宰相崔祐甫於建中元年（780）即將去世前夕，他應該有說給家人聽的遺囑，但不見誌作者提及。亦即崔氏的同事現職的吏部侍郎邵說在寫誌時，並未將對家人說的遺囑採入誌中，邵說反而選取了將崔氏告友人的官式遺囑再現在誌中，如下：

> 吾為輔弼，明堂辟雍，未之能建；人中告禪，未之能行；廟舞雅樂，未之能定；以是而歿，其如吞惶何？[52]

這像是崔氏在做施政報告，而且是說以未完工的計畫為恨。這樣完全是公領域的遺囑，我們只能參考；筆者懷疑崔氏公而忘私到屬於文化慣習的、對家人立遺囑這樣的事，他會忽略掉。筆者想，這只

---

51 參見周紹良，《唐代墓誌彙編》上冊，頁331。

52 參見周紹良，《唐代墓誌彙編》下冊，頁1823-824。

是誌作者邵說不採用罷了。

大中十三年（859）一位住在懷州修武縣孝廉鄉范客村的男子叫李元的人，以七十九歲高齡死於家中。這是一位典型的農民，他的誌文說他：「躬耕自墾，以樂明時[53]。」關於死者臨終場景，誌作者如此再現其事：

> 年前九月二十六日，遘疾于家，痛楚輯轕，乃命子曰：「吾少趨庭，觀其志而立思，沒觀其行……」言尚未竟，奄息終于共城私第。[54]

這是一次未完成的遺囑。不過，筆者可以約略琢磨出大概意思。這是死者在說，他小時候父親教導他，年輕時要立定志向，死後就要讓人查驗一生的行誼。講到這裡，死者就斷氣了，不過揆其言語脈絡，應是說我這一生沒做對不起他人的事這一類的話。

李元遺下妻子（出身清河張氏），五位兒子，誌文說他們：「并祇奉庭訓。」亦即以父親為楷模。這個遺囑充滿道德論述的況味。

咸通元年（860）洛陽會節里有一孫宅，其主人孫笛以七十三高齡去世。他的姪兒官渭南縣縣尉孫紓替他寫有誌文，講到臨終場景，孫紓如此再現其事：

---

53 同前揭書，頁2375。
54 同前揭書。

> 屬纊之時，顧謂猶子曰：「吾平生雖不享高位重祿，然爰自齠年，以至白髮，常荷覆育，每獲安逸，未嘗一日不飽食暖衣，天之所鍾亦謂至矣。今則瞑然枕上，豈有憾耶？爾輩無至悽慟，過於悲苦。」言訖。[55]

孫筥以一生無憾反過來安慰捨不得他死的親人，這大有視死如歸的精神。遺令有兩種，一種是喪葬文化的餐點，專講葬地和埋葬方式，另一種是與回顧一生有關，重在檢視在德行上有無虧欠他人之處。孫筥此處遺令所透露的文化意涵屬於上舉第二種，毋庸置疑。

李德裕第五位兒子李燁以三十五歲的壯年去世於郴縣縣尉官舍，時為咸通二年（861）。十年前李德裕遭貶謫於海南島，李燁亦遭貶於蒙山荒地，不久獲知乃父去世，乃上疏皇帝請求歸葬乃父回洛。他的誌文是堂弟李潘所寫，當寫到這段扶護亡父遺體返洛這段事蹟之時，如此再現：

> 君躬護顯考及昆弟亡姊凡六喪，洎僕馭輦有死于海上者，皆輦其柩悉還。[56]

這在當時是何等艱鉅的運輸工作。李燁在任郴縣縣尉不久便染瘴病。關於他臨終場景，李潘如此再現其事：

---

55 同前揭書，頁2378。

56 同前揭書，頁2390。

　　將暝之夕，遺誡二子，手疏數幅，且曰：「必有餘貲厚于孀
嫂孫女，爾輩勿倫之。」[57]

李燁的書面遺囑是看不到了，此處只看到他的口頭遺囑。他是立基
於家族主義立場，吩咐兒子要照顧比他們更需照顧的寡婦孤女，即
其亡兄的妻女。可知李燁家族的範圍是包含嫂嫂和姪女這種家族成
員的。李燁放心不下的是亡兄家中的寡婦孤女。顯見李燁視這兩位
孤苦無依的親人為其社會責任，他才如此放心不下。

　　從以上幾位男性口頭遺囑看來，人們在喪葬文化餐點之外，還
會有別種選擇。後一種選擇多集中在臨死者自己一生的反省，或是
他未完成的社會責任要遞交給後人代行。這種不論反省自己一生德
行，還是要後人代為踐履其未完成的社會責任，都是與道德論述有
關的態度。

　　根據上述幾則男性墓主的口頭遺囑，可知有六位死者大有視死
如歸的氣派，所以才會反過來安慰親友。這裡面到底有多大成分與
當時流行的死後世界信仰有關，值得後繼研究者關注。

　　另外，樊深的遺囑雖不及勘破生死這部分，但他顯現的是，要
返葬故鄉以便與先人相伴的價值觀。所以樊深的傷心不在死亡本
身，而是在死後不得與先人為伴這點。這又跟前此拙作講中國人死
亡觀中特重「壽終正寢」有關[58]，而且這個正寢還非得是家鄉宅第
的正寢不可，即使是仕宦外地的私第正寢還不成呢。這令筆者想起

---

57 同前揭書。

58 參見拙作〈墓誌史料與日常生活史〉，《古今論衡》第3期（1999年12月），頁21。

死在謫地的柳宗元[59]和李德裕理應與樊涗一樣,臨終前悲的不是死亡本身,而是耽心死後是否入籍先塋與祖靈共聚的問題。柳、李都跟樊涗一樣,其遺願都獲償。柳宗元卒時,長男始四歲,當然無力為亡父營事遷葬,幸賴兩位義人,一出遷葬費,另一出營葬費,宗元才能在死後八個月得歸葬(長安)萬年(縣)先人墓側[60]。李德裕於大中四年(850)死後暫厝海南島兩年,直到大中六年(852)德裕子得朝廷應允才扶柩返葬故鄉。這支移靈隊伍在途經江陵時還勞動川東節帥派幕僚李商隱前往問弔[61]。拙作亦處理到之前德裕被謫遷到海南時,其京中豪宅花園沒入政敵之手,好不悲哀[62],以其無關本書閎旨,就此揭過。

關於渴望歸葬故鄉而有所焦慮的問題,尚有可說的餘地。有些中國人所設定的死後世界不在佛教揭示的西方極樂世界,而在泉壤。後文還有一例談到父親為亡女寫的誌文中,安慰該亡女到地下後不用害怕,因有先人相伴。這亦可與此處同觀。這點顯示前述梁嗣鼎和常俊的死後世界,是與樊涗、李德裕、柳宗元這般人的死後世界,是不同調的東西。前者是異邦式死後世界的想像,後者是本土式死後世界的想像。而本土式死後世界所想像的無非是泉下世界,這是生前家族主義的再複製。這些討論已見前述第三章,此處

---

[59] 柳死於柳州前的精神背境可參見拙作〈景物寄情──唐宋庭園的文化與政治〉,收入熊秉真編,《睹物思人》(台北:麥田,2003),頁27-28。

[60] 參見〈柳子厚墓誌銘〉,《韓昌黎集》(台北:臺灣商務,1969),下冊,卷26,「六、碑誌」,頁71。

[61] 參見陳寅恪,〈李德裕貶死年月及歸葬傳說辨證〉,《中央研究院歷史語言研究所集刊》5本2分(1935),頁159。

[62] 參見拙作〈景物寄情〉,頁40-41。

不贅。

此處還有一點尤須格外注意。以上六位男性洛陽人中,除了樊
況在遺囑中明言唯恐不得歸葬祖塋為憂之外,其他像賈德茂、梁嗣
鼎、李宏、賈琔,以及常俊等五人不及於此。事實上,得以壽終正
寢的人對於能否葬在先塋,早已預知不是問題,故而絕口不提。這
裡言語不及之處,才是事情的關鍵。

另外,試將堅持本土死後世界觀的男女遺囑混同來看,男女無
別的就屬祭奠問題,就又說明了中國人想像死人不但都與其先祖生
活在地下的泉壤世界,而且還有吃的問題,需要活人供養呢。這一
部分應該屬於第三章探討的主題範圍之內,但與本章所論有連動關
係,故置於此處。

五、「飾終之典」中的文化／社會意涵

1. 人生最後親友會

跟死亡文化有關的事物,除了臨終者對親友做出以遺囑這樣的
行動之外,另一方面又有親友對臨終者所做的酬報行為,那就是
「飾終之典」。這通常在臨終者自宅進行,由臨終者生前關係密切的
人在旁看護,一直到臨終者嚥下最後一口氣為止。不過,這個文化
行為不見得會在墓誌中再現。在唐玄宗之前,歷代誌作者少有將
「飾終之典」的文化行為發為文章的。這或許與駢體文在表達上難
以取材於此的緣故。筆者一個概括印象是,散文體的墓誌比較會讓
一些誌作者取材「飾終之典」的文化行為。這可見這樣的創體與文
學革命有所關聯。這部分下文還會提到。

大歷十年（775）滑州司法參軍盧初，從生病臥床開始，到去世為止，探視他的人包括叔父、兄弟姊妹，以迄關係密切的親戚。這番景象，盧初墓誌由其堂姪盧商操筆記述其事，是這樣被再現的：

> 自寢疾逮乎歸全，叔父臨視，同生在旁，懿親密戚，罔不咸萃。故其疾也救無不至，其終也禮靡不周，生榮死哀，人事備矣。[63]

此誌原由盧初岳丈李揆於初死後不久寫定。盧初死後被權葬於楚州。五十四年後的大和三年（829），初子盧伯卿始有能力遷葬其父回洛陽安葬。李揆寫於755年的誌文要到829年才付刻，並藏於地下。這些已見前述第三章，此處再予以扼要說明。

刑部侍郎李建是宰相元稹的生死之交，於長慶元年（821）突然無疾將終，一時近親畢集，有人主張做法事，李建不肯。他的兄嫂（按：在父母與兄已去世情形下，兄嫂成為一家之長）依禮為他穿上殯服，還來不及交代遺言就死了。元稹為李建寫墓誌，上情如此再現於下：

> 一夕無他恙，而奄忽將盡，舉族環之，請召咒妖巫，搖首若不欲者。寡嫂至，殮衣若禮焉，竟不克言而遂薨。[64]

63 參見〈盧初誌〉，收入周紹良，《唐代墓誌彙編》下冊，頁2112。
64 參見元稹，〈唐故中大夫尚書刑部侍郎上柱國隴西縣開國男贈工部尚書李公墓誌銘〉，收入氏著，《元稹集》卷54（北京：中華，2000），頁585-86。

這又是「飾終之典」又一例，李建親人與盧初親人所為不同的是，李家明知此誌將在人世廣為流傳（按：為公開性墓誌文本），主要著眼於「飾終之典」為常俗，根本無需遮掩。而這點誌作者元稹也知之。「飾終之典」終究屬於可公諸於世的題材。

在寥寥可數的有關「飾終之典」的死亡書寫上，較多鋪陳的一次演出，要數誌作者崔祐甫在描寫其友工部郎中寇錫臨終情況上。大歷十二年（777）寇錫卒，明年歸葬洛陽邙山，從先塋。崔祐甫不愧是古文家，於晚年時官中書舍人時還為寇錫操筆寫誌文，對於寇錫面對死亡，崔如此再現其事：

> 公之遘疾也，形羸而神不耗，雖氣如難屬，而言猶有倫，與親賓之問疾者，款曲辭訣。以時更亂離，舊業荒毀不能調田構宇，以為孤兄子庇身餬口之所，惟是為恨。[65]

據上引文，知臨終者在辭別親朋好友的場合上，場面是如何的溫馨，當事人又如何表現出一副從容的意態，不像是赴死亡約會。這些都藉由崔祐甫的健筆躍然誌上，使千載後的讀者讀到這裡，都可以感受到寇錫一生精采的一刻，當屬這幕臨終的演出。像這麼生動的「飾終之典」的敘寫，還很難在其他例子見到呢。

2. 家族互助義務的宣達

我打算藉上谷寇氏這一家族來看飾終之典。時間是安史之亂發

---

65 參見周紹良，《唐代墓誌彙編》下冊，頁1805。

生前後，一共五十餘年的寇家家族史。寇家在亂前已在洛陽定住，恐怕已與上谷的先人之家斷了聯絡。入唐以來以迄安史亂後二十二年，這家四代的仕宦情形如下：

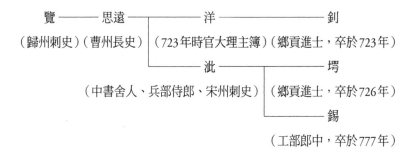

開元十一年（723）洛陽審教里寇洋府第，一位年僅二十三歲的年輕人寇釗去世。誌作者對於這次的飾終之典，有如下再現：

> 屬纊之際，餘息僅存，陳鞠育之恩，敘違離之情……[66]

這片誌石已破損，剛好只到此處。但筆者仍可清楚看到，寇釗辭別親友時，特別講到對父母恩德和對其他親戚的情誼。寇釗的堂兄弟寇堨和寇錫當分別是二十歲和十七歲之齡，應該在場，而叔父寇泚說不定也告假來探視也說不定。

再過三年，也就是開元十四年（726），洛陽永寧里寇泚府的少主人寇堨以三十歲之壯齡猝逝。寇堨的誌文是乃父寇泚所寫，關於

---

66 參見周紹良，《唐代墓誌彙編》上冊，頁1284。

飾終之典之情節，寫得尚算詳盡，寇泚如此再現：

> 始其亟也，父伯視疾，時羸臥積旬，神明不禮。乃曰：「死
> 生大數，斷之久以。所可為恨者，貽父兄之憂耳。」俄而夭
> 歿，中外哀慟。[67]

三十歲的人生在誌文中，臨死十天和之前三十年竟然字數約略相
同，寇泚回顧乃子這一生，似乎飾終之典這一情節變成寇塝人生的
大事。來探視的親戚中，誌文特別提到死者伯父，應係寇洋。寇塝
向大家辭別的話中，在意的是對不起父親和兄長。這個兄長應不是
泛講，其實是指乃弟，也有可能指其堂兄，如係前者當係寇錫才對。

此後寇洋和寇泚兄弟兩家還要經歷許多家庭喪事，唯誌石未見
發現不得而知。但到了大歷十二年（777），寇家第四代的柱石寇錫
年老去世，享年七十一歲，時官工部郎中，遺下妻李氏，和三位兒
子。

寇錫的誌文是同事崔祐甫這位大詞章家所寫[68]。這在我介紹其
臨終場景時已提過。不過若把注意力改為集中在飾終之典上時，我
不得不指出其中一個重點，那就是寇錫放心不下的是「孤兄子」，
這應該是指寇塝的子嗣。這是以上寇泚寫誌石時未有提到之處。想
不到在寇錫的飾終之典上，我們意外得到此一訊息。這時距其兄逝
已五十一年，相信兄嫂已去世，所以才只提他姪兒。寇錫的父親和

---

67 參見周紹良，《唐代墓誌彙編》下冊，頁1313。
68 同前揭書，頁1805。

伯父是兄弟分居的，但兩家喪事則互為一體。再從寇埒去世其遺下孤兒寡婦被寇錫視為其社會責任這一點來看，在唐代菁英階層中兄弟是存在互相照應彼此的孤寡的。倘若兄弟兩家健全不至發生經濟危機時，則分居分財是常態，否則健全的一家有義務照顧不健全的一家。這從以上寇家第三代和第四代的家族關係可以獲窺此中消息。這應該是比兄弟有共財之義更高一級的文化價值行為。

3. 孤寡照料職務移交典禮

飾終之典的舉行是家族以死亡為名所進行的聚會，同時也是家族遺孤照料移交的宣示會議。唐末荊州府江陵縣東郊某地有戶新移墾戶姓鄭，從洛陽搬遷至此，墾殖一塊數百畝的田地。這一代鄭家主人叫鄭魯，歷官兩縣縣尉，到了任右金吾衛倉曹參軍時，他的大哥和二哥先後去世，留下兩門的孤寡，變成他的責任。鄭魯考慮到憑他那一丁點中央官俸實在照顧不了兩位兄長遺下的孤寡，乃決定辭官，並遠赴荊州府開墾二哥生前買下的田產。〈鄭魯誌〉是荊南觀察判官盧弘宣所寫，當寫到這段棄官改農的決定，是以父子商量的場景來鋪陳的，如下：

> 迨絳州（按：指鄭魯大哥官至絳州刺史）、工部（按：指鄭魯二哥官至工部郎中）相繼凋謝，府君顧謂諸子曰：「善自位者，然後為用。前日家聲不泯，翳吾二仲，而今而後，非我所及。度吾能者，奉先訓，養諸孤，以謹家儔，其殆庶乎？」[69]

---

69 同前揭書，頁2558。

此處鄭魯向兒子們坦承，要照料兩門孤兒是他的責任。接著盧弘宣又寫到憑鄭魯一份中央小官薪水是達不到目的的。在此，盧弘宣的筆法將鄭魯說給兒子聽的話，改為轉述語氣再現如下：

> 謂京師艱食，終不能衣食嫠幼。[70]

「嫠幼」指的是兩門孤寡。

接著盧弘宣為我們敘寫，荊府田產的原委，以及鄭魯赴荊墾植三年有成，年產量達「歲八千斛」。這樣，他才分別派人前往兩京迎迓兩位兄嫂及其姪兒們。大嫂一家於三月抵荊，二嫂一家於八月抵荊。不過，鄭魯就在二嫂一家抵達之前一月就染病了。等見到二嫂一家人，鄭魯就去世了。盧弘宣似乎暗示我們，鄭魯是撐到一家團圓才放心瞑目的。這可想見鄭魯的飾終之典是舉家人員到齊的光景，唯這在盧筆下不甚清楚，被再現如下：

> 工部夫人之至蓋亟矣。諸以以聞，則軒然而作曰：「二嫂至矣，吾家畢集矣，吾於今而瞑，庶無愧矣。」[71]

就在八月十七日，鄭魯嚥下最後一口氣，走完他五十七年的人生。翌月，鄭魯被返葬洛陽邙山先塋，而且與亡妻合葬。這些就不煩徵引了。

---

70 同前揭書。

71 同前揭書。

　　看到以上寇洋和寇泚兄弟兩家互相照拂，以及鄭魯去照顧兩位亡兄遺孤這兩個例子，飾終之典是家族聚會的一種特殊場合，是因應家中親人去世而興的聚會，它起的是照顧兄弟孤寡這種情誼的文化作用。這種典禮背後與家族內部成員互助的文化相當密切，不是徒然形式見面而已。

　　「長安居大不易。」是當時京官常感嘆說的話。外官收入好，是中晚唐仕宦者普遍認識[72]。在所有外官中，以在洛陽任職為最美。洛陽是唐代的副都，全套京官在此複製一遍，工作輕鬆，既可養老，又可養病，有點類今坐領乾薪性質。這就是唐人所說的「分司東都」[73]。韓愈有位朋友叫李虛中，為了沉重家計選擇外官，外

---

[72] 關於外官俸料錢，可參考以下諸文：陳寅恪，〈元白詩中俸料錢問題〉，《清華學報》10卷4期（1935），頁877-86；劉海峰，〈唐代俸料錢與內外官輕重的變化〉，《廈門大學學報》第2期（1985），頁106-14；青木場東，〈唐代俸料制の諸原則〉，《東方學》72輯（1986），頁63-80；李燕捷，〈唐代祿制與內外官之輕重〉，《河北學刊》第5期（1994），頁63-67；王珠文，〈關於唐代官吏俸料錢的幾點意見〉，《晉陽學刊》第4期（1985），頁75-97；羅彤華，〈唐代州縣公廨本錢數之分析——兼論前期外官俸錢之分配〉，《新史學》10卷1期（1999年3月），頁49-90。其實這個問題最有創見的當推陳明光，《唐代財政史新編》（北京：中國財政經濟，1999，二版）一書，於「論祿米」，頁72-77，以及「論職田」，頁120-24等兩處相當精審；最終集大成之作者厥為賴瑞和，《唐代基層文官》（台北：聯經，2004）第六章，特別是頁385，第一段、頁386，第二段、387，第一段，以及頁392，第二段。

[73] 參見王吉林，〈晚唐洛陽的分司生涯〉，收入淡江大學中文系主編，《晚唐的社會與文化》（台北：臺灣學生，1990），頁244言分司職閒，可坐領全俸，比致仕領半俸為優。有位高姓前輩學者特以王文將拙作〈景物寄情〉給比下去，說王文「以分司生涯現象探索其政治意涵，反較庭園文化的切入更為寬廣」。又說拙文「實證論述仍嫌不足」云云。筆者趁此機會反駁高說以就教其他高明。首先，就內容廣度和

官履歷中有一站也是「分司東都」。李虛中死後，他的誌文出自韓愈手筆。李虛中有五位兄長，先他而死者四位，另一位兄長雖健在卻罷官當道士，不事營生，這一家妻小也歸虛中負責，因此等於是五門孤寡的生活費全都落在他一人身上。像李虛中務求外官以養活六家老小的景況，在韓愈的健筆如此再現其事：

> 故四門之寡妻孤孩與滎澤（按：指棄官當道士那位兄長，曾官滎陽尉）之妻子，衣食百須，皆由君出。自初為伊闕尉佐河南水陸運使。換兩使，經七年不去，所以為供給教養者。及由蜀來，輩類御史皆樂在朝廷進取，君獨念寡稚，求分東出。嗚呼，其仁哉！[74]

李虛中要負責五門孤寡兼及自己一家，他的負擔之重比前述鄭魯之

深度而言，王文僅以兩頁篇幅處理牛李黨爭對政敵輕度懲處，為安置洛陽就任閒差，王文又說該文所述重點不在此，而在無關政爭而居洛陽就閒差領全薪，優於領半薪的致仕待遇。至於拙文長達二十九頁（包含兩張圖），主要縱論唐宋兩百年的黨爭，而且是在講致敵死命的鬥爭手法——貶謫遠郡甚至邊荒。兩文所說為風馬牛不相及，竟被取以隨意比附。其次，王文重在講人物閒居洛邑，引用史書六人七人次之事蹟，拙作以〈亭／園記〉文類（genre）從事文本分析，旨在探掘兩百年來兩種心靈結構，一是內斂隱遁的人生觀，另一是鍛鍊戰鬥意志以備重返中央政治舞台。這兩種心靈結構於此期間時有斷續，彼此互為消長。這是兩文在方法上不同，資料上也不同，所挖掘的歷史面向更是不同。這位高姓學者拉甲打乙的慣技招式用老，硬將輕薄短小的兩頁文章比若天仙，而將二十九頁言人所未言的文章貶作醜女，這樣高下隨心，指鹿為馬的批評，不僅有虧批評的職守，而且在敗壞台灣史學倫理秩序上做出不良示範，可說遺害無窮，莫此為甚。

74 參見周紹良，《唐代墓誌彙編》下冊，頁1994。

家計不知還重多少倍。唐代這些文化菁英將姪兒女待若己出，視作人生的責任，又可藉此誌獲窺一斑。

李虛中臨死前是赴長安新職，可惜病死。韓愈並未為我們鋪寫臨終場景，之中的飾終之典究竟有無發生也吝於一提。假如有發生的話，李虛中究竟要如何將五門孤寡交接出去。這麼一個重擔應該再也找不到替換手了。據韓愈誌文，李虛中自己有三男九女，似乎都未成年，韓愈只告訴我們最小的男孩才三歲大。想來這種光景韓愈也不忍卒寫吧。韓愈所寫此誌當然是公開性墓誌文本，但飾終之典是可公開之事，沒有必要有所隱諱。故而我們可藉此誌瞭解絲毫死亡文化。

4. 單親家庭減量安全閥

開元二十九年（741）冬天，長安城中永寧里有位李姓人家，主人李符彩剛剛去世，年五十八歲，時官右金吾衛胄曹參軍，遺下妻崔氏，子一人尚在襁褓之中。李符彩的同事一位叫王端的人替他寫了誌文。誌文提到飾終之典之處，如此再現：

> 屬纊之際，無所顧託，曰：「啟予手，啟予足。」言終而殂。[75]

這是自覺一生無愧、無所欠負於人的臨死者，常會學仿當年孔子臨終講話的方式。事實上，李符彩有一兄長先他而死，乃兄於飾終之

---

75 同前揭書，頁1539。

典時想必已將其孤寡交下給他。這在誌文稱頌李符彩對姪兒女有叔
父之慈時順筆講到。王端如此再現其事：

> 　　長兄早卒，敬事□□□□□□年秀發，公每撫之流涕曰：
> 「祖德不墜，非爾而誰？見爾成名，雖死無恨。」故遠邇稱其
> 慈也，及公既歿，二生明而蒙以秀才上第（下略）[76]

此處引文雖缺字嚴重，但揆其語意是在講李符彩兩位姪子如何英才
煥發，令他感慰之事。所以，李符彩家中應有其兄嫂和孤姪才對。
誌文未提兄嫂，可能已去世的緣故。

　　李符彩的人生又訴說了，文化菁英視姪如己出、視嫂如母這樣
的戚誼是一種文化價值的昇華。這樣背負生計重擔的集體行為背後
有著家族的價值在引領人們，不管那個價值是責任，還是義務，許
多人為這樣的價值而生而死。就在死亡儀式中的飾終之典這一環
節，讓我們見識到文化菁英所崇尚的文化價值。

　　由於唐代文化菁英階層流行的是子姪皆家人的文化，無形中化
解了該階層單親家庭存在的條件。本來一家經濟支柱的父親如果亡
故之後，孤兒寡婦的單親家庭是勢所必生的。根據一份量化調查顯
示，唐代後半期菁英家庭中男性平均壽命應該比前期下降約十歲[77]，

---

76 同前揭書。

77 參見毛漢光，〈唐代婦女家庭角色的幾個重要時段——以墓誌銘為例〉，《國家科
　　學委員會研究彙刊》（人文及社會科學）1卷1期（1991），頁186-95。毛氏將唐代
　　分三期，婦女平均壽命第三期較第一期下降約十四歲，這雖是一份女性平均年齡下
　　降的抽樣統計，但以此類推男性應不低於此。此處我暫取十歲為度。

也就是說原本理應存在愈來愈多的單親家庭，卻因為菁英階層在死亡文化上崇尚收養姪兒女的價值觀，使得大量單親家庭消弭於無形。韓愈在年幼父母雙亡之後以現代社會運作情形看，本應進孤兒院的，但唐代文化運作之下他可以由其伯、叔父收養，只是韓愈父沒有兄弟，幸好有踏入社會的兄長，他自然由其兄嫂扶養成人。韓愈當然視其兄嫂如父母，他跟兒子之間原本的叔姪關係以年齡相仿、又生活同一屋簷下，反而變成一種有類兄弟關係。韓愈跟他姪子這樣的特殊情誼在他姪兒死後所寫的〈祭十二郎文〉[78] 中表露無遺。韓愈變成孤兒後本當由其三位叔叔領養的，但不知是早死，抑其他原故不得而知[79]，改由有經濟能力的長兄家庭扶養，其實背後道理是相同的，都是唐代死亡文化中家族主義發生作用的結果。在唐代，因死亡儀式有教示、鼓勵人們家庭範圍可以把亡故兄弟的孤寡納進來，亦即每一家庭都有著收養孤寡的義務，無形中使得社會單親家庭數量降到最低點。

唐代一位「三舉進士無所成」的窮書生陳宣魯，在開成五年（840）病逝在洛陽審教里孀姊家中，享年三十三歲。他的誌文是長兄陳脩古所為，時任官淮南節度推官。陳宣魯還有一位弟弟叫陳酈先。這場死亡儀式，促成了陳家三男一女四位兄姊弟的聚會。陳宣魯一家本來單獨住在長安的，陳酈先居何處不明，陳脩古一定住在揚州官舍。附帶交代一下這一家的父親叫陳諫，是唐代大財政家

---

78 參見韓愈，《韓昌黎集》冊2，卷22（台北：臺灣商務，1968），頁64-66。

79 參見羅聯添，《韓愈研究》（台北：臺灣學生，1977），頁13-14，言及韓愈三位叔父事蹟不明。我的猜測恐與戰亂失聯，或早死有關。

劉晏的重要依傍[80]。劉晏的辦公處所是塩鐵轉運使府的揚州，陳諫的生前居所是在揚州，死後權葬地也在揚州。

現在回到陳宣魯的飾終之典事情上。陳家兄妹四人短暫的家庭聚會為的是見陳宣魯最後一面，不過這在誌文中無所著墨。陳脩古筆觸所及著力於倉皇奔喪的敘寫，雖然是差幸趕上時機見著兄弟最後一面。誌作者如此再現其事：

> 君在長安疾困，肩輿來洛陽，投孀姊韋氏家累月，極醫藥救療。其兄脩古，淮南從事，聞疾星奔來省，與幼弟鄜先十二日偕至。及君之終，與外甥韋武當主辦窀穸之事，俾家人憨子虔護虛儀，莽歲設奠于揚州。[81]

在此，我們雖未見飾終之典之鋪寫，但實際是存在過的，只是誌作者不加以取材罷了。絕大多數墓誌像此誌一樣，省卻了死亡儀式中很重要的飾終之典這一段情節。我們也見不到陳宣魯的遺言。在上引文字中，筆者必須指出兩點：其一，陳宣魯是病危投姊，而乃姊願意提供場所供治療，其二，陳宣魯的喪葬事宜由外甥韋武當一力承擔，當然陳脩古以死者長兄身分到達韋家，不會讓外甥一個人獨承其事。在此，我們看出陳宣魯姊與他之間的姊弟情，以及韋武當

---

80 參見鞠清遠，《劉晏評傳》（台北：臺灣商務，1970），頁63-64。又，關於劉晏財經成就多篇論著，包括拙作，〈唐代財經專家之分析——兼論唐代士大夫的階級意識與理財觀念〉《中央研究院歷史語言研究所集刊》54本4分（1983），頁208-12，亦處理到。

81 參見周紹良，《唐代墓誌彙編》下冊，頁2198。

和陳宣魯之間的甥舅之情，而這些家人關係才是陳宣魯於病重之時辭家改投姊家作為自己人生終點站的行動依據。

在此，我們看到陳諫去世之後，他的三個兒子外加守寡的女兒依然團結在一起，哪怕他們分別住在揚州、長安，以及洛陽，可說地處南北西各三方，但只要其中有人亡故，他們還是會聚在一起，商量死者遺孤之事。然而，陳宣魯沒有妻室和子女，他死後問題就變成是死後誰負責祭奠的問題。請看陳脩古給他的安排，據誌文所寫，如下：

> 脩古有男曰：「可思」，俾奉禮法，專爾享祭。[82]

這表示，陳宣魯死後由其姪兒陳可思負責祭奠之事。還有，陳宣魯葬地是洛陽邙山，與父、祖的葬地在揚州，相隔兩地，過於懸遠，不過，距外祖、外曾祖的墳塋地在緱氏縣較近，因此，陳脩古安慰乃弟說：「今君獨墓於此，與外族塋域遠若相望，不為無素矣[83]。」同時，陳脩古還說，未來有辦法的話，他打算將父、祖兩代之遺骸改葬到邙山。這樣，誌作者似乎在向死者暗示說，你日後還是有機會與祖、父相聚於泉下的。

5. 遺恨人間

對於父或母在先死，或是子童卬、妻不在的鰥夫，這兩類屬於

---

82 同前揭書。

83 同前揭書。

「悲慘」的人生誠然不夠正常。這兩種人若有飾終之典，會是如何光景呢？

一位官左領軍倉曹參軍的李霞於開元二十六年（738）死於洛陽殖業里的居所，享年三十七歲。他的喪葬事宜全由朋友備辦，不見有任何家人出面。在〈李霞誌〉文中，關於飾終之典的鋪陳，被誌作者再現如下：

臨終神守不虧，親故握別。[84]

就這樣寥寥數字而已。最可憐的是兒子們太小不解事，無從交代他們，這在誌文中如此再現其事：

二子丕、否，年在童丱，懵然靡知。[85]

本誌的特殊處在於朋友備辦喪葬事宜，有突出的描寫，誌作者再現如下：

凡我朋友相顧如失，非夫人之慟，吾慟與誰？[86]

這是說李霞的遭遇及其死後境況任誰都會同情，實在是太悲慘了。接著就再現眾人協助完成喪葬的情形，如下：

84 同前揭書，頁1478。

85 同前揭書。

86 同前揭書。

> 于是或相冢塋，或買服具，前後執綿，莫匪時□，觀者榮
> 之，識者掩泣。……葬我李友于邙山之原，順□墨也。[87]

李霞的窘境是在於家族中乏人可以替他備辦喪葬事宜，結果只得勞煩其朋友們替他辦妥後事。從誌文口氣看，是協助其事的朋友中有一人操筆完成此誌。

元和六年（806），長安男子裴承章才二十歲，到襄陽迎護岳父竇端（也可能是「瑞」）遺體，要返葬長安，卻於半途中病死。誌作者于方官祕書省校書郎與竇端有親戚關係，遂操筆。于方筆下，裴承章是在飾終之典見到母親和妻子的。于方如此再現其事：

> 殆及屬纊，精神分明，辭母別妻，意緒哀恨。所謂天難忱，
> 命靡忱，善人而夭，顏子其如斯乎！太夫人哀念愈痛，晝夜叫
> 呼，殆將不膳。[88]

這是一位母親和一位妻子無法接受一位才二十歲男子遽然死亡的死亡書寫。對於裴承章來說，他當然捨不得與母親和妻子就此幽明兩隔。所以，誌文才在說他「哀恨」的情緒。誌文還花許多篇幅在寫裴承章父裴琚如何遭貶死之事蹟。這麼一來，裴承章的死距其父死貞元二十一年（805），不到一年，裴家一下子一門雙寡。這是誌文意在言外，要細心讀者讀出的地方。這樣說來，于方不只寫裴承章

---

[87] 同前揭書。
[88] 同前揭書，頁1954。

誌文，理應寫有竇端誌文，只是〈竇端誌〉未見傳世罷了。

大中九年（855），洛陽又發生一件使白髮人送黑髮人的不幸事件。出身樂安孫氏的孫佣才獲進士銜不久，以十九歲之齡死於敦化里自宅。死者父孫向時官大理評事，一聞凶耗立從長安疾赴洛陽探兒病。孫向親自為兒子操觚寫誌文，在寫到攸關飾終之典處，如此再現：

> 爾疾在洛，吾去于城，爾疾告亟，吾道悵程，及門心落，入室禍驚，忍死待吾至，爾歿爾恨。黃泉吾冤病骨。爾之行、之才，可以榮，可以壽，何圖（下略感傷語）[89]

這是一位父親以第一人稱在寫誌文，完全一副輕聲細語在與一位死去兒子談話的模樣。孫向也點出了孫佣含恨而死的景象。一位前途遠大的青年如此短命而死，任誰（特別是親人）沒有不忍的。誌文才說：「洎于諸親，咸冤惜之。」誌文末還提到死者葬處距祖母墳七步，距長兄墳數步云云，原來孫向命夕，連死兩位兒子。如此一位父親又是如何承擔兩條年輕兒子生命先他而去這樣的打擊。

洛陽人慕容知敬官絳州司戶參軍，於總章六年（668）死於洛陽宣陽里居所，享年三十二歲。他的死因據誌作者說，是冒著溽暑天氣趕去看父親而致疾。他從絳州出發穿越太行山，到達他父親慕容正言履任長史的衛州官署。在回返任所途中覺得不適，才改而回洛陽家中治病。誌作者在敘及與飾終之典有關的這一情節時，如此再現：

---

89 同前揭書，頁2321。

> 君妙達因果，洞該生滅，雖嬰疚彌久，而推理自安；針石湯
> 藥，拒而不進。逮乎屬纊，神色怡然，陳死生之大期，顧親友
> 而長訣。[90]

底下誌作者有一番感傷的話，主要是說，中年病死等於沒有後福可享，再者官居下位，整個說來「其命哀哉！」[91]。雖說慕容知敬因信佛而胸襟曠達，臨終之前還能一一跟親友話別。但在旁人看來，這是何等令人心酸的場景。首先，至少他的老父眼睜睜看著愛子死去，其次，慕容知敬似乎無妻乏子。

以上四件死亡事件，不是無長輩可以料理後事，就是父或母料理親生子後事。這種小輩先死徒留長輩感傷，或是遺有孤子卻因年幼不知其悲，在死亡書寫的墓誌中就看不到「託孤」的戲碼。這時死亡書寫的側重點是「遺恨人間」這一主題。

6. 在託孤和遺恨之外

如果喪事是晚輩經手長輩型的，又與長輩經理晚輩喪事型的，有何同異呢？這是下文要探討的重點。

第一個例子是前述崔暟妻王媛。她臥病在床凡三十六天，此其間，她做了一些事，諸如把生平好的服飾取出分贈親人，自己洗好身體，穿好下葬用的衣服，以及放棄治療等事。而且，也跟前述的慕容知敬一樣神情怡人，意識很清楚。王媛也是一位虔誠的佛門信

---

90 參見周紹良，《唐代墓誌彙編》上冊，頁566。
91 同前揭書。

徒，勇於面對死亡，認為活到七十四歲，已很滿足。據上誌作者再現，我們還是不能忽略，王媛生前因丈夫和少子居高官而兩度受封命之事。丈夫和長子雖先她而死，但少子崔沔在她在世時已任高官。所以，用為人妻和為人母的標準看待她，王媛其實有著幸福的一生。王媛的娘家較窮，她父母和姊妹三座墳塋的後事都由她一手包辦。這樣看來，王媛於婚後無礙於她當本家的孝女，同時，還展現了姊妹情深的一面。王媛的臨終場景即使在感傷中仍有其溫馨的一面，幾乎沒有什麼可以讓她放心不下的事值得她去千叮萬囑。

王媛死於開元九年（721），二十三年後洛陽豐財里某官舍中有位寡婦万俟氏去世，留下二男一女，享年四十九歲。誌作者沒有清楚交代万俟氏丈夫鄭某死後，一門孤寡由誰扶養的事，但從亡夫之弟妹隨侍在側，可以推知万俟母子必然被養在鄭家。万俟氏臨終景象雖在誌文中不甚清楚，但不忍遽離子女的情況卻被誌作者刻意捕捉，再現如下：

> 迨一日，夫人丁堂遲迴，有問倉庾，如慮凶事不給；次明夕，停燭躊躇，勤恤孤幼，如憂割愛未忍；次明晨，口無所說，目無所視，但儼然迴向，因坐而終。[92]

万俟氏未病而死，才一個晚上和翌日清晨就往生了。晚上，為了與

92　參見周紹良，《唐代墓誌彙編》下冊，頁1577。此誌最早為嚴耀中知所利用，寫成〈墓誌祭文中的唐代婦女佛教信仰〉，收入鄧小南主編，《女性與社會》下（上海：上海辭書，2003），頁480，唯嚴氏所引之處不同本書引用之處，在於他在講婦女於守寡後信佛，開始相信「色即是空」之旨，與本書所論有異。

子女多聚一刻，遲遲不肯吹滅蠟燭。之前一天，万俟氏有預感將死，乃問親人關於倉庫存放物品狀況，這在事後被人解讀成怕喪葬需用品不夠。万俟氏兒女想必已長成，只是未達婚嫁，人生至此，她也沒有什麼好交代的。只是事情來得太過突然，所以誌作者才對子女感傷的感覺再現如下：

> 俄頃之間，天地之隔，生人巨苦，孝子至痛。[93]

這倒是熟悉世情者才講得出的話。

万俟氏只交代不必返葬滎陽夫家的家族墓園，只要就近葬在洛陽即可，但也不是她娘家的家族墓園。這在誌文中是說「以先志」，而不是說「從禮也」。所以，万俟氏是與亡夫異穴葬的。

以上是兩位長輩身分的女性其後事由晚輩料理的情形。接著要舉一位男性的例子。

韓俊官居淮南節度討擊使，六十四歲那年，即咸通十年（869），病逝於揚州仁風坊的自宅，遺下二子、二女。誌文未提妻一個字。這是比較奇怪的地方。他的誌文作者是他外甥鄭修己。關於寫到理應與飾終之典相關處，鄭修己如此再現：

> 忽遘膏肓，一委枕席，幾月不瘳，殆乎筋力將耗，直氣不催，親友候問，尚有鬱悒之誠，猶以後事誠託分明焉。[94]

---

93 同前揭書。
94 同前揭書，頁2439。

韓俊只對探視的親友表達了他葬事的事，其他沒有交代。他是被葬在揚州城外先塋所在，應該就是他的遺願。韓俊的喪葬之事理應由其晚輩所完成，在此，我們看不到「託孤」和「遺恨人間」這兩個劇碼。鄭修己與韓俊這位六舅很是要好，講到哀傷處不及旁人，純就自己情感發言：「修己每蒙訓誨，常切憂憐」，底下才說他是如何的傷心。換言之，在這場死亡告別式中，別人就不至像他這般傷心了。

7. 未完成的例子

開成五年（840）光州刺史李潘死於弋陽官舍，享年五十歲，遺下年輕妻子崔氏，以及過繼的姪兒李小殿，還很小。李潘上有三位兄長，二哥和三哥很早過世，長兄雖在，但入仕很晚，以致收入有限。因此，二哥和三哥死後兩門孤寡全歸李潘在扶養。李潘是河北常山人，原本在常山任幕僚，就在長慶元年（821）一次政治變動的機會裡，他勸府主歸降唐廷，從此離開河北，而在中央轄區遊宦四方。

李潘的誌文是長兄李恭仁（時官武功縣尉）所寫。誌文中兩度提到李家兄弟四人中屬李潘成就最高，當然扶養家族的千鈞重擔就落在他身上，由於二哥和三哥的兩門孤寡歸他所養，因此家戶人口數多達數十位。李恭仁如此再現李潘教養家人的情形：

> 其在家也，孝以奉上，悌以事兄，慈以撫下，仁愛敬睦，天稟其性。況于伯仲之間，常先筮仕，南北從宦，未省相離，至于孀孤無不聚處，撫訓孤稚，均布資財，中外無間，休感必

同，親族之內誰不仰伏。以是骨肉良賤，常不啻數十人，和洽
閨門，咸得其所，則為家之行，有以察矣。[95]

從這個例子看，唐代菁英階層在家產的處分上是兄弟共產制，兄弟
中最有成就，或是最後死的那位自然是一代的家長，他有義務照料
其他兄弟的家庭，據此可推上一代的遺產理應由他支配。還記得到
荊州府墾荒的那位官員，他耕的田是他先亡故兄弟留給他的，他那
兩門孤寡也由他扶養。上引文中，請注意，墓主先前處分錢財的描
述是「均布資財」。

李恭仁在誌文另處以第一人稱介入文理之中，又將李潘養育孤
寡兩門之事重複再現一遍，如下：

神理奚殛，毒我門緒，手足之內，淪缺過半，吾之奇蹇，官
緒晚立，仲兄季弟，皆薄宦情，悽悽二門，俟爾光顯。[96]

這是講李恭仁自己仕宦不達，而二弟、三弟兩家又是孤寡家庭，照
說端賴李潘來照顧其他三家子姪的，不料壯年去世。

李恭仁並未正面去鋪敘家人如何進行飾終之典，而是從家族頓
失依靠的悲愁讓讀者捕捉絲毫家人環伺在李潘身邊呼天搶地的場
面：

---

95 同前揭書，頁2206。
96 同前揭書。

　　滿室號叫，不知所依，痛發一聲，鋒刃在腹。[97]

這一幕家人看著李潘嚥氣是李恭仁事後聽人講的回溯性筆法。李恭仁想見李潘最後一面而不可得，或許因為如此，他放棄了飾終之典的正面鋪寫的情節，改而偏重他來不及趕上那種遺憾的情思。李恭仁再現他的情緒如下：

　　況初聞遘屬，奔馳在途，竟不得訣平生，終不及執湯藥，支離兩地，俄變終天，餘魂驚飛，何所顧籍，其為忍死而哭者，亦有言哉！[98]

李恭仁要從京兆府屬的武功縣跑去光州與李潘訣別，是要耗費相當時日，如果李恭仁聞訊太晚，或是李潘從得病到致死時間短促，則都使這兩位兄弟見上一面是有其困難的。結果李恭仁就是見不到李潘最後一面。

　　這是一個誌作者沒有正面鋪敘飾終之典的例子，原因是他未能躬親其事，他的下筆重點是在他參與有分那些部分。墓誌會正面鋪敘飾終之典的例子可說百不得一。絕大多數例子都未敘寫到飾終之典，李恭仁所寫誌文能稍事順筆提到，已屬難能可貴，但究屬未完成的例子。

　　類似的例子發生在大中八年（854），這回死者崔罩是位長兄，

_____

97 同前揭書。
98 同前揭書。

官曹州刺史。他以六十八歲之齡死於濟陰縣官舍。崔蕚一家一門三
傑，在他得病之時，其二弟崔罕於長安任給事中，三弟崔準於荊州
府任荊南節度副使，在短時間兩位弟弟要從宦地前赴曹州看崔蕚最
後一面不是易事。結果兩位弟弟都在赴曹州途中獲悉兄長去世的消
息。

　　崔蕚的誌文是由他從祖兄崔干（時官太子賓客分司東都）所
寫。崔干沒去寫飾終之典，反而去替死者兩位弟弟再現徒勞赴喪的
行動，如下：

> 仲弟給事中罕，聞疾上陳，馳驅不及，哀覲于鄭之東郊，行
> 哭泣血，護歸舊里。季弟荊南節度副使兼中丞準，請于府主，
> 單騎北馳，聞凶訃于宛葉間，哀斷手足，躬奉窆穸。[99]

崔罕走到鄭州東郊，崔準趕至宛縣、葉縣之間，才獲知乃兄崔蕚早
已去世，只好在喪事上盡心力。崔家兩位弟弟都來不及參加乃兄臨
終前的飾終之典，崔罕所請的誌作者站在後死的兩位弟弟立場沒去
鋪寫飾終之典。這其實是常態。像崔氏三兄弟各仕一方，倘有惡耗
即令勉力趕路不見得可以如願見及臨死兄弟的一面。這樣，趕赴探
訪臨死者的人往往沒能參加飾終之典。再加上，誌作者無論是兄弟
中人，或是所託之親友，都會以同情來不及參加飾終之典的立場故
意不去寫飾終之典。當然，飾終之典不必然被載於墓誌之中，墓誌
中缺此情節，原因可能很多，此處只是指出其中可能的一種狀況。

---

99 同前揭書，頁2206。

8. 飾終之典場所從家庭移往佛寺

參加「飾終之典」的人無非是家庭或擴大至家族中有親密關係的成員。臨終者只有「壽終正寢」，才能讓親人參加「飾終之典」。凡客死異鄉的人，如何讓有資格參加「飾終之典」的人輕易湊在一起呢？

本來「飾終之典」一般是在臨終者自宅舉行的，但後來亦有人轉往佛寺。譬如金部郎中崔積妻王氏是於貞元十五年（799）死在洛陽福先寺的，有關她的誌文是她的繼子群請河南少尹張式寫就的，如此再現臨終場景由家內換成佛寺：

> 寢疾，終于東都福先寺……[100]

又如崔積弟河南縣主簿崔程早王氏一年也是死在洛陽福先寺的，關於這點，誌作者再現臨終場景為佛寺：

> 卒于東都福先之佛寺。[101]

以上兩例明指死者不是死於自宅，而是死於佛寺。既然是在佛寺去世，筆者有理由相信「飾終之典」一定是在佛寺舉行的。福先

---

[100] 參見高橋繼男，〈洛陽出土唐代墓四方紹介と若干の考察〉，《東洋大學文學部紀要》52集24號（1999），頁122。

[101] 參見〈崔程誌〉，收入王仁波等，《隋唐五代墓誌彙編》（天津：天津古籍，1991）洛陽卷，貞元96條，頁153。

寺似乎是洛陽士大夫家庭舉行「飾終之典」的首選地點。第二章已
講過裴度為重修福先寺付巨額潤筆費給皇甫湜一事就是這個福先
寺。根據學者研究指出，人們之所以死在佛寺，可能與藉宗教力量
治病有關[102]。洛陽其他佛寺也有人利用做「飾終之典」的場所，像
鴻臚卿張胤於聖武二年（757）快死的時候，他的家人將他送往奉
國寺，結果他就死在那裡[103]。

筆者也看到一位洛陽長官為其部屬在佛寺舉行「飾終之典」
的。有位叫封揆的縣令，於貞元二年（785）死於洛陽城中道光里
昭成精舍的。誌作者為死者所寫誌文如此再現臨終場景為佛寺：

> 至邁瘵未幾，閬川行暮，貞元丙寅歲七月戊午朔，六日癸
> 巳，終於洛陽道光里昭成精舍，春秋五十一。[104]

根據誌文，墓主突然死於任上，家人都在遠地，未聞此凶耗。整個
喪事是由封揆主官和其同事一起做的。在這種情形下，不可能有親
人為墓主在其私宅進行「飾終之典」，至多只能由墓主同事權充
「飾終之典」人馬。類似情形往前追溯亦可找到例子。像北齊朔州
刺史庫狄迴洛於大寧二年死於鄴城，他的同僚將他遷葬於晉陽大法
寺[105]。再過一段時日，迴洛遺骸又被移往故鄉與他亡妻斛律氏合

---

102 參見高橋繼男，〈洛陽出土唐代墓四方紹介と若干の考察〉，頁134，註54。

103 同前揭文，頁114。

104 參見周紹良，《唐代墓誌彙編》下冊，頁1841-842。

105 參見趙超，《漢魏南北朝墓誌匯編》，頁415，而頁416載云：「王（按：迴洛生
　　前受封為王）等故吏等恐文昭武烈……相與式鐫青石……」，故知迴洛葬事由其同

葬。此墓在1979年被人發現於山西壽陽縣[106]。從以上兩例看，無論如何同事和主官有無參與臨終者「飾終之典」的資格，恐怕才是關鍵。人生的意義追求，在一方墓誌文本中，「飾終之典」會成為書寫題材之一，就在於它可具現這人生的意義，也就是死亡文化很重要的一項內容。

以上諸例（按：須扣除北齊庫狄迴洛一例）均見於洛陽士大夫於佛寺處理死者的事例。當洛陽人在外去世時，是否也置死者於佛寺的呢？有的。就是與前面提過的張翊母遺令有關的另一件事。話說張翊去世於郴州任上，翌年張妻鄭氏逝於可能扶柩北上途中。鄭氏死在荊州城內某一佛寺。雖然誌作者張士源只寥寥一筆再現其事如下：

> （夫人）德壽不齊，（大曆）十四年七月十九日，終于荊州
> 精舍，享年五十七。[107]

但我們可以想像張家家人必隨侍鄭氏左右，她於佛寺嚥下最後一口氣時，不愁沒有家人為她做「飾終之典」的。

以上不論同僚為死者於佛寺處理喪事，還是遠宦於外的家庭倘有家人去世非得在佛寺辦喪事不可，都造就了洛陽人於佛寺而非私宅從事「飾終之典」之先例。這些在外從權的例子累積多了，使得

僚所為。

[106] 參見不著撰人，〈北齊庫狄迴洛墓〉，《考古學報》第3期（1979）一文，頁92-103。

[107] 參見周紹良，《唐代墓誌彙編》下冊，頁1820。

即使在洛陽的喪家也有可能使改到佛寺去進行「飾終之典」的機會隨之增加。

人們會利用佛寺從事「飾終之典」的場合，固可能與藉宗教治病有關，但亦可能與佛寺從事營葬業有關。像有位在室女李德孫於元和十三年（818）雖死於父親官舍，但卻葬在長安城郊因聖寺所屬墓園。李德孫的誌文再現李家墓園落座佛寺所經營的公共墓園這樣的新趨勢：

> 亡戊戌歲七月十八日于同州內城官舍，來二十七日己酉，瘞京兆府萬年歲龍首鄉因聖寺佛閣西門之南地。土接亡叔之墓，風接西塋之松，冀爾孩魂，不怕幽壞。[108]

此事固然不屬死者親友為死者在佛寺進行「飾終之典」之例，但家族墓園鄰近佛寺，就與「飾終之典」會從私宅移至佛寺有著促成歷史轉折的助緣關係在。人們會將死者停靈到佛寺，俾便進行營葬，進一步將臨終者移至佛寺進行「飾終之典」，也不是什麼困難的事。

六、書寫體遺囑與死亡文化的關係

關於書寫體的遺囑，都過於長篇巨製，無法納入有限篇幅的墓誌中，只能在墓誌外另做，儘管如此，長篇書寫遺囑應該與墓誌合

---

108 同前揭書，頁2034。

觀，才能盡可能窺探死亡文化之底蘊。有學者指出唐開元年間頒有
遺言法[109]。復從敦煌石室所出遺囑材料知，書寫遺囑已發展到有通
用格式的地步[110]。這是預撰遺囑的辦法。書面遺囑除了見諸敦煌石
室之外，正史人物傳中亦偶有載及不容忽視[111]。這些書寫體遺囑乃
男性的專利。這些是偏理想主義的東西，與主流世俗價值格格不入
的。這些男性所書寫的遺言，形式和名目有多種，往往以「家
訓」、「家誡」，以及「誡子（姪、孫）書」的提法出現。在這裡
面，多少會涉及三樣東西：其一，在個人德行上展現百分之百的堅
持；其二，在待人接物上強調勿輕啟糾紛；第三，在金錢價值觀上
表示輕蔑的態度。墓主在生前（按：還未到臨終前夕這一地步）多
以以上三事諄諄教誨其子孫，這與漢代墓室布置在於寄望墓主死後
能過一如生前享樂的生活方式，看來大異其趣[112]。

　　以上三點中，第一點不必去講它，那是人們待人處世的總綱。
筆者要進一步說明的是第二點和第三點。東漢時的遺囑已被蒲慕州

---

[109] 參見仁井田陞，《唐宋法律文書の研究》（東京：東京大學出版社，1983），頁
622。

[110] 參見凍國棟，〈讀姚崇《遺令》論唐代的「財產預分」與家族形態〉，收入朱雷主
編，《唐代的歷史與社會》（武漢：武漢大學，1997），頁505-507。

[111] 較早注意正史人物傳中書面遺囑資料者為李斌城等所著，《隋唐五代社會生活史》
（北京：中國社會科學，1998），頁290-91。其實，早在1993年蒲慕州於出版《墓
葬與生死：中國古代宗教之省思》一書，1997年盧建榮於發表〈一次沒有宣言的
改革——唐玄宗朝的政治與文化〉一文，以及1997年凍國棟於發表〈讀姚崇《遺
令》論唐代的「財產預分」與家族形態〉一文，就利用遺囑資材從事相關研究。

[112] 參見蒲慕州，《追尋一己之福：中國古代的信仰世界》（台北：允晨文化，
1995），頁208-209。

研究過[113]，我不從這裡講，改從三國時代的第四世紀講起。

三國時代魏大臣王昶於其〈誠子姪書〉中，反覆曉喻的話，無非是對地位（包括官職和財富）和聲譽的追逐要有所節制的表示。在競爭官位上時人多賴結黨，在追求名譽上，時人講求推銷自我技術（按：當時依古典標準則予以「浮華」的負面評價）。王昶以為欠妥，反而主張收斂，認為一個人的吉凶和福禍取決於第一對社會評價不要過於重視，以及第二自己對人的愛惡之心不可顯露。總之，王昶主張在待人接物上要低調，要知所謙讓。他說：「屈以為伸，讓以為得，弱以為強[114]。」就是這層道理。在此，我們看到王昶對於經濟利益，採取的是不可順遂欲望的姿態。

對於物欲知所節制這是道家的要旨。類似這種姿態在下文一、兩百年的諸多男性遺囑中亦時有出現。像西晉大臣李充，也跟王昶一樣反對自我宣傳、包裝的技倆，亦即反對「浮華」作為，他主張名實相符，對於誇飾自己才德的人，他是嚴加痛斥的。他留給子孫的話，取名〈學箴〉，在這篇文章中，他呵責儒家「仁義彰而名利作，禮教之弊，直在茲也」。他大張道家謙沖自牧的旗鼓。他說：「老莊是乃明無為之益，塞爭欲之門，夫極靈智之妙，總會通之和者[115]。」在儒道兼收並蓄或說儒道標榜價值的雜糅上，王昶至少在

---

113 參見蒲慕州，《墓葬與生死：中國古代宗教之省思》（台北：聯經，1993），頁255-63，蒲先生所論不在死亡文化的意義，而在具體薄葬的提法這一歷史意義，與本書的研究取向有別。後繼漢代遺囑的研究者尚有可發揮的餘地。還有，前揭凍國棟一文為研究唐宋書面遺囑問題，他的重點置於財產處分這一點，與本書全面觀照書面遺囑所指涉的各種層面有所不同。

114 參見《三國志・魏志》卷27，〈王昶傳〉（台北：鼎文，1980），頁744。

115 參見《晉書・李充傳》卷92（台北：鼎文，1980），頁2389。

言語上兩家是不分軒輊的，但他給子姪的命名上，都係道家者言，像「處靜」、「處道」、「玄沖」、「道沖」等即是。到了李充，則明顯宗道（家）貶儒（家）。李充斥責「爭名奪利」，這種對物質欲望採極低姿態是極為明顯的。東晉的戴逵，根本不做官而隱居到山林中去了，比起李充只是在言語層面擁戴道家的態度更是超前多矣。戴逵遺子孫的言論，收在一篇無題的文章中。在這裡，他認為儒家好名以致社會情偽滋生，這是很要不得的。根本之計要回到道家之旨，道家重篤實所以情真[116]。無論戴逵所採的生活方式，還是他勸誡世人（包括子孫在內）的話語，一路從王昶，中經李充，終而將道家低欲望或是節制欲望之旨推向極致。

　　物欲低當然對世間財物無所措意。到了唐代，曾任宰相的張嘉貞和姚崇，無論出於誡友，或是出於誡子孫，兩位可說口徑一致。張嘉貞鄙視財物的提法是說，他身任高官，有國家薪水不愁花用，如果因事罷官，即使擁有田莊也沒用（按：暗示有被沒收之虞）；就算任官至死平安到底，留下的田產終會被無賴子弟花天酒地給敗光，如此留產給子孫又有何用[117]？姚崇更認為財富會遭致人神忿怒，只有壞處沒有好處。他更以己為例說，處高位置如入險境，所以他選擇及早退休，才換來優遊園林之晚境生活。姚崇甚至要求身後事以節儉為原則，不用為了依佛道之法事，而花費大筆開銷。姚崇是古代少見的神滅論者，他認為人死了就死了，宜讓屍體趕快腐朽為要[118]。

116 參見《晉書・戴逵傳》卷94（台北：鼎文，1980），頁2458。
117 參見《舊唐書・張嘉貞傳》卷99（台北：鼎文，1980），頁3092。
118 參見《舊唐書・姚崇傳》卷96（台北：鼎文，1980），頁3026。凍國棟與盧建榮

　　以上我們見識到從三國到唐代，幾位名流誡子遺囑中都表示輕蔑財富的態度。輕財的另一面正反映他們重視的是人的才能和品德。品德可以不論，關於重才能的說法，筆者可以舉幾個例子來說明。南齊王僧虔於其〈誡子書〉中說，以當時門第第一高門的瑯琊王家而論，當興盛之時，子弟中不成才者還有「虎豹」之譽，及家道中衰，再也沒有「龍虎」之稱的子弟。何況王僧虔也沒有蔭官之特權遺留兒子，所以，他要諸子更要憑一己之力好好努力。王僧虔指出，士族的身分是很不確定的，完全賴本身努力有以致之。保有士族身分的不二法門就是讀書，他說：「體盡讀數百卷書耳。」而讀書正「各在爾身己切，豈復關吾邪？[119]」南梁的王褒寫有〈幼訓〉一文以誡諸子。他說，只有讀書才可以成為像孔子之門人，只有作文才可以成為像漢代賈誼一樣入仕為官。同是南梁人的大官徐勉在其〈誡子書〉中說，他以清白的操守和經書留給子孫，強過留財物給子孫，更說：「釋氏之教，以財物謂之外命；儒典亦稱『何以聚人曰財』。」他更告誡兒子說，他擁有一所園林二十年了，不是為了營生，而是為了生活上修身養性用的[120]。

　　以上從王昶、李充、戴逵到張嘉貞和姚崇，他們的遺囑重點在於輕財，但輕財的另一面是可以和重義的德行或重才的才能相呼應的。關於一點，我們藉著王僧虔、王褒，以及徐勉的遺囑，已可清楚看到。

於同年發表對姚崇的遺令的研究。凍國棟一文見前揭凍文。盧文發表於《台灣大學文史哲學報》第46期（1997年6月），關於姚崇遺令的探討，見該文頁98-99。

[119] 參見《南齊書・王僧虔傳》卷33（台北：鼎文，1980），頁598。

[120] 參見《梁書・徐勉傳》卷25（台北：鼎文，1980），頁383。

　　唐代末年大族出身的柳玭於其〈誡子書〉文中，反覆曉喻大族成敗之理在於德行，更於文末強調說，「德行文學為根株，正直剛毅為柯葉」。接著並說有根無葉還可以等待時機讓葉長出來，反過來，有葉無根，則即使有雨露灌溉，樹也還是活不過來。他還說：「孝慈友悌，忠信篤行」之品格，可比喻為日常食物，不可一日無之[121]。

　　有些遺囑作者宣揚與世無爭的人生哲學。像前述的王昶就說：「若與是非之士，凶險之人，近猶不可，況與對校乎？其害深矣。夫虛偽之人，言不根道，行不顧言，其為浮淺，較可識別；而世人惑焉，猶不檢之以言行也[122]。」他更歸納歷史上失敗之著例，推原其故在於「矜善、自伐，好爭之咎」，言下之意，好與人爭長論短都下場不佳。

　　同樣，在嵇康〈家誡〉一文中，我們也看到同樣的論調。嵇康說：「夫言語，君子之樞機，機動則物應，則是非之形著矣。故不可不慎。」又說：「人有相與變爭，未知得失所在，慎勿預也。……就有人問者，猶當辭以不解。」很明顯，這些話都是教人勿管人際紛爭。嵇康還說人多的場合（譬如酒會）是非多，千萬不可出面仲裁，通常被你數落不是的人一定會「則謂曲成我者有私於彼，便怨惡之情生矣」[123]。只是很反諷地，我們看到嵇康自己不能身體力行，他竟挑戰最高當局，終至棄市結束其一生。他的兒子不守父

---

121 參見《全唐文》卷816（台北：滙文，1961），頁10830-10831。

122 參見《三國志・魏志》卷27，〈王昶傳〉（台北：鼎文，1980），頁744。

123 參見《嵇中散集》，收入《景印文淵閣四庫全書・集部二・別集類》卷10（台北：臺灣商務，1983），頁1063-386到1063-388。

訓，竟在政爭中成為一位熱情過頭的擁皇派，為保護一位不負眾望的愚蠢皇帝而死[124]。嵇康自己都守不住立意垂訓兒子的要求，他的兒子也因守不住父訓而慘死。這種不遵父兄遺囑的情形，也在張嘉貞弟嘉祐身上看到[125]。這一方面顯示遺囑的約束力不強，另一方面遺囑所示過於高調，與世俗價值有所背離。官場中的人事鬥爭和生活上的經濟利益追求乃是社會結構的常態，很難靠著遺囑的文化力量來扭轉。

在此，筆者必須將中國的遺囑與西方的遺囑相比較。西方的遺囑有兩個重要成分，一是死後世界的想像，另一是遺產的處分[126]。這在中國書面遺囑裡是看不到的。在中國，死者的遺產早在生前就依定制有所分割，根本由不得死者自由支配[127]。中國人的遺囑中更不談死後世界的想像。至少此處的書面遺囑不涉及死後世界之事。

---

124 參見《晉書‧惠帝紀》卷4（台北：鼎文，1980），頁103，載嵇康子紹在一次政變中為皇帝擋箭矢而死。

125 參見拙作，〈一次沒有宣言的改革——唐玄宗朝的政治與文化〉，《台灣大學文史哲學報》第46期（1997年6月），頁99-100。

126 本文收入菲力普‧亞利爾士（Philippe Ariès）一本專書 *Essais sur l'histoire de la mort en Occident., du Moyen Age à nos jours* (1975) 中，pp. 85-103，台灣學者梁其姿曾據以譯成中文，篇名為〈中古時期財富與死亡的關係〉，收入氏編譯，《年鑑史學論文集》（台北：遠流，1989），頁239-60。

127 參見陳其南，《家族與社會》（台北：聯經，1990），頁151-58。陳氏認為漢人家族土地或財產的轉移，不過是一個分房過程的具體表現，而非死者與其後人之間的繼承關係，死者對財產並無絕對支配權。這與西方社會的遺囑繼承完全不同。不過，陳氏所論集中在明清時代，更早之前的唐宋時代是否已然如此，有待進一步檢證。幸好凍國棟〈讀姚崇《遺令》論唐代的「財產預分」與家族形態〉一文為我們解謎。凍氏指出唐宋時期人們採用的是財產均分制，這與明清社會本質上沒有不同。

口語遺囑與書面遺囑之差異，在於後者的作者尚未到臨終狀態，還可有理性的餘裕去關心塵世事務，在這種情形下唱高調毋寧是很正常的表現。

綜合上述討論，筆者要再強調一次，墓主臨終前，或更早之前，無論出於口語或是文字，再如何告誡其子孫（子弟），要與人為善，以及要輕財重德，但衡之現實世界，輕啟爭端的，以及重利輕德的大有人在，而且為數甚多，可見中國人遺囑所透露的文化價值觀其實沒多大的約束力，是一種偏理想主義的東西，可能不是人世間的世俗主流文化。

在本書討論過程中，我們看到墓誌所載遺囑有在塵世文化上面糾葛不清的情況，不論是責任未了，還是不愧此生，都與人世價值逃脫不了干係。在這層面，我們看不到上一章所揭示的本土型死後世界為與先人團聚於地下（按：為了對照，本章還是舉了幾則上章所討論的例子）。但有幾則誌文遺囑也讓我們碰觸到異邦型的死後世界，那是佛教的西方極樂世界，是一種擺脫中土塵世價值的另類文化想像。這是下一章要處理的重點。

第五章

性別與佛教死後世界信仰

夫人平者之時，言及窀穸之事，親戚有希望顏色請申合
葬之禮者。夫人憮然而應之曰：「生者必死，人之大端。
葬之言藏，禮有恆制。魂而有識，何往不通？知或無知，
合之何益？況合葬非古，前聖格言。先嬪已創墳，吾復安
可同穴？若餘生就畢，啟手歸全，但於舊塋因地之便，別
開幽室，以瘞殘骸。親屬子孫勿違吾意。」

──唐・韋承慶，〈大周故納言博昌縣開國男韋府君夫人
琅琊郡君王氏墓誌銘〉

　　中國人的死後世界信仰是一種與家族價值有所聯繫的物事。家族成員生前有幸相聚一起，死後仍冀望再聚於泉壤之下。不過，這種本土的死後世界即地底下世界的信仰在佛教傳入中國之後，即面臨前所未有的挑戰。佛教徒信持的死後世界是遠離塵世，不再與先人或子女再續相聚之緣的物事。在此，一方面生人與死人之間無復相聯繫的物質表徵事物，在另一方面，人死之後進入到渺不可知的另一空間，因而無跡可尋。同時，中國本土社會所標榜的家族價值在此亦遭揚棄。這種另類的死後世界信仰對婦女特別有吸引力。尤其是守寡多年的婦女，她們平日的精神依傍力量來自佛教的助力為多，因此，許多婦女在臨終之時都遺言交代子嗣，她們的葬所要遠離先塋，更不要說要與丈夫合葬了。

　　佛教傳入中國，自來就與中國文化核心價值的家族主義有所扞格。佛教之所以生根中國與中印文化衝突的解決大有干係。這個問題有許多學者從事這方面的研究[1]，本書自不需再花力氣去說它。

1　參見韓獻博（Bret Hinsch）"Confucian Filial Piety and the Construction of the Ideal Chinese Buddhist Women," *Journal of Chinese Religions* 30 (2003): 49-76。一文。另外，這個問題的結果就是佛教中國化。這可參考冉雲華，〈從印度佛教到中國教佛教〉，收入氏著，《從印度佛教到中國佛教》（台北：東大，1995），頁1-17；李志夫，〈佛教中國化過程之研究〉，《中華佛學學報》第8期（1995），頁75-95；方天立，〈佛教中國化的歷程〉，《世界宗教研究》第3期（1989），頁1-14；趙克堯，〈從觀音的變性看佛教的中國化〉，收入氏著，《漢唐史論集》（上海：復旦大學，1993），頁70-81；黃心川，〈密教的中國化〉，《世界宗教研究》第2期（1990），頁39-43；郭朋，〈從漢僧生活看佛教中國化──佛教中國化問題略述之一〉，《世界宗教研究》第2期（1990），頁43-47；再者，以下三文對於佛教融入本土社會亦迭創佳績：楊耀坤，〈漢晉之際佛教發展的思想基礎〉，《四川大學學報》第3期（1992），頁95-104；劉華，〈論漢晉時期的佛教〉，《中國史研究》第2期（1994），頁129-39；趙一德，〈拓跋鮮卑的宗教趣舍──兼及儒釋道之宗教

但是中印文化之間不同死後世界信仰，在中古中國文化市場仍是維持了一個競爭的局面，在此，印度文化可不完全被中國文化所消融。儘管中印文化接觸之後，產生了文化涵化的現象，使得出家僧人在與其家族之間維持了欲斷還連的曖昧狀況，但是佛教信眾還是可以藉著死亡在死後世界信仰這一項目上徹底倒向印度文化這一方，而與中國文化所表彰的價值，斷了個一乾二淨。迄今筆者發現有三十幾則的女性墓誌[2] 和十餘則的男性墓誌，是在臨終前夕向子孫吐露心聲說，他們不願意葬在先塋——表示切斷家族的紐帶，或是說他們不願與配偶合葬——表示斬斷男女情愛關係[3]。佛教本就不講家族成員關係，也忌諱男女情欲問題。如今信徒藉由死亡得以實踐生前所不得實踐的佛教義理。換言之，另類的死後世界信仰是對中國文化一種徹底的解脫。

一、壁龕葬

　　佛教的死後世界信仰在性別上，女性較男性更易趨之若鶩。這

殊異〉，《北朝研究》第3期（1995），頁35-44。最後，在這個問題上，道教的馴化和佛儒的融通這兩方面密切相關，亦不容忽視。讀者可參考以下兩文：黃修明，〈漢魏南北朝道教政治化略論〉，《北朝研究》第3期（1999），頁17-20，和王國炎，〈魏晉南北朝的儒佛融和思潮和顏之推的儒佛一體論〉，《江西大學學報》第4期（1984），頁30-38。

2 根據嚴耀中，〈墓誌祭文中的唐代婦女佛教信仰〉，收入鄧小南主編，《唐宋女性與社會》下（上海：上海辭書，2003），頁475載云，收集有二百三十五例婦女信佛墓誌，唯本文只就其中載有遺囑文化項目者來說，有三十幾例。

3 最早處理夫妻異穴葬問題的為段塔麗，於其所著《唐代婦女地位研究》一書第五章第二節指出此一現象，唯在分析上僅指出受佛教影響這一點。

點值得我們重視。根據一片墓誌，墓主出身河東柳氏，而不名。女子無名傳世是當時常有之事。這位柳姓女子所嫁的丈夫官至榮州長史。柳氏十四歲出嫁，只生一女，丈夫先她而逝，誌作者並未交代該女幾歲開始守寡，只知活到七十六歲，時為玄宗開元六年（718），但想來相當長。柳氏扶養女兒長大成人，而且幫她完婚，柳氏的後事就是她的獨生女料理的。柳氏的遺命在誌文中清楚交代，她是不願跟亡夫同葬一穴的。柳氏託後事於女兒時是說：「鑿龕龍門而葬，從釋教也。」墓誌文本也再現了柳氏女兒整個完成親命的過程：「虔奉顧命，式修厥所……自殯遷葬於龍門西山之巖龕，順親命，禮也[4]。」

柳氏不遵奉本土死後世界的信仰，這在當時是要承受世俗輿論壓力的。柳氏需要一個反論述（counter-discourse）來抵銷本土文化的流行論述不可。果然，我們在誌文中看到，誌作者轉述她的話是這麼說的：

> 夫人悟法不常，曉身方幼。苟靈而有識，則萬里非難；且幽而靡覺，則一丘為阻。何必順同穴之信，從皎日之言？心無攸住，是非兩失，斯則大道，何詩禮之□束乎？[5]

以上引文中，有一字模糊不清，但不妨礙文意，唯「曉身方幼」一句，我懷疑周紹良隸斷有誤，很可能是「曉身為劫」。諸法不常，

---

4 參見周紹良，《唐代墓誌彙編》（上海：上海古籍，1992）上冊，頁1205。
5 同前揭書。此一誌文於前揭嚴耀中一文，頁480，亦引用到，不過未見分析。

這是佛教的世界觀或認知觀；人體只是一個人於此世的暫時棲所，毋庸特別重視，這是佛教的身體觀。想來柳氏熟悉佛教這等基本信念，故而有此引證。接著她要破除傳統中國夫妻死後同穴埋葬之義，就得正視靈魂觀中「神不滅論」[6]這個持說。她先是說，假如人死後是有靈魂的，那麼夫妻葬所之間即使間隔萬里，則彼此來往上一點困難也沒有。反過來死後是沒有靈魂這回事的話，即使夫妻葬所相隔一座小小壟丘也是無法相來往的。因此，有無靈魂不是問題的癥結所在。接著她就很叛逆地說：「何必順同穴之信，從皎日之言？」她把夫妻死後毋庸同穴視為「大道」，世俗輿論源泉所在的《詩》、《禮》等儒家經典在此就被她輕微地挪揄了一下，認為不當受此束縛。

假如夫妻死後同穴是世俗的一種正論述，這個正論述背後有著「神不滅論」的靈魂觀在支撐。柳氏提出的反論述是建立在「神不滅論」的懷疑立場上的。這一類的反論述有的則建立在從歷史溯源觀點指出夫妻同穴的論述早不過周初時代，意即更早之前是沒有這種文化的。既然周初之前的先聖先王時代是沒有夫妻同穴葬這種文化，那麼遵循先周聖王的垂訓理應高過周初以降的禮俗。這活脫是一種託古改制的革命論述。由一位婦女提出，相當不容易。換言之，夫妻同穴無所謂天經地義，據此則其約束力是沒有正當性的。這點，筆者可以再舉一個死葬龍門的例子。

武則天大足元年（701）有位出身河南長孫氏的女子，同樣也

---

[6] 關於中古時代神不滅論的文獻有系統的研究，可參考鄭基良，《魏晉南北朝形盡神滅或形盡神不滅的思想論證》（台北：文史哲，2002）關於先秦時代的神不滅論，可參見李德喜、郭德維，《中國墓葬建築文化》（武漢：湖北教育，2004），頁18-19。

是無名，以五十四歲之齡去世。她的丈夫王美暢官至潤州刺史，於聖曆元年（698）去世，故可知長孫氏守寡之年為五十一歲。她的死是因痛失愛侶的緣故。這在誌文中有云：「夫人柏舟靡託，葛藟無依，志殞形存，景心誓□[7]。」此處「柏舟」、「葛藟」等詞語都是形容女子出嫁依附丈夫的常用語。長孫氏死於汝州私第。關於乃夫的葬所或許在先塋，但究在何處，誌文並未交代。不過，長孫氏的遺令是不與丈夫合葬的。她挑的葬所是「洛州合宮縣龍門山寺側為空以安神埏」[8]。長孫氏之所以這麼做，據誌作者轉述，亦類同於前述的柳氏女，是因信佛教的緣故。這則宗教敘事文本如此再現信仰的方式及其效益：「夫人宿植得本，深悟法門，捨離蓋纏，超出愛網[9]。」據此可知，她是因信佛而想超脫家族牢籠和男女情愛的網羅的。長孫氏把人世間的牽絆視為束縛是很清楚的事。在此，筆者約略可以推知以下一個事實：那就是長孫氏於活著之時是守一切世間法的，那裡面包括她與其丈夫之間的情愛關係。但長孫氏卻打算在死後割捨與情義有關的世間法。所以，如果有人看到女子臨死遺言交代不欲與其先夫合葬，就逆推說該女子生前與丈夫感情不睦故而有此一舉，恐怕是過度推論。以長孫氏例子看來，她處理先夫葬事不久便去逝，且在料理其夫後事之時並未有預留同穴之舉措，這些很難據以指實說長孫氏與其夫感情不睦。相反地，生前即令情深也無礙於死後不願同穴。同穴固然在營造家族集體記憶上有意刻畫生前鶼鰈情深、鸞鳳和鳴這類正面的夫妻關係，但夫妻死後

---

[7] 參見周紹良，《唐代墓誌彙編》上冊，頁1029。

[8] 同前揭書，頁1030。

[9] 同前揭書。

採不同穴葬不必然與該男女生前關係欠佳有關。許多生前關係不佳的夫妻礙於人言，選擇同穴葬，也是有的。

　　再回到長孫氏身上。她臨終交代遺言，要求其子要採異穴葬的理由，是如此再現的：

以為合葬非古，何必同墳？[10]

誌作者底下就描述了兒子為了遵行遺令的窘狀。他這麼再現其事：

　　子昕等孝窮地義，禮極天經，思切風枝，哀纏霜露。從命則情所未忍，違教則心用荒然。[11]

讀者都看到，王昕這位孝子明知社會名教教導他，依禮遵孝的話，他才是合乎天經地義的。再從母子情分這個角度出發，王昕覺得依從了不與亡夫合葬的母命，他是不忍心這麼做的。

　　這個難題，王昕是如何解決的呢？誌文中說他「乃詢訪通人，敬遵遺訓」[12]。這個詢訪過程顯然是王昕心理療傷的過程。在此，一方面反映本土死後世界信仰予人壓力之大，另一方面，佛教所提供的另類死後世界信仰，還是留有可供諮商的管道，以便像處於兩種信仰爭戰的十字路口的王昕，得有消弭矛盾的活路。本誌在敘述上還有一份可貴的資料，那就是誌作者再現了王昕為遵母命如何鑿

10 同前揭書。
11 同前揭書。
12 同前揭書。

龕的過程，如下：

> 遂以長安三年（703），梯山鑿道，架險穿空，構石崇其基，斷絮陳其隙，與天地而長固，等靈光而歸然。[13]

可見壁龕葬要比一般土葬還要費工，而且想來更費錢。然而，這些只是物質上的技術問題，對墓主的兒子而言，難題是在他信守的死後世界信仰與乃母的不同，而且，乃母所採的另類信仰倘欲代她完成，還得承擔來自主流文化的指摘壓力。同樣代親完成所採信的異邦死後世界觀，柳氏的女兒照說同長孫氏的兒子一樣，都要備受主流文化者異樣眼光的責難。但從柳氏誌此一宗教敘事文本看來，似乎柳氏女所承受的異樣眼光壓力沒有長孫氏男所承受的那麼大。不過，這也許只是從表面上看如此，我們不能端看文本有無敘及壓力所自，就斷然說有寫的就表示代親履行依循異邦死後世界觀者非得艱難面對世人不可，相反地沒寫的就沒事。還有，壁龕葬者等於拒絕了死後由其後嗣按時祭奠這一風俗。

在一位叫趙克勳所寫的墓誌裡，我們看到題目為「龕銘並序」，就知道這是壁龕葬的一個例子。天寶七年（748），長安宣義里有一朱姓府邸，男主人叫朱祥，官至契吳縣令，早逝多年，目前是孤兒朱惟明當家，奉侍著守寡多年的老母親藺氏，今年是七十八歲。藺氏於入秋之時突然得病，不久去世。

藺氏於守寡之後就皈依佛教，而且影響所及兩位女兒也在家出

---

13 同前揭書。

家。此處誌文如同宗教敘事文本，趙克勳再現母女同信佛的情狀如下：

　　遭代惘凶，孀居早歲。顧柏舟而守義，撇鉛粉以端懷，刻意緇門，虔心正惠。（下略）亦有二女，在家出家，出者法名光嚴、自悟，已祛于女相。[14]

　　趙克勳還告訴我們，藺氏想要不與亡夫同穴葬，必須經過一道類似第三者公證的手續。在此，他講到一位叫高釋互的人來探視藺氏死後容顏，說：

　　「相有奇矣。無合祔矣。」[15]

藺氏兒子朱惟明有這麼權威人士如是論斷，想必減輕不少世俗輿論壓力，乃說了一番話，表示他支持母親做法。而且有了這番宣示之後，他就付諸行動，將亡母予以壁龕葬。誌作者再現這位孝子對於亡母捨中土之教予以尊重的行動，如下：

　　於是我嗣子惟明亦曰：「吾妣入于梵行，脫于世緣，非一日也。」乃卜其載九月十有七日祕于此樊川之阜龕之在矣。[16]

---

14 參見周紹良、趙超，《唐代墓誌彙編續集》（上海：上海古籍，2001），頁611。
15 同前揭書。
16 同前揭書。

蘭氏被葬在長安城郊樊川一座小山的山壁上，而且還不欲人知，故說：「祕。」朱惟明講的很清楚，亡母生前早就擺脫與本土文化有關的一切世間法，改而遵從印度式文化的「梵行」。在葬式上揚棄中土的「（葬）先塋」「（與夫）同穴」那一大套喪葬文化餐點。此誌的特殊之處在於孤哀子朱惟明如何甩脫人們異樣眼光的策略，即找來一位權威人士鑑定亡母修行合格與否，若然就不必恪守中土的世間法。否則，他也極易遭受人情壓力給壓垮。

有位出身滎陽鄭氏女子於二十歲時嫁給盧姓男子，婚後二十五年丈夫去世，再過十五年，她才去世，享年六十歲。丈夫官居尚書，自己榮獲郡夫人封命，四位兒子皆有所成，到鄭氏死於洛陽陶化里私宅之時，一位官至中央的郎中，三位任地方官，分別是縣令、縣丞，以及州參軍。鄭氏誌文操於亡夫三從弟盧僎（官吏部員外郎）之手，關於鄭氏虔信佛教部分，誌作者以四個字予以再現，如下：

精求大乘。[17]

四位兒子將亡母「權殯」於「龍門山」某處，說是：「從遺命。」這在誌文中只做輕描淡寫地再現，如下：

即以其冬十一月壬寅，權殯于河南縣伊川鄉龍門山□靈合之右，從遺命也。[18]

---

17 同前揭書，頁576。

像以上鄭氏信佛，以及諸子遵母命將她壁龕葬，盧僎寫來似乎有氣無力。根據這一線索，筆者仍可確定，鄭氏是不與亡夫合葬的，不僅如此，夫家先塋也不在她眼內。只是這一異邦式的葬法在此誌作者筆下不大聲嚷嚷罷了。這與盧僎所要塑造的信守儒家信念的「大家閨秀」，是很異質的東西，難怪他下筆有點含糊其事。

以上鄭氏死於開元二十八年（740），比藺氏早死八年。鄭氏選擇洛陽龍門山，以及藺氏選擇長安樊川縣崗阜作為葬身之所，其背後有一隻黑手在操縱她們，那就是異邦死後世界崇拜（cult）有以致之。鄭、藺各居大城、彼此不相聞問，而企求異邦死後世界則一也。

大曆四年（769），又一位滎陽鄭氏女子，也遺命她三位兒子給予壁龕葬。鄭氏先夫為洛陽人元鏡遠，官至武衛郎將，不知死於何年，誌作者鄭溧（官陸渾縣丞）沒有交代。關於鄭氏遺言，他只以寥寥數字再現如下：

> 夫人屬纊之際，勅溥（長子）等于龍門安置。[19]

元溥不敢有違母命，鄭溧描寫此事並未多所用心，只簡單再現其事，如下：

> 溥本遵其理命，以其年十月二十一日安厝于龍門東山南原。[20]

---

[18] 同前揭書。

[19] 參見周紹良，《唐代墓誌彙編》（上海：上海古籍，1992）下冊，頁1770。

[20] 同前揭書。

鄭氏十八歲嫁給元鏡遠，六十三歲去世。信佛虔誠的情形，鄭湹倒
是有所著墨，再現如下：

> 夫人師心道流，早棄華麗，薰茹不味，日惟一飯者，三十年
> 于茲矣。[21]

此處再現信佛生涯的重點在於不講究世俗貴夫人吃穿的品味方式，
改而穿粗布，吃素食，從此到死有三十年歷程，這似乎是據以判斷
其守寡的年限。若然，則鄭氏約從三十三歲開始守寡。她既採壁龕
葬，無非就是不與亡夫同穴葬了。事實上也是如此。只是誌文過
簡，省略了三位兒子如何不顧物議，反而遵從母命從事異邦葬法這
一情節。

　　從以上五個壁龕葬例看來，就葬俗而言既違反一般人的返葬先
塋的遺願，也不守社會稱許的夫妻同穴葬義，女性選擇葬所遠離家
族墓園，甚至於此園中的先夫墓穴，這不能簡單地看成說是這些女
性要顛覆家族主義價值，或是說由於生前夫妻關係不睦以致恨到連
死後也不願相處在一起。這應該說是這些婦女採信了印度的死後世
界觀，她們死後要到一個與倡言家族價值之此世迥然不同的彼世，
如此而已。還有，壁龕葬的墓誌取得不易[22]，我們不能以目前所獲
壁龕葬墓誌為少，就斷言，當時採信印度型的死後世界信仰者為
少。壁龕葬遺跡是很多的，這還不能說這是當時死亡文化中另類選

---

21 同前揭書。

22 據嚴耀中前揭文頁840云，他收集有龍門壁龕葬例有三十三例。本書只擇取有遺囑
　的例子來說明。

擇的一股潮流嗎？像柳氏、長孫氏、兩位鄭氏，以及藺氏般的女子不知還有多少，只是她們的墓誌文本還未被發現，或是有所遺失罷了。

二、火葬、巖穴葬，以及塔葬

這些死後寧可選擇脫逸塵世的異邦死後世界觀的女性，並不是說她們活著的時候對於信守塵世規範是採游離的立場。不是的，而是這些婦女生前遵奉本土文化規則，只是她們死後要採異邦的文化，一種不受家族價值羈勒的文化。更重要地，她們的遺言很難令其子孫予以切實執行。這在下文且舉幾例以明之。

一位出身武功蘇氏的女子，死於會昌4年（844），享年七十九歲。根據蘇氏姪兒王讓所撰墓誌，關於蘇氏的一生被再現成如下一副面貌：她十幾歲結婚，嫁給一位王姓官宦人家子弟。她婚後隨夫從宦外地，丈夫才兩任縣尉就死了，遺下孤兒寡婦。蘇氏將兒子扶養長大成人，守寡長達三十六年。不幸的是她死前三年，唯一的兒子王勸卻先她而死。她臨終時的後事是交付姪兒執行的，誌作者如此再現：

> 遺命不令祔葬。[23]

很清楚，她表示既不願葬於先塋，也不願與夫同穴葬。她還交

---

[23] 同前揭書，頁2234。

代她的家臣，要的是火葬，誌文如此再現：

> 勃家臣曰：「吾奉清靜教，欲斷諸業障，吾歿之後，必爐吾身。」[24]

火葬在當時還很稀見，要到宋朝才普及[25]。一個人火葬之後已無屍體的遺骸可言，何來「葬先塋」、「同穴葬」呢？這樣的要求比前此的壁龕葬還要令她後人感到為難。這擺明棄絕傳統土葬習俗。蘇氏一方面令其家臣從事火葬，另一方面向其姪兒表白不煩土葬了，這等於是說不關你們的事。然則，蘇氏的兩位姪兒（一替她作誌，另一以恭楷抄錄誌文一遍）還是給她弄個衣冠塚，而且就依伴在她亡兒墳旁。蘇氏兩位姪兒為難之處都具體再現在本誌文中，如下：

> 且甥姪之情，何心忍視，不從禮命，無葬禮經。[26]

此處我們又見識一遍從倫理親情角度，蘇氏姪兒是怎麼都辦不到要依從亡嬸母要捨棄中土名教的做法。蘇氏姪兒們只能依違中印文化

---

[24] 同前揭書。

[25] 參見徐平芳，〈宋元時期的火葬墓〉，《文物》第9期（1956），頁17-39。此文最早研究火葬，但往前看到唐代火葬，可參見宮崎市定，〈中國火葬考〉，收入氏著，《宮崎市定全集17・中國文明》（東京：岩波書店，1993），頁198-221。在該文中，除了有唐代一則資料外，大體從北宋起火葬資料增多。另外，徐吉軍，〈論宋代火葬的盛行及其原因〉，《中國史研究》1992年3月號，頁74-82，亦有參考價值。

[26] 參見周紹良，《唐代墓誌彙編》下冊，頁2234-235。

之間，一方面讓孀母遺體火化，另一方面又弄了個衣冠塚。這說明
了女性在當時即使強烈表示要依異邦信仰處理後事，但她的後人因
係本土信仰信奉者不必然依她遺願為之。此處就是一個例子。蘇氏
只是死後要求叛離中土文化，在她生前可也是一位循規蹈矩的中國
文化式婦女，而且是模範婦女。蘇氏在有生之年將暫厝於江南的夫
家三代六個靈櫬完成遷祔到洛陽的王家墓園。這表示她完全尊重與
她不同死後世界信仰者他們的精神世界，她以一介守寡的女子完成
了王家三代男性做不到的事。這就不能說蘇氏於生前是位疏離中國
文化的女性。我們還是回頭省視誌文文本如何再現她的遷祔祖先的
作為，如下：

> 先是武進公（按：指亡夫，官至常州武進縣尉）三代六櫬漂
> 水鄉，未及遷祥，而武進下世，室空子幼，家寄江干，旅泊之
> 魂，永甘淪寄，夫人痛心疾首，泣丐友于，誓堅神明，果副哀
> 懇。大和辛亥（831），翩翩六旐，素軿而來，便以其年，咸葬
> 邙麓。[27]

大家可以想見以下的情景：蘇氏偕子一身淨白帶著六副靈櫬，浩浩
蕩蕩乘船沿著運河，一路北上，再捨舟換車直奔洛陽邙山。做這樣
的事需要偌大的財力以及體力才可為之。錢是向人借的，這勢必影
響爾後生計。故而誌作者在再現其事上忍不住加以讚嘆：

---

[27] 同前揭書，頁2234。

> 歷觀載記有茂行懿德，一善出于人者，則彤管青史，儔之不
> 朽。曷何孀獨，超危涉幽，蘊志之所至之心，行人之所難之
> 事，冀獲玄鑒，報以禳禳。[28]

以上的讚揚是沒有誇張的。當時多少暫厝外鄉的靈櫬都難以返葬先
塋，以一位毫無收入的婦女如蘇氏者流，竟以借貸方式完成三代未
能完成之事。這樣的志節是極其不易的。此處的問題是，蘇氏如此
尊重中國文化中的核心價值──與家族主義有關的東西，她只在死
後要求不依中國文化方式，而改依異邦的文化方式。結果，她的甥
姪卻不能尊重她的選擇。有多少女子死後世界寧選異邦式的卻不容
於其後人如蘇氏者，這才是我們關心的重點所在。蘇氏的誌文透露
了這些文化戰爭下不得其志的資訊。所以，選擇異邦死後世界信仰
者有許多例子是被後人給塗抹、給掩飾掉了。這一點是不容我們忽
視的。

元和七年（812）洛陽縣毓財里住有一戶何姓人家，男主人已
過世一段日子，留下未亡人邊氏，這一年夏天，六十九歲的邊氏也
走到生命盡頭，邊氏墓誌由大聖善寺僧人文皎和尚所寫。邊氏自己
信佛，連帶將長男、次男於年幼時都許給了佛祖，到這時候已成為
學藝精湛的僧人了。邊氏喪事由三子何遷所料理。文皎和尚再現了
邊氏臨終遺言，如下：

> 遂命諸子曰：「災眚所縈，困于療蠱，時人以生死同于衾

---

28 同前揭書。

穴，厚葬固于尸骨。吾早遇善緣，了知世幻，權于府君墓側，
別置一墳，他時須為焚身，灰燼分于水陸，此是願也。」[29]

此處邊氏明白表示是要用火葬的辦法。但不知何故，誌文再現的葬
法和葬處都是夫妻同穴葬的況味，如下：

卜其年其月廿八日祔葬于當縣平陸鄉積閏村何氏墓次，遵理
命也。[30]

我猜想，應該是何家三子先將亡母遺體火化，再撒骨灰於水陸處，
之後又在亡父墳旁立了個類似衣冠塚的墳。

開元二十二年（734）陰曆六月二十五日，長安常樂里一位寡
婦王氏去世，主持喪事的是她外孫叫氾的人（按：不知其姓）。王
氏的丈夫郭元誠（官太史監靈台郎）於四年前（730）先她而死。
這次阿氾偕子昂一起將外祖母、外祖父從事塔葬。如所周知，塔葬
是將遺體塞入塔中的埋葬方式，也是受到印度的影響。阿氾是遵奉
遺命才從事雙塔葬的，此事為誌作者再現如下：

外孫前慶王府執乘氾，子昂，虔奉遺訓，深懷曩恩。敬窆于
高陽原，樹雙塔于積德里。[31]

---

29 同前揭書，頁1987。

30 同前揭書。

31 參見周紹良、趙超，《唐代墓誌彙編續集》，頁545。

此處特別指出阿氾父子非常感念王氏對他們的恩情這一點。對於王氏的違俗做法，以及阿氾與其祖母之間的情誼，並未造成對阿氾的為難。這是否郭家和阿氾兩家均屬下層社會有以致之。易言之，佛教對下層社會的吸引力強過對上層的。在本誌文中，敘述重心理當王氏才對，結果反而是郭元誠。本誌不同一般誌之處，在於交代佛教東傳如何影響到郭家夫婦，但下筆重心是在郭身上，如此再現郭氏因信佛而捨俗緣的作為：

> 五戒清靜，六根明察。知色相之無我，爰託勝因；審泡幻之皆空，憑茲嘉業。故能割齊眉之戀，居太常之齋，發知足之誠，謝靈台之祿。[32]

此處說郭元誠因信佛而斬斷夫妻情緣，並以感恩之心對待有一份俸祿這樣的事。據此反觀郭妻王氏也應該是這樣的人生態度才是。即使王氏在此誌文中只是附筆，但她是這次雙塔葬的發動者，驅策她的外孫和外曾孫依她指令行事。這點不容我們忽略。

再來一個塔葬之例發生在大曆四年（769）。洛陽建春里有一戶杜姓人家，主人杜鈸已歿於天寶二年（743），現在的主人是二子杜穎，官監察御史。杜鈸的未亡人鄭氏則死於大曆四年。據此，鄭氏守寡二十六年之久。鄭氏臨終交代遺言不願與先夫合葬在邙山柏仁原，而要將其骨灰存放在靈骨塔中。她這番意思在米乘（官吏部郎中）為她所寫誌文中有清楚揭露，於再現其事上還加上了合理化其

---

32 同前揭書。

行動的理據，如下：

> 自書契之後，深入佛門；及□寢之辰，顧有理命。變周公之
> 禮，幽隧不同；道釋氏之教，靈塔斯起。[33]

此處顯示，鄭氏是在中土周公之教與異邦之教之間擇一而適，結果
她寧選異邦之教。鄭氏有四位孩子，三位居官，一位有進士功名。
四位孩子聽了母親這番逆俗的遺命，依米乘的再現，是沒有二話就遵
照施行的，如下：

> 周旋遺旨，建塔於龍門西原，以大曆四年十月二十七日□邊
> 舊塋鄰於塔次，庶神理之通也。[34]

前述王氏與先夫不合葬的辦法是各居一塔中，此番鄭氏是自絕於先
夫杜鈒在柏仁原的墳塋，改在龍門山建塔自葬。沒想到她四位兒子
動了小小手腳，大費周章地將亡父遺骸從柏仁原改葬到亡母靈骨塔
旁邊。這一方面符合母親遺命，另一方面又怕父母相隔太遠才遷葬
了亡父的遺骸使就近鄰於亡母存靈的塔畔。這是既依了母命，又遂
了中土之教。虧這四位兒子想出這種存歿皆贏的辦法。

　　女子因信佛教不欲與先夫合葬，除了依印度方式或火葬或塔葬
之外，還有巖穴葬。在此，筆者尋得一例。

---

33 同前揭書，頁700。

34 同前揭書。

　　顯慶六年（661）雍州萬年縣城中勝業里有位八十七歲的老寡婦董氏去世了。她年輕就守寡了，誌文說：「早喪所夫。」到了晚年，董氏皈依佛教，這在宗教敘事文本如此再現：

> 　　夫人晚節，志尚幽玄，棲心淨境，凝神釋教。[35]

董氏臨終遺言交代兒子只須把遺體野葬不用棺木，亦即不必與先夫合葬。誌作者如此再現其事：

> 　　臨當屬纊，爰有遺言：「吾歿之後，不需棺葬，致諸巖穴，亘望原野。」[36]

但是她兒子抵死不從，力勸乃母千萬使不得。這在誌文是如此再現：

> 　　有子明達，死諫不從。徒瀝血以陳誠，懇蒼旻而莫及。雖奉顧命，心府失圖。[37]

但實際上，兒子還是依從了母命將遺體置於長安城南的一個原野處，這在誌文如此再現：

---

35 同前揭書，頁115。
36 同前揭書。
37 同前揭書。

　　葬于京兆長安之城南馬頭空，禮也。[38]

　　兒子依母命不從流俗的做法，竟然博得合禮之斷語。此處可以確定的一件事，就是董氏並未與先夫合葬。她信從的是異邦死後世界觀，其死後卻令其兒子難以面對世人異樣眼光。

　　唐代婦女於夫死守寡之後都依託佛教作為日常精神支柱，她們之中有的死後選擇與夫異穴葬的理由容或有別，但追求異邦式死後世界應該是一致的。

　　岑平等這位南陽女子，於二十歲起守寡，六十一歲謝世，時為聖曆元年（698）。她的誌文為其夫姪劉義所寫，劉義再現她信佛情形，如下：

　　　加以深悟因果，精崇妙覺，以幽閑之性，融心於寂滅之律；□□□之風，淨念于無為之境。通辰達夜，常宣金口之文：撒產傾資，盡入福田之用。[39]

　　此處是說岑氏於佛理的進境，同時在實踐上，不僅每日課多達幾個時辰，而且散財於眾。足見岑氏信佛虔誠至極。

　　出身太原王氏的王早其第十四女嫁給國子司業侯君為妻，不幸守寡。王氏死於開元二十三年（735），享年三十九歲。人生折磨雖短，但仍以信佛度過人生難關。她的誌文再現其信佛情形如下：

---

38 同前揭書。

39 同前揭書，頁386。

夫人精意禪寂，深悟空門。[40]

可見此一宗教敘事文本只重信仰者對佛理的鑽研。

　　一位嫁給平民李君的張氏女子，於夫死後與女兒相依為命，守寡三十年之久，死於天寶十一年（752），享年六十八歲。張氏沒有兒子，有賴宗教之處就更深了。她的本師賜給她「常精進」的法號。誌作者再現她信佛情形如下：

以色身歸盡，人世不留，堅脩禪誦，久誓葷血。大哉！[41]

可見此一宗教敘事文本重在信仰者對佛門身體觀的信守，以及誦經和素食的日常實踐面向。

　　一位嫁給官祠部員外郎裴君的鄭姓女子，丈夫死時三十七歲，守寡到五十二歲卒，時值天寶十四年（755）。她的兒子左衛倉曹參軍裴儆替她寫誌，在再現她信佛之事上，是說：

夫人高晤玄微，深窮旨賾，常希潛運之力，用孚胎教之功。每占熊有期，設弧及月，輒嚴室齋戒，手寫真經，竭力匱財，無非佛事。[42]

沒想到佛教可以助鄭氏生育男孩，而且一生就四位男孩，前述裴儆

---

[40] 同前揭書，頁548。

[41] 同前揭書，頁643。

[42] 同前揭書，頁661。

是她二兒子。這是講鄭氏於婚後就運用佛法來助生男孩。相信在守寡之後更有賴於佛法，可惜這方面不見裴儆予以取材。

再一位女子是李氏，丈夫是軍人官任果毅都尉。她的誌文由一位官大理評事的吳通微所寫，她育有三子，均入仕。誌作者寫李氏信佛是在守寡之後，他再現信仰者藉悟道而走出痛苦陰霾這一面，如下：

> 自洪池（按：指丈夫在洪池任官）既歿，隴西（按：指李氏獲頒郡夫人封命）未亡，因畫哭之餘，忽焉迴向，救前途之下，轉益堅脩。頓悟色空，了歸禪定。保是聖善，以為靈長。[43]

李氏死於大曆三年（768），享年七十二歲。

我們再回頭看這五位女子如何在遺言中交代後輩不與亡夫合葬的理由。

第一種理由明白表示因信佛故不願與亡夫合葬。譬如王氏誌的作者在再現遺言部分是用轉述筆法，如下：

> 啟手之辰，戒無同穴。[44]

在這句話之前就是講王氏信佛情形，即前述所引的：「精意禪寂，深悟空門。」「啟手之辰」是借用孔子臨終自認道德高超的典故，

---

[43] 同前揭書，頁695。

[44] 同前揭書，頁548。

唐人於此用表臨終交代遺言的舉措。

又如岑平等的例子也是如此。在劉義所寫誌文中，在再現岑平等的遺言部分也是出以轉述筆法，如下：

> 夫人宿悟無生，嘗觀恒化，以清苑公早從懸宅，遠在渚宮，言念脩途，良難同穴，知合葬非古，使隨處以安神。[45]

可知岑平等不願與亡夫合葬的理由有三，第一是信佛的關係，第二是亡夫葬在遠處，第三合葬不是先周聖王垂訓的古制等。在第一個理由上，文中用「恒化」一詞指的是印度式葬法。後面兩點理由有可能是加強前一理由用的。第三個理由是一般婦女常借用的理由。如果真正理由是信佛，但此一理由不易說服持本土信仰者。就說服的效力來說，古代沒有合葬制優於信佛才不合葬之說。

裴儆在鄭氏誌文本中不載乃母遺言，但對於乃母未能與乃父合葬倒是有一番說詞如下：

> 議者以為歲月未通，合祔非古，即用今載八月十五日安厝於舊塋之傍。考古從宜，蓋取諸禮也。[46]

此處議者顯然是筮卜人士這類的喪葬專家。這些人本來負責找出合適埋葬的時地就好了，竟然還說了「合葬非古」的理由。鄭氏的四

---

45 同前揭書，頁386。
46 同前揭書，頁661。

位兒子聽了筮卜人士的意見也不敢造次，只得依從，但依從也要有個講法，這就是我們在誌文看到的，如下：

俯從先王滅性之制，祇奉聖人卜宅之典。[47]

這是說古代先王教導的是不合葬的辦法，這在今天後代看來是「滅性」的舉動。但遵先王之教可以杜攸攸眾口，鄭氏四位兒子是用這樣的理由接受亡父母不用合葬的決定。

吳通微在再現李氏的遺言處，是採直接徵引說者說詞的辦法，如下：

時愛子侍側，乃付囑而言曰：「吾業以清靜，心無戀著，豈以詩人同穴之言而忘老氏各歸之本？縱猶議於封樹，即願存於貞獨。」[48]

李氏不欲與亡夫合葬的理由，除了講了信佛這點作為引言之外，就是搬出《老子》之說。

可是李氏三位兒子並未依亡母遺言行事，而是：「爰卜舊塋，勒銘大隧。」這很可能是指將乃母葬在家族墓園中，而且與乃父同葬，只是語意不清罷了。不過，無論如何此處重點是在探討女性不欲與亡夫合葬的理由。這裡多了援引《老子》這一說法。

---

47 同前揭書。

48 同前揭書，頁695。

倒是張氏很可能不與乃夫合葬，但誌作者並未去敘寫張氏所持理由為何。張氏誌一副沒有理由的模樣，很可能就是信佛的緣故，故而乃理所當然不必去說它。這在銘文有句話說：「母儀是則，佛性爰脩[49]。」前已言及，張氏只有女兒，沒有兒子。這句話是以女兒觀點讚美其母的話，一方面說張氏是位好母親，另一方面說她以佛教所教立身。所以，筆者推測張氏不與亡夫合葬持的是佛教的理由。不向人解釋其行徑本身，很可能是信仰極誠的表示。

對於女子死後依佛理不願與亡夫同穴葬一事，應與夫婦生前關係不佳無關。筆者且再舉數例說明於下：

洛陽人王挺年輕時只當了一任邢州任縣主簿便棄官為民，龍朔元年（661）這一年他五十三歲因病而死。王挺與前夫人高氏生有一子，叫王永福，他的繼夫人宋氏，生有一子在大周東寺當和尚。王挺死的時候，王永福將他葬於乃母高氏墳內。所以王、高是合葬的。

等到長壽二年（702），王挺繼夫人宋氏亦死。宋氏臨終交代兒子不願與亡夫同穴而葬。這在誌文有清楚呈現，唯誌文殘泐處正是宋氏合理化其行為的地方，這讓我們無從獲知其理由，只知：

夫人每謂諸子（下泐）安排，何必同穴？[50]

下文誌作者繼續敘述諸子對宋氏遺命的反應，那是：

---

49 同前揭書，頁643。

50 同前揭書，頁321。

　　敬遵遺指，別啟仲（下泐）[51]

本誌雖然在宋夫人採與夫異穴葬的理由上不幸殘泐，令我們後人無從得知，但宋夫人採與夫異穴葬是堅決的，同時諸子願意尊重她的遺志。

　　本誌還告訴我們，宋氏是位虔誠的佛教信徒，誌作者如此再現其事：

　　宋氏夫人早悟善本，夙植勝因，念誦經行（下泐）[52]

可惜語意因字跡殘泐而中斷，但可以確定宋氏從研理到實踐都下了工夫，在實踐上，誦經字樣清晰，行善的字跡則毀了，但可依文脈測知。可知她是位佛教信徒。再者，宋氏兒子是僧人也不無加強了這一點。

　　這位繼夫人宋氏於先夫去世之時願意讓他與先夫人高氏合葬，等她守寡四十一年後臨終前選擇與先夫異穴葬。這很難說是夫妻生前關係不睦有以致之。與其如此強作解人，不如說漫漫長夜的守寡生涯，有賴佛教做她精神指引，宋氏已厭煩中土泉下世界那套信仰，改而信從異邦式死後世界信仰。這樣或許才是正解。

　　唐代這種情形到了北宋也相差無幾。宋仁宗明道元年（1032）開封城內丞相章府的老夫人張氏以八十高齡去世。據宋祁寫的張氏

---

51 同前揭書。
52 同前揭書。

誌文，在再現張氏信佛部分是說：

> 早探釋部，居常薰髮，高情了識，絕死生之怖。[53]

說及張氏守寡歲月如此再現其事：

> 先君（按：指張氏夫婿章奐）無祿早世，夫人茹未亡之痛，教忠勉學，更繫慈壼。[54]

這是指張氏關注兒子的教育，對於自己的苦痛，只說等待死亡。她是極少數寡婦中教子有成的一個例子。她的兒子章得象於咸平中（約西元1000年）進士高第，之後升任丞相。關於張氏臨終場景，和葬式情形，宋祁再現如下：

> 初，先公歸全，即葬本郡。夫人實有治命曰：「魂氣無不之也，奚必同穴而謂之歸耶？」丞相永懷緒音，昊天罔極，虔詢著蔡，始得許州陽翟之三封原；惟吉卜，又得……與姓合。乃備廞車靈輴，奉尊柩于新域，從吉道也。[55]

可見張氏也是利用「神不滅論」的不確定性來取得異穴葬的有利位置。現在難題在兒子章得象手上。章得象動員本族蓍老和卜人，才

---

53 參見周伯謙，《全宋文》冊13，卷529（成都：巴蜀，1993），頁149。
54 同前揭書。
55 同前揭書。

完成亡母遺願。誌文無從宣稱：「禮也。」只能說：「從吉道也。」張氏約在五十歲許託兒子上進之賜得享後福，但在此之前她有可能守寡二、三十年之久。她的信佛，以及不欲與亡夫合穴葬，正說明她的異邦死後世界信仰是堅定的。

再舉宋代一個例子。宋真宗開禧二年（1081）文正公李君的繼室夫人符氏死於開封崇慶里私第，享年六十七。符氏的誌文由北宋文士祖士衡（988～1026）所操筆。符氏遺言不欲與先夫同葬，理由是合葬非古制的文化論述。這在誌文中以轉述口氣再現如下：

> 以其年孟秋甲申，號奉靈輀，歸葬于河南府河南縣伊水鄉諸葛原，與文正公同域而異壙。合葬非古，得吉兆以在茲，其生若浮，惟芳猷之不泯。[56]

我在想符氏身為繼室夫人，她的婚姻是老夫少妻型，必定年輕守寡。她不能沒有宗教信仰以資排遣孤獨的歲月。可惜這方面，誌作者缺載。不過，我猜想符氏多半是佛教徒。

北宋都城開封四郊沒有丘埠，一般士大夫的家族墓園都寧選家鄉地，在開封設墓園的情形不若唐代貴族熱衷於京郊之丘埠那般熱烈。以上二例，一在許州，另一在河南縣，都不在開封城郊。北宋有一宰相叫高若訥死於至和二年（1055），臨死前表示祖、父兩代葬所為開封縣吹台鄉「地稍庳，公恨之，將改卜」[57]。於是遺孤承

---

56 參見周伯謙《全宋文》冊9，卷363，頁333。
57 參見宋祁，〈高觀文墓誌銘〉，周伯謙，《全宋文》冊13，卷529，頁138。

命將兩代靈櫬，連同亡父的，一起改葬到同縣襃親鄉。高若訥例子
告訴我們，北宋都城四郊不易尋得好葬所，因此該處無法成就全國
性頭號葬地的美名。

　　以上這些信佛虔誠的寡婦，其原有孤獨、折磨的歲月在誌作者筆
下見不著的[58]。寡婦守寡的人生被誌作者再現之後輕易化約為信佛虔
誠，此其一，以及其二死後不與亡夫合葬這兩點而已。這個寡婦人
生書寫的側重點是在為治喪後人面對難題有所解套的用心，似乎隱
約可見。

三、母命難違、兒子為難

　　母親信佛、臨終遺命不與先夫合葬以致難為兒子的事例，所在
多有。這成為寡婦人生書寫的敘述重點之一。茲再舉數例於下。

　　裴夫民這位女子（好不容易碰到一位留有姓名的女性）出身河
東裴氏的高宦之家，妙齡即嫁給出身瑯琊王氏的王同人，王家是個
出過宰相的豪門世家。王同人官至泗州刺史，於開元十六年（728）
死於官舍，裴夫民於守寡十三年後死，時為開元二十九年（741）。
裴夫民將丈夫遺骸返葬長安萬年縣義善鄉鳳栖原。裴夫民信佛虔
誠，這在兒子王渙（時官京兆府三原縣尉）為她所寫的墓誌文本中
披露無遺。誌文先是說乃母幼時叔父裴振指著她說：「此女紺髮蓮
目，柔指儀形，孝出冥心，慈裹佛性，豈非菩薩相好，宿殖德本

---

[58] 對於女性守寡歲月無所描述這點，就像拙作在處理公、私列女傳文本時，說這些作
　　者一寫到女性開始守寡，就候然停筆。參見拙作，〈從男性書寫材料看三至七世紀
　　女性的社會形象塑模〉，《台灣師大歷史學報》第26期（1998年6月），頁1-42。

欺？⁵⁹」這樣被說成從外貌上有菩薩相，內在裡又具佛性，這可能是裴夫民與佛教結緣的開端吧。裴夫民自嫁王家之後，對於佛學的修持進境益深，墓誌文本如此再現：

> 手自繕寫《法華經》，演鈔《金剛》、《華嚴》、《涅槃》奧義，比二十餘載，志求無上道，外榮華，去滋味，厭服錦繡，不茹薰辛，雖處居家常脩梵行，每禪家皆多法樂，說經論廣勸童蒙。⁶⁰

這樣從研讀義理到遵守戒律，可說內外兼修。在此，除了前面看到的食素服粗（布）等不講究生活之外，還多出了親自抄寫多部佛經的功德。此外，裴夫民還熱衷傳教。她曾向兒子王渙說已到某種境界，如下：

> 吾久依止福寂和尚，彼岸者降服其心，心是道場，如（按：疑當作「真」）如不遠，伏惟證密行矣，登正覺耶？⁶¹

　　裴夫民的喪事似乎是乃弟裴煒（歷官萬年縣令，涇州刺史）所操持。據墓誌文本說裴煒：「躬自哀撫凶儀，有甚天倫之戚。⁶²」

---

59 參見周紹良，《唐代墓誌彙編》下冊，頁1586。
60 同前揭書，頁1587。此誌此處引文最早為嚴耀中所利用，見前揭嚴文，頁480-81，唯他只在指出異穴葬不合禮教標準。
61 同前揭書。
62 同前揭書。

而且還藉諸裴煒口中講出裴夫民臨終遺言和死時狀態，如下：

> 四姊久得道，隱化時顧命勤勤，只令皈依三寶，不驚不怖，
> 如眠如睡。[63]

大概是裴夫民遺命不與先夫同穴葬，於是王渙才於誌文中再現遵從母命的難處：

> 渙等孤酷，不知所從。[64]

這只是描述了王渙遵從亡母遺命的為難處。為難歸為難，王渙還是從母命，讓她不與王同人同穴而葬，這在誌文如此再現：

> 慈親以開元二十九載九月二十五日權安厝于先塋東，祇訓著
> 龜，以天寶四載（745）十月二十五日遷祔……[65]

請注意，裴夫民的遺骸於死後四個多月才暫時安置在先塋東側，這裡可能是王同人墳旁，之後再過四年才再遷葬他處。只是誌文沒有明文。但從銘文說：「……志成佛道，禪解……從真……陟崗屺兮，不住世因。」[66] 有可能依從佛教不做標記。

---

63 同前揭書。
64 同前揭書。
65 同前揭書。
66 同前揭書。

　　一位出身清河張氏的女子（沒有名字）嫁給一位職業軍人，這位夫婿的姓，由於刻石被磨掉了此字，故不知其姓，只知名英，河南洛陽人，死於貞元十七年（801），享年六十五歲，被葬於洛陽平陰鄉。張氏自丈夫死後得病二年後亦死，享年七十一歲。張氏的賢淑，可從墓誌文本敘及乃妹嫁人生有三子卻中年去世，自此張氏的三位外甥全歸她扶養，可以獲知。張氏的兩位兒子都是洛陽左屯營的軍官。

　　張氏臨終向她兒子和外甥提出不與先夫同穴葬的要求。她用以約束後人的武器是她先夫的話。這段經過誌文如此再現：

> 夫人臨歿，命三子曰：「吾先奉府君之命曰：『啟合非古，周公所傳，儻夫人之終，但墳壠相依，請絕斯見。』吾不敢違子先父之命乎，汝可知之。」嗣子手親奉遺命，泣而授之。言未將終，瞬目云背。[67]

張氏講出當年乃夫臨終遺言是不主張同穴葬的，而且還指出同穴葬非古制，乃周公以來才有之事。這種同穴葬制出於非古的文化論述，前已多所討論，此處毋庸贅論。張氏的墓誌成於其義姪成公羽（時官文林郎試太常寺協律郎）之手，於該誌中並未提到張氏或其先夫有關信佛之事，但這對夫妻卻主張不同穴葬，按說應該是信守異邦死後世界觀才是。死者及其亡夫生前遺命交代後嗣不得同穴葬，這對後嗣有著無與倫比千鈞之重的壓力。也許就是這樣，誌文

再現張氏諸子毫無猶豫地依命而行，如下：

> 以其年十一月創玄堂于府君塋東，步穴居壬，龜蓍咸吉。至
> 五日吉期安窆，禮也。雖窀穸之不同，迺墳壠之俯逼。[68]

據上引文知，夫妻死葬不同穴，還是有一番講究，如兩穴要相隔幾
步，以及相對方位為何等等。而依這套法門做去，居然還可說成合
乎禮制。這則誌文隱約透露，當時社會上存在一套專門處理夫妻異
穴葬的行事手冊，而且有專人通曉其事，可供喪家過訪而有商量的
餘地。

　　張氏子女對於奉遵不採本土死後世界觀的困境，從誌文所再現
的一切看來，似乎所受壓力不大。但從誌作者抬出亡父同穴葬非古
制的論述，以及父母墳壠相依間隔幾步為合禮制等說詞，又不容我
們懷疑其中不能說沒有任何壓力。只是誌作者再現這段過程時有所
隱諱罷了。

　　大周久視元年（700）冬天，來庭縣城綏福里有一戶柏姓人
家，柏老先生去世已久，多年來由小柏先生在照料母親仵氏。這一
年仵氏七十三歲，正臥病在床，小柏先生名字叫孝感，正官金部主
事。仵氏的誌文作者不見明說。柏孝感是否請假返家見亡母最後一
面，亦不見載及。誌作者只是以轉述筆法再現仵氏因信佛不欲與亡
夫同穴葬，如下：

---

68 同前揭書。

> 重惟靈和受氣，廉順凝姿，將開淨土之因，兼奉祇園之律。情超俗境，思入禪津，以為合葬非古，事乖衣薪之業；弘道在人，思矯封防之典。平居之時，願疏別壙，遷化之際，固留遺命。[69]

在此，仵氏不願與亡夫合葬的理由是，第一信佛，第二合葬不合古制的論述。

誌作者也再現柏孝感奉行亡母遺訓，如下：

> 聿遵先話，無累後人……大足元年（701）五月十二日，葬于北邙之原。[70]

這裡沒有再說「禮也」這一套制式話，理由是不合禮教尺度，只能說遵從「先託」。這一誌文看不出柏孝感有何為難之處。

再下面一則例子則清楚透顯子女接受異域信仰有其難處，有其無可奈何的況味。

這次是一位有名有姓的女子，叫張柔範，有字內則，出身南陽張氏。她的曾祖和祖父都當過地方守令，只父親這代未仕，很可能是一正趨沒落的士族家庭。她十三歲嫁給趙越寶，夫家為官宦人家。趙越寶十八歲始仕，歷官門下典儀、祕書省校書郎、右司禦率府錄事參軍，繼而外調為洛州合宮縣尉，因事貶杭州司士參軍。趙

---

69 參見周紹良，《唐代墓誌彙編》上冊，頁988。
70 同前揭書。

越寶病死任上，從此張柔範過著寡居的生活。她與其丈夫只生有一女，沒有兒子，她將女兒扶養長大，並代為完成婚事。女兒叫趙五娘，嫁給一位叫杜憲的男子，杜憲出身京兆杜氏，任官。張柔範隨女兒居處在女婿家，杜憲官小遊宦四方，張柔範俱隨同往，就在杜憲任官於睦州司功參軍任上，張柔範死於官舍，時為開元十四年（726），享年六十九歲。

張柔範的誌文是杜憲睦州府轄下的同事新安縣丞廉察所寫。誌文中再現張柔範的佛教信仰如下：

夫人葷則不御，錦繢無施，四禪恆以在心，六念未嘗離口。[71]

可見張柔範是位重戒律的佛教信徒。關於張氏的臨終遺言，誌文交代得一清二楚不願與亡夫同穴葬，再現如下：

臨終誠曰：「若逝者有知，雖異穴而奚妨，如逝者無知，縱合防而豈益？我歿之後，勿祔先塋□。」[72]

張氏採信異邦死後世界觀憑藉的是針對靈魂存在與否的懷疑論立場，此舉同前述所云卒於開元六年的柳氏，同一論調，不再贅述。

女婿和女兒面對這種大違常俗的遺命有何反應呢？據誌文文本如此再現：

---

71 參見周紹良，《唐代墓誌彙編》下冊，頁1347。
72 同前揭書。

　　以開元十六年（728）歲次戊辰二月戊辰朔十五日壬午，遷窆
于河南府河南縣梓澤鄉芒山之原，我君之塋左，從遺命也。[73]

　　這是依從母命而行，雖乖違常俗而不言。杜憲偕妻兒於岳母亡後一
年半有餘，完成了從南方返葬北方的壯舉。這則不同穴葬的誌文雖
未在婿、女為難處多所著墨，然從「從遺命也」一句可探知其中的
無可奈何。否則「禮也」一詞多爽快，但不合禮制，只好說「從遺
命也」。

　　以同穴非古的論述來抵擋本土死後世界觀的世俗壓力在誌文中
明白顯露大有其人，已見前述兩則例證。茲再舉一例。

　　一位出身河北廣平宋氏的女子，沒留名字，只知其祖、父兩代
都在長安京畿為官，嫁給王君當續弦，前妻有子遺下。王君官至邢
州任縣主簿，可能死時只到此官。關於丈夫的事蹟，誌文吝於一提，
後人無從忖度。該誌的重點在於宋氏與王君育有一子，就守寡了。
另一重點是宋氏的佛教信仰。誌作者指出宋氏將親生子玄嗣送給佛
祖，令他剃度為僧，所出家寺在洛陽城內。此舉誌文如此讚美其事
曰：「掌內明珠，遂作摩尼之寶；庭中美玉，即是菩提之樹。」[74]
對於宋氏將親生子送入佛門舉措之前，誌作者也將宋氏皈依佛法的
緣由做如下再現：

　　風飄繐帳，不堪罇酒；月上高樓，豈惟愁思。於是皈依八

---

73 同前揭書，頁1347。
74 參見周紹良，《唐代墓誌彙編》上冊，頁840。

解，憑假四緣，願託津梁，追崇福祐。[75]

這裡，宋氏到底遭何刺激故有皈依佛門之舉，誌未明文，很可能是
遭丈夫去世之事。因為筆者看到誌文在描寫到兒子入寺為僧之後，
誌文接著說：

岂若道兼存沒，義貫幽明，長懷乎既往之情，廣樹將來之
果。[76]

此外，明顯有存／歿、幽／明的對舉，可知倘生者為宋氏，則死者
必為其夫王君了，甚至還有幽冥世界與光明世界之對照說法，更是
一個旁證。誌文談到宋氏一直懷疑「既往之情」，這更是實指其亡
夫而云然。

宋氏卒於武則天天授二年（691），享年六十四歲。她的臨終遺
言在誌文中是個敘述重點，相當詳盡再現如下：

臨終之際，謂諸子曰：「吾心依釋教，情遠俗塵，雖匪出
家，恆希入道。汝為孝子，思吾理言。昔帝女賢妃，尚不從于
蒼野；王孫達士，猶靡隔于黃壚，歸骸反真，合葬非古，與道
而化，同穴何為？棺周于身，衣足以斂，不奪其志，死亦無
憂。」[77]

---

75 同前揭書。
76 同前揭書。
77 同前揭書。

誌作者筆觸不及宋氏子（有前妻子王承福和親生子王玄嗣）的反
應，直接跳接宋氏二子的行動，如下：

> 以大周長壽二年（693）二月十二日葬于洛陽之北邙，去夫
> 塋五十步。志也。[78]

　　宋氏的誌文在再現採不同穴葬的異邦信仰其所遭受的本土信仰
的抵觸上，是輕描淡寫的。宋氏二子用以回應世俗壓力的說詞，只
有遵從死者遺願這一說法。這對照前述所及，喪家子姪輩對於外在
的非難是有所著墨，而呈現兩種不同的筆路，但猜想其所承擔的世
俗壓力，應該是相同的。但無論如何，後死的女性死後不從夫同穴
葬與生前夫妻關係欠佳一事是沒有關聯的。應該說，夫妻生前關係
好，夫先死，妻先是思念不已，繼而死後不與夫同葬一穴，是感情
自感情，信仰自信仰，完全是鏨然可分的兩件事。

　　有兩則誌文是兒子所寫，他們在依從母命和對抗世俗責難壓力
之間，在再現事情過程上其間有何為難之處是絲毫未見的。這從表
面看來，兒子體貼亡母欲從外邦信仰的心志，自己若有難處也就加
以掩飾使外人無從知之。

　　唐代有位女子只知其姓，不知其名，我們姑且稱她為朱氏。她
出身吳郡朱氏，家住錢唐縣。曾祖和祖父兩代在隋朝為官，入唐以
後父親這一代則失官。她在十幾歲之時就嫁給一位崔姓男子，跟他
生了七個兒子。在誌文中，崔君有姓無名，而且只知崔君因「恩制」

---

78 同前揭書。

官拜朝散大夫，乃妻朱氏榮封吳縣縣君。後來崔君去世時官至兗州
瑕丘縣令。朱氏活到八十四歲，時為開元二十八年（740）。

誌文文本對於朱氏臨終狀況是一個敘述重點。在此，誌作者
（多半是兒子崔希先，理由是文中兩次稱先父為「家君」）如此再現
其事：

> 大耄行暮，遺言餘教，撫誨不爽。遂捨錢十萬，克脩勝果，
> 造端不二，深悟業緣。[79]

據上引文知朱氏是位佛教徒，且由於經濟條件佳認捐佛寺十萬錢。
只是誌文在寫作上不具體去講遺言的內容，然則又如何得知朱氏與
其先夫是採不同穴葬的呢？請看誌文下文又說及朱氏葬所情形如下：

> 天寶元年（742）權窆于河南府洛陽縣清風鄉平樂北原，禮
> 也。西瞻愛子之墳，南接府君之壠，玄夜不晨，青松已拱。[80]

據此敘述知朱氏並未與其先夫同葬一穴。崔希先撰作此誌把他與其
他五位兄弟如何回應乃母遺命的情形，給省略掉了，故而他們對於
乃母信持異邦死後世界觀有何內心掙扎，後人無從得知。不過，從
這六位兒子們的行動是讓其父母各葬一穴看，說他們是依從了乃母
遺願，應該是八九不離十的事。

---

79 參見周紹良，《唐代墓誌彙編》下冊，頁1535。
80 同前揭書。

　　再來一例的女主人翁是彭氏，家族郡望是隴西，她的曾祖、祖父，以及父親三代都是軍職，而且是高級將領，誌文作者明言是乃子裴蟾，據他說，彭氏幼時父母即雙亡，由祖母扶養成人，嫁給一位裴姓男子，死時官至行中書舍人。誌作者敘及彭氏於婚後四十年之時，有一天向乃子說及，她在持家方面為親族所共稱美云云。誌文另一敘述重點是她的死因是由於不堪乃夫去世而鬱結於心，以致憂苦成疾。她死於咸通二年（861），享年六十一歲，就在該年裴蟾將乃母遺骸葬於邙山北原，但未明言是否與先父同葬一穴。不過，筆者傾向彭氏並未與其先夫同葬一穴。這在誌文中有兩處跡象可以約略窺知，其一是在敘及彭氏信佛這點，誌作者再現如下：

　　夫人雖嘗有所苦，而無疾色，心力神用，未嘗減耗，悟真如理性，虔奉內教，晨朝清靜，轉讀諷念諸經及真言，常滿千百遍，如此為志，未嘗暫捨一時之功也。且恭敬供養心又倍于是。[81]

以上具體描述了彭氏信佛從讀經千遍到供養佛門，足見她在這方面的心力投注之深，非尋常信徒所能比。

　　彭氏採與夫異穴葬的另一跡象，可由誌文下文囑咐乃子的宿願見出，茲引相關處如下：

　　常有願曰：「我一日身後，莫令受他罪，勿為人所憂覺。」[82]

---

[81] 同前揭書，頁2381。

[82] 同前揭書。

筆者認為這是彭氏交代乃子身後諸事，只是說法隱諱，其中一項當
與異穴葬有關。至於何以說詞模稜，是說話對象為自己兒子，而說
話情境又是私密性的，不是說給一般人聽，故而語境的脈絡被割捨
掉了。

　　誌作者裴蟾寫作此文有點像是向亡母默念，本就不考慮其他讀
者的感受和領會。裴蟾連如何遵承母命，也不實寫，仍是虛寫的筆
法，如下：

　　　　及終之日，果如是願。[83]

彭氏晚年對於後事早就向乃子表白一清二楚，直至事到臨頭，乃子
依母命遂其願。只是在再現臨終以及葬事情狀，裴蟾採一筆帶過的
方式，確實對我們後人造成些微困惑，不過，據以上兩個跡象，筆
者研判彭氏當採異穴葬。此外，另一旁證也能讓筆者做此推論稍見
安心。那就是裴蟾在誌文中，提及乃父相當隱晦，既不提其名諱，
也不道及其葬所。裴蟾在誌文中提及乃父處有二：其一，透過其母
轉敘其嫁入裴家之時，其二蟾父過世時，他敘述的重心是乃母如何
嬰心以致致疾。據此，倘若裴氏夫婦為死後同葬一穴的話，誌文中
一定會提到「先塋」、「禮也」這類的制式話語。然則在本誌文
中，裴蟾所為一副父親自父親、母親自母親的模樣。裴蟾連他一位
弟弟的名字也吝於一提。這一切的一切令人懷疑裴蟾真的是在實踐
乃母的交代，要斬斷一切俗緣的模樣。

---

83 同前揭書。

　　此誌在寫作上還有一事值得一提。裴蟾在敘寫乃母品格上，是透過宗族和乃母自己這兩個觀點傳遞給讀者的。這有點像歐陽修為其父立傳[84]，凡講到他未親見乃父之事，都由乃母觀點道出一般，而不採作者的全知觀點。

四、寡婦搬出先夫異穴葬令

　　有些墓誌女性對於異邦死後世界的追求並未予承辦喪事後人有何為難之處，那是因為男性丈夫在先死之前已有過異穴葬的要求，倘對其子嗣有所衝擊的話，應屬那一次才是，之後亡母的異穴葬要求就比較順理成章，水到渠成。話說唐代有位任姓女子，父親官居折衝都尉的小官，嫁給一位出身隴西李氏的男子，叫李良的人。李良後來官至試太常卿的高官。這則誌文的誌作者為前行楚州司法參軍李仲殷，很可能是墓主兒子的朋友。這則誌文文本在再現李氏夫婦信佛一事上是這麼說的：

　　　年將知命，齊議道門，求持淨戒，捨名職，歸法地，棄世
　　寵，期梵天，白衣苦源，□□超跡，雖不書于竹帛，且神降其
　　應，尚可褒昇。[85]

這裡是說李氏夫婦於快到五十歲之時，協議信佛，為此，李氏辭

---

[84] 參見歐陽修，〈瀧岡阡表〉，收入氏著，《歐陽修散文全集》下冊（北京：今日中國，1996），墓誌，頁1147-149。

[85] 參見周紹良，《唐代墓誌彙編》下冊，頁1982。

官，任氏則力贊其成。夫妻兩人期待因信佛可升異邦教示的「梵天」。對於李良臨終遺命諸子完成他異穴葬心願一事，誌文文本如此再現其事：

> 君□□遘疾彌留，乃命群子，父謂曰：「身奄于世，各修一塋。」咸聽其詔。去□□□年十二月二十四日隕于洛陽郭村私第。[86]

可見敘述重心只在諸子願意遵從亡父遺願就打住了，如何替亡父建塋之事則予以省略。

誌文接下來敘寫的重心在於母親於父亡後於管理家務之餘，不想多活以致嬰疾喪命。誌作者先是說諸子於父亡後對母親更加孝順，接著調轉筆鋒去敘寫任氏，說她：

> 色養慈親，靡不闕于晨省昏定，夫人政修是法是利，居家有理有則，都捐世俗，視身終如歸，感□□□疾所鍾。[87]

任氏於病重將死之際，遺命諸子後事採異穴葬，而諸子依命於何處營建葬所，這次都有清楚交代，如下：

> 亦命群子，遺言無忘，各置一塋。元等恭命。……是用卜就

---

86 同前揭書。
87 同前揭書。

　　洛陽縣□□村里，建塋，禮也。[88]

誌作者在經營任氏墳塋上，還特別講到任氏子、兄弟三人如何戮力同心經營母墳，如下：

　　友于更相牽率，戮力苦心，同營窀穸，將答劬勞，罔知所度……[89]

連母墳完成日都載於誌中，如下：

　　元和六年歲在辛卯十月戊壬朔十八日己卯建。[90]

這距離任氏死於元和五年（810）陰曆十一月十六日，李氏三子用了不到一年時間完成母墳。

　　上舉異穴葬例似乎輕而易舉，可能承辦喪事後人避開與本土主流宗教論述相關的死後世界觀有關，不可不察。前已述及，李良攜妻、子隱居之所為洛陽鄉間的郭村私第。李良死後，李家又搬了一次家，這是根據任氏瞑目處，誌作者說是「河南縣王城鄉立德舊里」，而做如此判斷。任氏前後兩個居所都在鄉間，比較與人群不相往來，自然所可能遭遇的本土主流宗教論述壓力相對減輕不少。再加上，任氏不到五十歲入道，七十五歲去世，這樣的佛教信仰瀰

---

88 同前揭書。
89 同前揭書。
90 同前揭書。

漫家庭超過二十五年之久，三子久受薰陶理應說得過去。

再一個抬出亡夫先前交代死後不必同穴葬遺言的例子，已見前述張氏（夫婿名英）之例，此處不贅。

五、鰥夫與亡妻異穴葬的處理

以上所見均為夫先死，妻要求異穴葬的情形，其中有的例子中，誌作者只指出寡婦做此要求，有的例子誌作者敘寫到寡婦抬出亡夫要求異穴葬，而她自己亦然。天下事不至於全是妻死在丈夫後，亦有妻先死，丈夫成為鰥夫。處此情形，亦有鰥夫要求異穴葬的。茲舉二例明之。

在唐代，有位叫吳福將的男子，死於天寶八載（749），享年六十八歲。他先後兩娶，均先他而死。吳福將是洛陽人，曾祖和祖父分別官至刺史和縣令，到他父親這代不再出仕。他自己是在開元二十三年（735）出仕，任將作監左校丞，才當一任官便以志趣不合掛冠歸鄉里，從此優遊歲月。吳福將墓誌的作者是鄉貢進士周頎，與喪家是何關係，文中並未交代。周作在寫法上，從墓主之家世、德行、服官，以至於罷官後的生活，依序寫出，沒有特出之處。與本書旨有關的材料，周頎安排在墓主死後的位置。他先是指出墓主在文化品味上揚《老子》貶《荀子》，據誌文文本的說法是：

> 公守分知足，無媿老氏之誡，德脩意遠，寧慚荀子之言。[91]

---

91 同前揭書，頁1636。

在這之後，周頎去敘寫吳福將墓所所在處及其周邊情景，不煩贅言，可以略過。接著周頎調轉筆頭去寫臨終遺言的情形，他將此過程再現為如下面貌：

> 公臨終之日，自有遺言，兩妻先亡，勿令合葬。嗚呼！達人之慮，事無不可，同壞異穴，理合義全，不顧小慈，務崇大順。長子潮、次子沛，並茹荼泣血，式遵先父之言，負土起墳，自得曾參之孝。92

據上所述，筆者以為本誌的特殊之處有兩點：第一，吳福將採異穴葬是否受佛教影響，本誌一字不提；第二，在合理化異穴葬的喪事作為上，誌作者倒是花費一番心思，刻意求工之跡溢乎言表。這兩點需再深入說明。

關於第一點，筆者解釋傾向當時一股儒、道、佛混雜思想或文化有以致之。對墓主兩位兒子而言，他們的家庭文化，從其祖父那一代起就遠離官宦之家的文化，再加上吳家本非高門。祖、父兩代以來，只他們父親有兩三年的仕宦經驗，但所任之職為管芝麻綠豆庶務的小官。這點也無助於他們有機會浸淫在有改變可能的門風上。亦即，對承辦喪事的吳潮和吳沛而言，他們比較屬於庶民文化階層。這點，他們是佛道難分的，而在儒家文化這方面，他們自不可能同兩京士大夫分享了菁英文化那一套。

關於第二點，前述已及，信守異邦信仰者的宗教論述不是出於

---

92 同前揭書。

同穴葬非古制這種話語，就是源於對靈魂有無之爭議採懷疑立場。然則本誌的宗教論述迥非如此。在周頎所作的獨樹一幟的宗教論述中，我以為其中以「達人之慮，事無不可」和「不顧小慈，務崇大順」。這兩句最為緊要，值得分疏於下：

首先，墓主被定位為一位超俗的「達人」，他自是不受世俗規範所約束，這種人的行事自由度不可以常人來計量。這是誌作者有意替墓主開脫之辭。然則在面對世人異樣眼光的焦點是異穴葬一事。前一開脫之法還不夠杜攸攸眾口。因此第二點來了。同穴葬表彰的是夫妻情分，但這點較諸人死後生命消失不知何去的狀態，要抱持還諸大自然的態度，這是「大順」之義。在這點上，夫妻情分為小，套句陶淵明的話，「委運」自然[93]為大。如此一來，異穴葬死後世界觀其價值大於同穴葬死後世界觀的價值。至此，異邦的死後世界觀在宗教論述上發展出第三種形式。

吳福將家的文化水平似乎類同前舉李良（按：為死於810年任氏的夫婿）家的一般，他們所承受來自文化菁英階層的主流宗教論述壓力要相對來得輕些，不論是來自母親或是父親要求他們治喪不必務守本土文化方式，他們在與本土主流文化之間所能迸出的衝突火花，機會是微乎其微的。這些喪家小孩在聽得父母下達不採同穴葬令時，前者反應被再現為「恭命」，後者為「式遵」，想來應不是誌作者誇大之詞。

再者，以上兩例不徒然考慮性別因素，尚及階層的因素，讀者

---

93 參見陶淵明，〈形影神詩〉，《陶淵明集》卷2（台北：明倫，1974，楊勇校箋本），頁50。

請勿等閒視之。還有，吳福將誌文講的雖是一位男性的異邦信仰狂熱（cult），但別忘了他的兩位前妻也應當算入這種狂熱的實踐者。所以，吳福將這則男性墓誌其實也曲折地提供了他兩位前妻信仰異邦教的一個側面。

咸通三年（862）陰曆十一月十六日入夜，太原河中節度使府押衙官唐思禮正在房外苦候夫人王太真產子。唐其年四十三歲，王二十三歲。唐思禮非正途出身，而是由吏轉仕，他十四歲為吏，到三十六歲始轉運由吏變官，始仕為京兆府錄事參軍。不久，唐思禮娶了王太真，從此六年官運亨通，不僅如此，連同他兩位弟弟也一起發跡，被授以官職。唐思禮都把這一切歸功於王太真善於持家。今夜是王太真生頭胎，唐思禮既興奮又緊張，頻頻注視產房內的動靜。唐思禮想起妻子多年不育，因求菩薩而得孕，如今即將苦盡甘來，正在胡思亂想中，僕人來道喜，說他喜獲麟兒。他趕緊兩步併成一步衝進產房，果然看到妻子喜孜孜的容顏，順著妻子和悅的眼光看到床褥中初生的男嬰。

這一刻唐思禮倍感幸福。可惜到了二更時分，男嬰死了。更悲慘的事繼踵而至：三更時妻子冥然而逝。才一個更次，唐思禮從坐擁雲端，一下子彷彿墜落山崖谷底悲不自勝。

以上情節是筆者根據唐思禮親寫的〈亡妻太原王夫人墓誌〉和池州青陽縣尉趙遠所寫〈唐思禮誌〉，經過一番推想再現862年陰曆十一月十六日那一夜的情景。

唐思禮於王太真死後再娶一位俞氏女子，可惜也是無法偕老。俞氏於咸通十一年（870）去世，唐思禮親自寫誌。以上三誌在死亡書寫上，兩位誌作者都不及飾終之典和遺令頒布這兩個情節。筆

者之所以揀選這三誌入書，為的是看重以下兩件事：首先，唐思禮是位虔誠的佛教信徒，死於咸通十二年（871），享年五十二歲。他是如何處分他跟兩位先死的夫人其墓葬事宜。其次，筆者關注的是唐家的家族經營與死後世界觀之間的關係。

關於王太真葬地，據唐思禮寫的誌文是說，先於咸通三年權葬長安萬年縣滻川鄉，翌年再厝於先塋東南隅的同縣崇道鄉[94]。再據唐寫俞氏誌文知，俞氏被葬於崇道鄉王太真墳塋旁[95]。可知兩位夫人是比鄰而葬。那麼，唐思禮死後打算如何葬法呢？據趙遠所寫關於唐的誌文說，唐被葬於長安萬年縣龍首原之先塋[96]。換言之，唐守禮選擇與兩位夫人異穴葬。但我們如果據以斷定唐之嚮往的死後世界為異邦式的，那就大錯特錯。嚴格說，唐所信的死後世界是中土抑異邦，不好論定。這是因為負起料理他喪事之責的是他兄弟。如果從料理喪事者的觀點看，只能說這些料理者希望乃兄唐思禮於死後前赴泉下世界去與祖先團聚。唐生前處分了兩位夫人是分穴葬，而且也不葬在先塋，這就可確定他將來與兩位夫人是異穴葬的。假使他也不葬在先塋，就比較能說他的死後世界是異邦式的。但結果唐思禮被葬在先塋，這便成了千古疑案。

關於唐思禮信佛虔誠這點，不論趙遠說他：「敬事釋教，理入禪門[97]。」還是唐於王夫人死後自稱：「余半枯之身，自茲不嗜血食矣。被禍之初，余修齋終四十九日，及廣造功德，冀此虔懇，助

---

94 參見周紹良、趙超，《唐代墓誌彙編續集》，頁1042。

95 同前揭書，頁1088。

96 同前揭書，頁1094。

97 同前揭書，頁1094。

彼善緣[98]。」以及唐於俞夫人死後自稱:「余二十年來,專心禪識,浮生之理,又得而言[99]。」都是證唐至遲到受王太真死亡之刺激便開始崇信佛教。

　　唐思禮這家自祖父起往前數四代都是白衣階級,但到他父親這代開始做官,乃父官至和州長史。唐歷任京兆府參軍、遂州都督府司馬、河中府押衙、杭州長史等職。以一位吏出身的人能當官如此,且達十六年之久,亦屬不易。他在王太真誌文中提到乃妻向他提示「矜孤寒、厚仁義」的持家之道,得以以長嫂照顧小叔等人,姪兒當然也視若己出。結果兄弟受惠,唐思禮如此推功王太真:

> 兄弟克樹官祿,豈非夫人淑德之致耶![100]

事實上在趙遠所寫誌文中亦透露唐家兄弟宦績如下:

> 伯氏官至三皇五帝廟令,仲氏至濮州司馬,大凡弟兄昇名入仕,率由公之置焉。從兄子今為朔方軍節度使。[101]

據此可知唐思禮入官後,他一個帶一個把兄弟都安插進政府部門。爾後他的下一代中才有可能官至節度使。

　　唐思禮絕對稱得上是唐家的中興支柱,他聽夫人王太真之教以

---

98 同前揭書,頁1042。

99 同前揭書,頁1088。

100 同前揭書,頁1041。

101 同前揭書,頁1094。

開放方式照顧兄弟的家庭，以致使唐家兩代興旺。這是家族主義發揮到極致的一個成功案例。唐思禮的死已不屬他個人問題，而是整個家族的問題。這或許是唐家家族要把唐思禮送往泉下世界讓他去陪伴祖先的緣故。唐思禮的佛教信仰在這樣的脈絡下想要獲致尊重可能很難。更何況唐思禮死後七天，他的兄弟（即三皇五帝廟令那位）也死。這引發了趙遠的浩嘆如下：

> 且不知天之與善，神之福謙，其如何也。[102]

這裡，講究的是中土信仰的天與神，而不是佛或菩薩。所以，唐思禮的死後世界究係何物，已由不得他作主，他的兄弟輩堅持要他住入中土的泉下世界裡。

唐思禮及其兩夫人的葬事被分開處理成，夫妻異穴葬，唐本人從葬先塋，而兩位夫人則被葬在先塋外別處。這裡面有唐本人的死後世界觀，也有唐家兄弟的死後世界觀在交相作用。可以確定，唐本人死後祭奠不成問題。至於唐家後人不見得會前往王、俞兩位夫人墳前致祭。這會是唐思禮所願見的事嗎？應該沒有人可以回答這個問題。

六、生前信佛，死後與夫同穴

並非所有信佛者在臨終面對同穴葬與否問題時，都是採擇異穴

---

102 同前揭書。

葬的，在此，我們看到這類婦女是生前信異邦教，但死後世界則一仍舊慣採行的是本土同穴葬方式，這就變成一種本土／異邦的混雜文化。這類婦女的死後世界仍是本土的，為她們做喪事的兒子輩並無徘徊於兩種文化十字路口的困惑。在此，我用數則例子來說明。

在唐代南陽地方，有曲家和蔡家結為秦晉之好，曲家男子曲系和蔡家女子（沒留名字）婚後生有一子，叫惟證。曲、蔡兩家父親均居小官之職，一為郡丞，另一為縣尉。蔡氏的誌文是曲惟證請一位鄉貢進士孫正言寫成的。根據這則誌文，蔡氏與其亡夫曲系都是佛教信徒。這則宗教敘事文本在再現蔡氏佛教信仰上側重的是信仰者的精神狀貌：「情勤妙道，志慕禪羞，故得法號清靜心，以怡真寂[103]。」蔡氏臨終是有遺言交代後事的，這由誌作者再現為如下一副情景：

> 夫人安終之夕，命嗣子惟證曰：「昔汝先君之即喪也，志冥空有，遺令荼毗，形質雖殊，精爽如在。汝若禮從安祔，宜復歸魂。」[104]

據此引文知，蔡氏談及當年亡夫去世時刻，她指出係採用火葬（按：即「荼毗」）的處理遺體方式，但她認為亡夫的靈魂是存在的——按這點違反了印度佛教的「神滅論」靈魂觀——所以，她才囑

---

103 參見周紹良，《唐代墓誌彙編》下冊，頁2070。此處引文最早為嚴耀中所利用，見前揭嚴文，頁478，唯嚴氏只在指出在家女居士多有道號，此為其中一例，不及其他，與本書此處所論無關。

104 同前揭書。

咐乃子在採行將她遺體與其亡夫合穴葬時，別忘了做招魂的動作。

合穴葬的遺命當然是曲惟證易於從事的方式，當然難不倒他。底下誌文敘述就在再現曲惟證如何依命行事，像說：「言從理命。」再像說：「復先考之靈魂，合皇妣之幽壤……禮也。」等，都是。蔡氏活得很長壽，在亡夫死於貞元二年（786）後三十六年才逝世，時為長慶二年（822）。

這則誌文讓我們見識到本土和異邦信仰混雜為一的一種文化。

下文又一則例子是關於一位信佛鰥夫，從他身上側面知曉其妻當係佛教徒。這位鰥夫叫茹守福，長安人，出身下階層，從他父親這一代起充當京城宮禁衛兵，他也繼承父業。不過他有一種奇才，那就是算數技藝無人能及，因此他爬升去做管軍馬的事務，累官至京苑總監。他死於開元十一年（723）。茹守福的誌文不是以家人，而是以第三者語氣撰寫而成。這位誌作者毫不及家人情況，包括茹君的亡妻，也只簡單幾筆交代她是出身河東薛氏，但又不及其門第情況，顯然是一破落戶。亡妻的德行則出於虛筆，全係泛泛語。這則誌文的敘述重心有二，一是墓主的歷官，另一是臨終和喪事。以上兩點中，只後一點攸關本書，值得分疏於下：

誌作者透過茹守福臨終表現將他塑造為一位有道或得道的奇士，誌文如此再現其事：

> 君初遘疾之時，呼集家人，告以死日，子女環泣，小大咸驚。君乃止之曰：「生者物之始，死者物之終，終始循環，天之常道，又何足悲也！」於是自為淋浴，衣以新衣，迺請諸名僧造盧念誦，君端坐寢床，精爽不亂，言話如故，誠屬無遺。

> 果如其期，不違于驗，辛丑夜刻至子，奄然而逝，趺坐不動，
> 左右無驚，異乎哉！所謂知命君子，代之奇人。[105]

在這裡，誌作者筆下人物是位視死如歸、意識清楚的有道之士。茹守福在開元年間，會請寺僧到家中為他做臨死前誦經之舉，這在當時是一種新的舉措。在原本飾終之典這一死亡文化節目中是沒有的事。逐漸有人將喪事委託佛寺處理，是以後的事。這已在第四章有所論列，此處不贅。

筆者之所以舉例男性大違本章閎旨，目的在於指出茹守福與其亡妻最終採用的是寺畔葬[106]，異乎習俗葬於先塋家族墓園那一套。根據誌文，茹守福和亡妻薛氏合葬於長安城南香積寺內，是一種同穴葬。一對信佛男女在死後世界的追求上，採行的是本土而非異邦宗教的文化方式。這是筆者要強調的所在。

像茹守福妻薛氏一樣，有位女子叫王京信佛虔誠，卻於死後，被其後人將其遺骸與亡夫同葬一穴。王京異於薛氏之處在於她是後丈夫而死，薛氏則死於丈夫之前。王京出身太原王氏，三代中有兩代為官。她嫁給一位崔姓男子，官至滎陽郡長史，因夫之榮而享有文水縣君的封命。王京育有七位兒女，她的誌文明顯是兒子所為，不知何故諱言亡父名諱。她死於天寶十二載（753），享年六十六歲。

王京亡夫崔君在乃母亡故後一年亦逝世。關於佛教信仰，關鍵

---

105 參見周紹良，《唐代墓誌彙編》上冊，頁1275。

106 寺畔葬的例子所在多有，像陽昕於顯慶六年被葬於邙山招覺寺，崔逸甫於開元四年被葬於洛陽聖真觀之□思院，李□妻程氏於大曆十四年被葬於溢陽縣定仙寺。以上三例分見周紹良、趙超，《唐代墓誌彙編續集》，頁114, 462, 722。

就出在崔君母親，也就是王京的婆婆。所以，這則誌文講的是兩位
女性佛教信徒的故事。這則宗教敘事文本在再現王京傳襲自婆婆的
佛教信仰事上，如此說：

> 先是祖夫人深詣釋門，久探覺路，顧命之日，手付遺文，夫
> 人孝不忘心，言若在耳，剋符宿願，果證真如。[107]

以上引文在講王京如何接受婆婆臨終顧命，以及她如何汲汲於完成
婆婆遺命。從而王京的信佛造詣到達最高的「真如」境界。在此，
雖然遺言內容不詳，以及葬處並未明言，但是我懷疑王京婆婆與此
前先死的公公是採異穴葬的。誌文下文再現王京從此與佛結緣之
事，如下：

> 于是脫落塵勞，捐捨飾好，精思圓寂，密契微言，國之大
> 師，屢有印可。[108]

這裡點明了王京一方面實踐佛教戒律，另一方面在佛學造詣上還有
高僧的認可。

　　本誌奇特之處在於諱言王京臨終交代諸子遺命的情形。誌作者
再現其事上只一句話帶過而已，如下：

---

107 參見周紹良，《唐代墓誌彙編》下冊，頁1682。
108 同前揭書。

自天寶十二載九月寢疾，精誠徧于群祀，號訴隔于穹蒼。[109]

這裡講的是求神問天。誌文下文敘述，到了十月，王京去世。到底王京有無遺言交代諸子採同穴葬抑異穴葬，誌文中看不出來。但見諸子是將亡母與先前亡父合葬一處的，見下引文：

即以明年春二月十二日將遷祔于先府君之塋，禮也。[110]

王京生前信佛不成問題（按：不像茹守福妻薛氏信仰狀況在誌文中諱莫如深），按說她本人會比較傾向採異穴葬的，無如經營葬事的是她三位兒子，這三位兒子的態度決定了他們亡母遺命能否達成。在本誌中大幅篇幅交代王京婆婆遺命王京的情形，身為墓主的王京卻被兒子反客為主地淡化她臨終的場景。這是很奇怪的事。前述已及，有些誌文忠實呈現子姪執行異穴葬的難處，本誌與這些誌文合而觀之，我有理由懷疑王京三子可能有違母命。要不然，只能解釋說本土與異邦兩種混雜文化又一例了。

就在中宗妻韋后弒帝引發一連串宮廷鬥爭之時，太子洗馬韋璥在街上遭到暗殺。時為710年，韋璥妻柳氏年未二十就此守寡。柳氏死於開元十八年（730），享年三十七歲。柳氏有女一人嫁給楊若虛，此時楊官華原縣丞。柳氏誌文由涇陽縣尉柳望先所寫。柳望先提到柳氏初為人婦，夫家的情形是：「與昆弟同居，怡怡如也。」

---

109 同前揭書。
110 同前揭書。

柳氏守寡之後皈依佛教，誌文再現其事如下：

> 守養遺孤，撤去鮮華，歸依釋氏，長誦《金經》、《波若》，
> 兼持《維摩》、《法華》。[111]

這則宗教敘事文本在再現信仰者其行動上是前述常見的捨去生活享受，以及勤誦佛經這兩方面。

柳氏是死在陸渾縣勤戒寺之西院，先權葬在某處。到得天寶七年（748），她的女兒、女婿才將她遺骸遷葬到河南府洛陽縣平陰鄉呂村之原。重要的是如何與其亡夫合葬，據誌文是如此再現：

> 與韋公招魂，合祔于（下略）。[112]

很可能韋璥被暗殺於街上那次，因係敗方的黨羽，以致屍骨無存也說不定。這從引文載需用「招魂」的動作，研判知，為喪家不知死者屍骨於何處的表示。招魂葬為南北朝以來新生事物[113]，到了唐代已被納入凶禮的範疇[114]。韋璥恐係韋后娘家的人，玄宗朝治下為政治黑名單人物，其妻柳氏的境況可想而知。

---

111 參見周紹良、趙超，《唐代墓誌彙編續集》，頁613。

112 同前揭書。

113 參見余英時，〈廣乖離論〉，收入氏著，《文化評論與中國情懷》（台北：允晨文化，1988），頁227-29。不過，趙翼，《二十二史劄記》卷19（台北：世界，1970，五版），頁253有謂，漢光武帝為其姊行招魂，為招魂葬之始。此處與余氏所論略有不同。

114 參見杜佑，〈凶禮·招魂葬議〉，《通典》卷103（台北：臺灣商務，1983）。

類似柳氏守寡信佛的女子很多，加上死後與亡夫合葬的例子還能找到八個之多。以嫁給官宦人家的例子，有遂州司馬董君妻趙明十九歲成婚，七十五歲死於聖曆二年（699），與亡夫合葬於鴻州[115]；猗氏縣令李景由妻盧氏守寡十四年後死於開元十九年（731），等再過七年葬於偃師縣[116]；武德縣令慕容相妻唐氏守寡十年後死於開元二十九年（741），翌年與先夫合葬於邙山北原[117]；劍州刺史郭君妻元婉守寡二十七年後死於天寶五年（746），先權葬再合祔[118]；光州長史邊誠妻楊氏不知守寡幾年卒於咸通十一年（870），葬於萬年縣滻川鄉[119] 等。以嫁給平民的例子，有隴西人辛恭妻翟氏晚丈夫一年死，葬於合宮縣平洛鄉[120]；歷城人任忠妻路氏守寡二十五年死於開元十一年（723），葬於縣城南舜山[121]；扶風茂陵人馬專妻楊氏守寡多年後死於開元二十一年（733），葬於縣城趙封村[122] 等三例。

上舉十一例在誌文中描述及信佛情形，形形色色，毋庸贅舉。

七、死後與夫異穴，卻要子孫祭祠戒葷

一位出身趙郡李氏高門的女子叫李晉，嫁給出身范陽盧氏的一

---

115 參見周紹良、趙超，《唐代墓誌彙編續集》，頁364。

116 同前揭書，頁565。

117 同前揭書，頁583。

118 同前揭書，頁601。

119 同前揭書，頁1087。

120 同前揭書，頁373。

121 同前揭書，頁492。

122 同前揭書，頁535。

位男子（按：由於墓蓋不見，故不知其名），做填房，前妻遺下二子，即盧微明和盧藏用。李晉與丈夫育有一子，叫盧若虛。藏用和微明在睿宗時當到大官，李晉因而先後獲頒縣太夫人和郡太夫人的封命。李晉的誌作者是盧若虛，李晉於何年守寡未見明言，但知嫁到盧家凡五十餘年。

關於李氏何時信佛，在誌文中倒是清楚再現其事，如下：

> 開元八年（720），從微明宰浚儀，崇信釋典，深悟泡幻，常口誦金剛、般若經。其明年又隨若虛述職單懷。[123]

可見李晉信佛是晚年之事，從她死於開元十三年（725）享年七十三歲計，往前溯可知開元八年是她六十八歲之年。

李晉臨終是有遺言的，而且明言不要與先夫同穴葬。關於這一情節，盧若虛再現其事如下：

> 寢疾大漸，遺令曰：「夫逝者聖賢不免，精氣無所不之，安以形骸為累？不須祔葬，全吾平生戒行焉。時服充斂送終，惟須儉省。祠祭不得用肉。」[124]

這個遺令充分顯示中印文化匯流所形成的混雜文化。李晉在不重身體外觀上合乎佛典，而且指定要異穴葬。這是屬於異邦文化之處。

---

123 參見周紹良，《唐代墓誌彙編》下冊，頁1309。
124 同前揭書。此處引文早經前揭嚴耀中一文，頁480所用，作者並未看出本書所強調的中印文化混雜問題。

但她又說：「精氣無所不之。」表示她信中土的「神不滅論」。還有，她下文說死後祭她不得用肉，表示她要子孫按時祭拜她。只不過她信佛的關係，要茹素而已。對先人要祭祀，這又是中土文化，但祭祀忌葷，這又摻雜了印度文化。

李晉的遺令是否令其諸子為難呢？誌文文本如此再現其事：

> 孤子微明等……謹遵先恉，以其年……，奉歸洛城東北，厝于先塋之旁。[125]

李晉明顯是未與先夫同穴葬，這是李晉諸子依命而行。但緣何暫厝她於亡夫墳旁呢？難不成這個喪事只是第一階段，還有第二階段？另外，李晉先夫盧君的前妻是如何葬的，這在誌文也吝於一提。盧若虛所用的葬母法是否百分之百依母命而行，筆者實難論定。但李晉未與丈夫同葬一穴，是可以確定的。

八、女子信佛不必然死後世界一定是異邦式的

信佛虔誠的女性，由內至外屏棄中土宗教論述者誠有之，已如前述諸例，但亦有信佛信到不碰死後世界此一關鍵處者，凡此則亦主張死後與其先夫採同穴葬。同樣信佛，何以有的女信眾採異邦式與夫異穴葬，有的則仍採中土式與夫同穴葬？此中關鍵，鄙意以為端視該女性對中土文化是否執持菁英文化標準而定。針對這一點，

下文用採異穴葬的兩例，採同穴葬的一例，以資比較。

先舉同穴葬之一例。唐代有一女子出身吳郡張氏，其先世三代為宦。她的外祖家為范陽盧氏高門，祖父亦官至縣令。她嫁給出身彭城劉氏的劉茂貞，茂貞母與張氏父是姊弟關係，故茂貞與張氏誼屬表兄妹。本來劉茂貞亦屬三代為宦的家庭，但茂貞於年幼時父母雙亡，故而形同破落戶子弟，由舅父即張氏父扶養成人，並妻以女兒。關於劉茂貞的事蹟具見拙作[126]，可以參考，此處不贅。

關於張氏執信中土菁英文化標準的問題，我們可以從乃子劉航為她寫的墓誌窺知一二。首先，她十八歲出嫁，深知乃夫父母靈櫬都在睦州，就在丈夫出任江西道建昌縣令任上，以地近睦州，乃利用茂貞秩滿新舊任交接之際，替丈夫出資將兩副先人遺骸歸葬洛陽的家族墓園。為此，家庭經濟受到重挫，張氏從此節衣縮食持家，這在誌文文本中如此再現其事：

> 夫人又以家道未立，彌更苦心，減口食而添聚歸糧，服浣濯而不辭暗弊。[127]

張氏忙完丈夫父母遺骸遷葬之事，接著她自己外祖父母的喪事不旋踵雙雙並至。誌文再現居喪情形如下：

> 自江西還家，遭外祖憂，旋居祖母服，居喪之禮，過於毀

---

126 參見盧建榮，〈唐代彭城劉氏宗族團體之研究〉，《中央研究院歷史語言研究所集刊》63本3分（1993），頁605-606。

127 參見周紹良，《唐代墓誌彙編》下冊，頁2357。

瘠，雖赤子叫啼，當此而不能顧也。[128]

就這樣在短期間歷經公公婆婆的葬事，以及外祖父、母的喪事，此處，在描寫張氏投入兩外祖喪事的情形，寫得很細緻，說兒子啼哭也顧不到了。這是很傳神的筆法。據此，張氏對於文化菁英所承襲的死亡文化必定深有體會。這兩家喪事最終應是同穴葬，儘管誌文未及這種不關墓主生平的枝節，但我們似可作如此的推論。

張氏與乃夫的婚姻生活持續了二十年，育有四位子女，就在三十八歲那年，丈夫去世，她開始守寡。再過二十八年，也就是大中十一年（857），她以六十六歲之齡去世。她的死種因於四年前女兒去世，傷心過度以致身體每況愈下，全賴服藥支撐。病中她已有遺言交代兒子劉航，在這方面，誌文如此再現：

> 而嘗留遺命曰：「吾年過歲制，病在膏肓，餘氣幸存，思有誠約。況吾心崇釋教，深達若空，人之死生，啟殊蟬蛻。汝當節去哀情，無令害己，儉薄營葬，勿遺妨生。」有此處分者，豈止於再三焉。[129]

可見，佛教之於張氏只是重在超脫生死這一面，屬於精神修持的法門，至於葬事，張氏不違中土流俗，只要求兒子勿事鋪張。從兒子將乃母遺骸與先父遺骸「合祔」一處知，張氏並不主張異穴葬，雖

---

128 同前揭書。
129 同前揭書。

然她是佛教信徒。

現在，我們再來省視主異穴葬的兩位女子其文化狀況。唐代有一女子系出南陽趙氏，叫趙璧，嫁給汝南周氏男子，叫周紹業。這兩個家庭的曾祖、祖父兩代都在南朝做官，到了父親這一代進入隋唐的北朝系統做官，都有諸侯封號。趙璧的誌文是兒子周道濟所寫，並未交代周、趙兩家如何在隋唐之際政治發跡之事。從周紹業官至太穆皇后挽郎，很可能與外戚關係相關。周紹業早死，趙璧很早就守寡，趙璧十五歲結婚，去世時七十六歲，很可能守寡近六十年。

誌文交代趙璧從守寡起就開始信佛，而且讀誦佛經不輟，誌文文本再現其事如下：

> 自喪所天，鞠育孤孺，屏絕人事，歸依法門，受持金剛、般若、涅槃、法華、維摩等西部尊經，晝夜讀誦不輟。[130]

在此，關鍵之處在於「屏絕人事」四字，再從誌文印證事實是符合實情的，該誌不及任何趙璧處理親戚喪事之事。屏絕人事者應該指此而言。

周道濟在誌文中再現亡母臨終遺言，以及他依令而行狀況如下：

> 以府君傾逝年深，又持戒行，遺囑不令合葬墳隴，還歸舊

---

130 同前揭書，頁1330。

　　塋。道濟導奉先言，不敢違失。[131]

關於不合葬的理由，由周道濟應付中土流俗死亡文化的論述，見諸
該誌銘曰：

　　合葬非古，得自因心。[132]

乃母不理俗世，輿論壓力沒有管道可及她身上，她兒子立身處世
（時官益州溫江縣令）總要有抵擋世俗異樣眼光的武器。所以，合
葬非本土古制的宗教論述就此表白出來了。在本誌中，趙璧遺體經
過兩次處理，第一次是她死於長安二年（702）之時，誌文沒說如
何暫厝，第二次則明言在開元十五年（727）埋在河南府河南縣平
樂鄉邙山。前後相隔二十五年，可能與周道濟的經濟能力有關。
　　唐代又一女子有姓無名，出身河東裴氏，祖先三代居官，從刺
史到縣令。她嫁給一位薛姓男子，沒多久就守寡，沒有子女。裴氏
的墓誌是由一位裴姓族孫裴良所寫，在這裡面說裴氏於夫死後「煢
煢誓居，卅餘年，志不我忒」[133]。說裴氏死後悲涼竟無至親為她服
三年之喪：「無三年之服者，唯數隸而號慕[134]。」裴氏守寡期間日
子主要在修道中過去，關於這點，誌文如此再現其事：

---

131 同前揭書。
132 同前揭書。
133 同前揭書，頁1313。
134 同前揭書。

> 聿備三善，騰心八解，金仙聖道，味之及真，外身等物，不
> 競以禮，放迹遠俗，謂之全生，凝神寂冥，塊然而往。[135]

從上引文知裴氏也跟上舉趙璧之例一樣屏絕人事，所不同地，此處
說詞換成「不競以禮，放迹遠俗」八字。這表示她的文化迥異於文
化菁英出身者流。裴氏丈夫早死，死時官職為尚舍直長這種小得不
能再小的吏職。裴氏三十幾年的宗教修持，既似道又像佛，不過重
點在於她的文化使她在死後世界的選擇上，堅持非異邦式的不可。
誌文再現其臨終情景如下：

> 先是遺付不許從于直長之塋，以其受誡律也。[136]

她選擇異邦式死後世界，在此明言是遵守她所信宗教的誡律。然則
為她治喪的族孫裴良可有遵從遺命？答案是肯定的，這在誌文中
說：

> 今奉所志，以明年景寅（即開元十四年〔726〕）二月二十三
> 日葬于河南龍門山菩提寺之後崗，明去塵也。[137]

葬所到底是寺畔葬抑壁龕葬沒有明指，不過，裴氏不願人來打擾再
明確不過。裴氏死時五十九歲，三十幾年來過著熒然一身的日子，

---

135 同前揭書。
136 同前揭書。
137 同前揭書。

從夫撫子那套文化離她遙遠得很。

　　趙璧與裴氏都因年輕守寡，不管有無子嗣，她們都過著與世隔絕的生活，這種生活最主要的一點是教她們不用碰觸中土喪禮那套文化。這才是等到她們日後臨終之時，擺在她們眼前死後世界的選擇，也就是中土那套要與丈夫合葬啦，死後要由子孫按時祭奠啦等等，都不是她們優選的對象。相反地，她們對這種死後還跟丈夫家族緊繫在一起的選擇了無興趣。趙、裴兩位寡居生活所透顯的文化與劉茂貞妻張氏所承載的文化比起來，有二十年婚姻生活，以及守寡後與子女之間的牽牽絆絆，其中文化內涵相差可謂不可以道里計呀！

　　關於趙、裴寡居生活遠離文化菁英式文化，我們可再舉一位平民寡婦來說明。

　　這位婦人只知宋氏，不傳名字，與同鄉河北廣平的一位畢姓男子成婚。廣平宋氏和畢氏在北魏、北齊時是高門，入唐以後已趨沒落[138]。宋氏墓誌的誌作者對於宋氏寡居生活無一字提及，對於臨死的遺命，倒是敘及，唯寥寥數字，再現如下：

　　　遺命薄葬，務修功德。[139]

從修功德推知宋氏理應信佛，從薄葬，以及不提乃夫事和未言合葬

---

138 參見盧建榮，〈六至八世紀中國法律知識的建構及相關的文化和權力問題〉，《台灣師大歷史學報》第29期（2001年6月），頁43-56，處理到河北高門于隋唐之後政治地位一落千丈。

139 參見周紹良，《唐代墓誌彙編》上冊，頁539。

等事，可以推知她多半遺命後人採異穴葬的。宋氏死於咸亨年間（670～671），這時的墓誌是駢文，重修辭而輕內容。整篇誌文從結構上來說，分成如下五大段落：其一天賦才性，其二家世，其三後天德行，其四婚居生活，以及其五死亡和葬事等。其中只有第二和第五兩項稍有實寫的況味，其餘三項都是虛寫。以攸關本書的第四項而言，誌作者再現宋氏婚居生活如下：

> 年甫若笄，言歸畢氏。入韋庭而展藝，似上錙惟之壇；臨謝帳而飛鋒，如解白登之陣。若乃嬪儀獻誠，遏籠隱豹之詞；媛範申嚴，迴架如狼之諭。[140]

大致上是在講從夫之婦德，連漢高祖與匈奴戰於白登的典故都用上了。這樣虛寫，說了等於沒說。

畢氏是一介平民，宋氏是來自破落戶，這樣的平民家庭比起文化菁英家庭，在所受死亡文化薰陶方面，應該是兩回事的。

以上所述均為後夫而死的寡婦，她們歷盡滄桑，同時以佛理印證人生的苦難，最後在死後世界的選擇上寧選脫離塵世的西方極樂世界。所有年輕猝死的婦女即使信佛，可她們的丈夫負責其喪事，她們的遺願究竟是同穴葬抑異穴葬，這在丈夫所寫誌文中是不清楚的，而且丈夫為後死，倘若未能尋獲丈夫墓誌，也就無法確定最後決定這對夫妻是同穴葬與否的問題。為此，茲舉一例以明之。

唐末有一女子叫張留客，出身南陽張氏，但世居洛陽。張留客

---

140 同前揭書。

父叫張全忠，母楊氏，有號曰「淨意」，疑與信佛有關。張全忠在諸甥中屬意一位叫李瑄的男子，就將張留客許配給他。張留客死於咸通十二年（871），享年才三十歲，跟丈夫育有四子，都幼小。張留客的墓誌由丈夫李瑄所寫。李瑄歷官伊闕丞、中央某官（按：誌文敘述不明），以及河南縣尉。李瑄在伊闕丞秩滿之後，困頓在家久不得調，影響到家中經濟。這段期間，張留客表現極其堅毅，為丈夫所嘆服，是誌文文本敘述的一大重點，唯無關書旨，不煩徵引。誌文中另一重點涉及張留客信佛與她救家人和她臨終作為有關，值得分疏於下：

首先，咸通九年（868），李瑄入仕中央，因事遭黜，一時滯留長安，張留客率家人仍居洛北，唯生活困頓。讀者請試想，張留客要養育四位稚子，外帶她的父母均隨婿而住，等於是一家七口的開銷要由她來承負。該年不巧又碰上瘟疫流行，每家都有人病死。張留客處此情境，可以想見她的壓力有多大。關於這一情節，誌文再現如下：

值歲饑疫死，家無免者。斯人（按：指張留客）獨栖心釋氏，用道以安，故骨肉獲相保焉。[141]

從這段敘述看來，李瑄認為家人大小平安是託乃妻所信佛而受到保護的緣故。

關於張留客臨終以佛教信仰應付這次人生危機，這在誌文有如

---

141 參見周紹良，《唐代墓誌彙編》下冊，頁2457。

此再現其事：

> 初，厥疾漸篤，乃自取衣裝首飾等，施以寫經鑄佛，一無留
> 者。洎彌留之際，又命酒召骨肉環酌引滿，怡怡然神思無撓，
> 吾知其前路不落窶矣，以是少慰于心。[142]

張氏自知生存無望，乃將自己嫁妝悉數奉獻所信之教，毫不考慮留
給子嗣。在此，宗教因素強過經濟因素，可毋庸置疑。誌文中敘及
張留客與諸子飲酒道別，這種場景亦屬少見。誌文中不見遺命情節
的書寫，殊為古怪。我懷疑與張氏指明異穴葬有關，李琯有所為難
故而不書。

　　張留客並未守寡，但在短短十年多的婚姻生活中幾乎沒有好日
子可言，佛教在她生命中所扮演的精神支柱角色，可以說再明顯不
過。這跟守寡的苦日子比起來，其實差別不大。試看李琯於咸通三
年任伊闕丞，三年秩滿，到咸通九年，有三年時間李家沒有收入，
接著李琯獲調中央，結果出事滯留長安，想來家庭經濟來源又斷絕
了。咸通十二年李琯任河南縣尉，家裡開始有份固定收入，好不容
易又是夫妻團圓，無奈張留客命中注定無此好命，竟然臥病半年以
上。我們再回顧咸通三年李琯始仕之前，必定是夫妻剛剛成婚之
時，張留客內心一定期盼著丈夫有官可當。這時期，夫妻雖相處一
起，但家道仍未確立。張留客內心再憂苦也不能說將出來。這段苦
樂相伴的日子不見誌文提到，但我們可以想像此中情節。

---

142 同前揭書。

有一些例子是講女性死後不與亡夫合葬，打的是「合葬非古」這一論述的旗號，但在誌文中未見誌作者說這些女主人翁是佛教信徒。在這裡，筆者要小心從事。這有兩種可能，第一種只是誌作者未將信佛情形入誌，尚屬於信異邦死後世界觀者，第二種本來就不是佛教徒，她們不與亡夫合葬另有其他原因，不可遽以論斷她們死後世界觀是異邦式的。

此處舉四位寡婦稍事說明這種情形。首先，周寶妻王氏於永淳元年（682）卒，享年八十六歲，獨葬伊闕縣東北。誌作者沒說明不合葬是誰的主張，只再現合葬非古的論述這樣的理由，如下：

> 但以合葬非古，先賢格言。[143]

其次，是韋承慶替繼母王婉寫了一篇詳盡的誌文。韋承慶生身母崔氏早卒，由繼母王婉扶養成人，所以韋承慶對繼母是心懷感恩的。繼母死時他已官中書舍人這樣的重要官職。韋承慶再現先父和崔氏是分穴葬一事，如下：

> 女姚崔夫人早卒棄背，逮乎遷祔之日，占考或有不安，隨事之宜，遂不合葬。乃與先府君並墳接壙而安厝焉。[144]

此處提醒我們，當事人或許有意合葬，可能是筮卜人士握有決斷權

---

143 參見周紹良、趙超，《唐代墓誌彙編續集》，頁286。
144 同前揭書，頁350。

由不得當事人。男女當事人異穴葬有可能是筮卜人士決定的結果，此無關異邦或死後世界信仰。

王婉生前就表示不欲與亡夫合葬。可知她不是持筮卜人士的理由。那麼她的理由呢？韋承慶為我們再現如下：

> 夫人平者之時，言及窀穸之事，親戚有希望顏色請申合葬之禮者。夫人憮然而應之曰：「生者必死，人之大端。葬之言藏，禮有恆制。魂而有識，何往不通？知或無知，合之何益？況合葬非古，前聖格言。先嬪已創別墳，吾復安可同穴？若餘生就畢，啟手歸全，但于舊塋因地之便，別開幽室，以瘞殘骸。親屬子孫勿違吾意。」[145]

這是我寓目所及，關於與夫異穴葬的討論屬於一則最詳盡的死亡書寫。且回到上述引文。王婉除了提出「合葬非古」這一常見的論述用以支持其異穴葬主張之外，她更對靈魂有無持懷疑立場，指出無論何種情形沒有必然夫妻非合葬不可。王婉應該是本土死後世界觀論者，至少她的幾位兒子希望她死後可以與先父相往來，理由是彼此墳地相隔不遠。

一位羽林將軍妻張褘之在兒子高平祈官舍去世，享年六十七歲，時為天寶七載（748），到明年得以返葬長安高陵奉政原，墳址距先夫墳有四里之遠。何以夫妻如此異穴葬，這在誌作者再現理由上提出如下說明：

---

145 同前揭書。

　　蓋以遠日非便，近祔為宜。[146]

意思是說可以葬得離夫墳更遠一點，但考慮便利性（譬如祭掃之類，但若是異邦式死後世界觀者則沒有這個問題）還是兩墳距離葬近一點。此誌在銘文處對此又有補充說明如下：

　　合葬非古，近塋而祔。[147]

這裡就明白表示「合葬非古」的論述了。

　　一位嫁給席君做繼室夫人的女子叫楊雲，剛好碰上安祿山叛亂，席君任虢州朱陽縣令，城破之後席君和前夫人所生四子均死是難。楊雲於戰亂期間忙著將亡夫和公公雙柩埋到龍門山去。楊雲完成了這兩件大事之後，表示已無留戀塵世之必要，她常常到先生和公公的墳處居住並打理墳前植物。楊雲死於大曆九年（774），享年五十九歲，殆守寡十八年，沒有子女。所以她臨終遺言是頒給丈夫的外甥女崔氏，誌文交代丈夫外甥崔倬負責其事。楊雲臨終場景再現得很簡略，如下：

　　因遘疾大漸，召崔氏女遺囑，咸宜命倬為誌。[148]

雖未明言與丈夫異穴葬，但等崔倬寫到葬地時，我們就看到：

---

146 同前揭書，頁623。
147 同前揭書。
148 同前揭書，頁707。

　　　　葬于畢圭鄉望春原舅氏墳□東，從理命也。[149]

這才洩露楊雲不與先夫合葬是遺命的緣故。而且，楊雲先夫是葬在
龍門山的，不講與夫墳距離，卻去講與公公墳距離，此中莫非別有
蹊蹺。只是此誌未載異穴葬所持理由，不知是失載，還是楊雲沒有
明說，這點難以論定。

　　從以上四位女性採異穴葬卻沒說自己是佛教徒看來，沒有辦法
推定她們是異邦式死後世界的信從者，相反地，有兩位很確定仍是
本土死後世界的信徒呢。

九、道教不設限女子與夫同穴與否

　　在唐代，對有些婦女而言，佛道是難分的兩種宗教信仰，信佛
固可於死後採與夫不同穴葬，信道何嘗不然。在此，筆者且舉三個
例子於下：

　　在初唐，有位女子出身趙郡李氏，父祖兩代均仕宦。她嫁給一
位叫鄭道的男子，出身滎陽鄭氏，官至許州扶溝縣主簿，鄭道年輕
就死，至少遺有一子叫鄭履謙。李氏死於神龍三年（707），享年七
十七歲，可知她守寡的時間相當長。

　　關於李氏的宗教信仰在誌文中一共出現兩次。第一次是她未出
嫁前就顯露與道教有緣的才性，誌作者於誌文文本中再現其事如
下：

---

[149] 同前揭書。

　　夫人柔明宅性，婉順凝姿，識洞真寂，體捐華侈，年甫初笄，忽歎曰：「古人云：『纂組文綵，害女工也。』吾豈習其哉？遂不衣錦繡，可請天挺其真矣。」[150]

　　第二次關於道教信仰的書寫，出現在李氏於諸子冠禮完成之後，她認為家庭責任已了，此後她要自顧自地過生活。這一情節由鄭履謙再現如下：

　　及諸子冠成，遂屏絕世事曰：「吾平生聞王母瑤池之賞，意甚樂之，余可行矣。」是乃受法籙，學丹仙，高丘白雲，心眇然矣。晚年尤精莊老，都忘形骸，因曰：「夫死者歸也，蓋歸于真；吾果死，當歸于真庭，永無形骸之累矣。」[151]

　　在這裡，「屏絕世事」意味著文化菁英那套禮法文化被李氏所拋棄。至於講她信西母王的不死信仰，她傳承外丹的道教仙學那套，以及她研讀《老子》和《莊子》經典等，都是李氏信道的內容。
　　本誌的可貴之處在於誌作者實寫李氏臨終遺命的場景，茲再現於下：

　　夫人有遺訓曰：「合葬非古，始自周公，純真之道微矣。汝曹無喪吾真。夫孝在因心，仁□忘本。本之者真也。古人不封

---

150 參見周紹良，《唐代墓誌彙編》上冊，頁1079。
151 同前揭書。

> 不樹，喪期無數，斯蓋得其真矣。小人勉之哉！」[152]

這次，我們又看到合葬非古制的論述，李氏將道教所推崇的至高價值：「真」，去破除主流的夫妻合葬的命義。

鄭履謙把母親單獨葬畢，於誌文中敘及其事說，這是「奉遺訓也」。

有位女子姓獨孤，嫁給一位叫安暐的男子，武威郡人，肅宗朝以功臣緣故被賜國姓，改叫李國珍。獨孤氏早死，李國珍再娶一位楊氏女子。獨孤氏死時有遺言（見下），但誌石未被發現。獨孤氏遺言狀況可以藉由乃夫李國珍墓誌略知之。

德宗建中四年（783），朱泚反亂京師，皇帝出亡，這時李國珍年老臥病在床，朱泚還要他入夥，以病辭。幸好翌年（興元元年，784）陰曆五月，唐軍收復京師。躺在光德里自宅的李國珍難過中又有點欣慰。就在九月，李國珍辭世，享年六十二歲，遺下四位男孩，和繼夫人楊氏。李國珍墓誌由鄉貢進士李休甫所撰。關於獨孤氏當年遺言，涉及是否要與乃夫合葬問題，如今李國珍遺體究竟做何擺布，要有所定案。誌文有處再現獨孤氏不願合葬的原故：

> 夫人河南獨孤氏，高門淑德，中年入道，以是不祔。[153]

可知獨孤氏當年遺言不願與丈夫合葬，她的兒子謹守其遺志，故而

---

152 同前揭書。

153 參見周紹良、趙超，《唐代墓誌彙編續集》，頁734。

從其所願。獨孤氏不是守寡才入道，也不是年輕時信教而入道。她是人入中年才入道，應與生活艱困無關。至於具體原因為何，由於乃夫誌文不以她為敘述重心，吾人無法妄猜。重要的，她選擇不與丈夫合祔，且受到尊重，其事值得重視。

　　唐末有一洛陽女子徐氏年十七嫁給崔君，育有一男二女，崔君先死，徐氏撫孤守節甚久，咸通十一年（870）因病去世，得年四十八歲。徐氏墓誌為崔君前妻子崔紹孫所寫。關於家世和婚後情形均寥寥數語。本誌的敘述重心在於誌作者聽聞噩耗前往見繼母最後一面的情形，他恰好趕上，因此聽到有人讚揚徐氏有功崔家的貢獻。接著筆觸所及轉寫徐氏的道教信仰，誌作者再現如下：

　　　而又栖心于淡泊之教，蚤佩道籙，道諱瑤質。自遘疾之初，及彌留之際，嘗輟呻吟而念道。[154]

足見徐氏並非尋常道教信徒，她佩有道籙，在修持上已到視死如歸的境界。

　　對於徐氏臨終遺言的場景，誌作者如此再現其事：

　　　每謂其嗣曰：「吾生四十八年，亦不為過天矣。歿侍泉下，我之夙志矣。人誰無往，此往豈復恨耶？」言竟奄然。真達人也。[155]

---

[154] 參見周紹良，《唐代墓誌彙編》下冊，頁2442。
[155] 同前揭書。

這位女道教信徒沒做斷絕塵世之想，死後願與先夫同穴葬。她跟上舉的李氏寧作異穴葬，是不一樣的。

綜合李氏、獨孤氏，以及徐氏的死後世界選擇歧異看來，本土道教對葬儀沒有一致的定規。這不像有些婦女採異穴葬明顯受佛教影響所致。

十、婦女死葬娘家墓園與佛教異邦式死後世界無關

唐代有些婦女死後歸葬本家墓園，這在表面上看是採不與丈夫同穴葬。但其實不是這麼回事。前舉主異穴葬的婦女為受佛教影響，此處以返葬本家、不與夫同穴葬的想法應出於婦女與本家紐帶強的習俗。這樣的異穴葬就與本章所言受佛教影響的異穴葬，有著不同的文化基礎，前者出於儒家未興之前婚姻習俗，後者則源於佛教那種自絕於世的死後世界觀。拙作曾舉三例以言婦女婚後返葬本家墓園[156]，自是外表上看來類同於本章所言的婦女與夫異穴葬。

在唐代，有兩位女性，即孟心和邢芳，她們的喪事是由父母代勞，與其丈夫無關[157]。再有一位女子陳氏因父母雙亡，她的喪事由其叔父經理，先權厝外地有返葬家族墓園的打算[158]。這三位女子全死於丈夫之前，但由喪事全交付娘家而非夫家，故可推知她們的丈夫將來不至跟她們同穴葬。這三例的誌作者對於如此葬所的安排無

---

156 參見拙作，〈墓誌史料與日常生活史〉，《古今論衡》第3期（1999年12月），第五節婚姻，頁29-30。

157 同前揭文。

158 同前揭文。

甚著墨，同穴與否不在誌文敘述範圍，很清楚不關死後世界的選擇問題。這類女子死後返葬本家之例甚多[159]，無涉本章章旨，可以確定。

為讓讀者放心筆者這種看法，茲再舉一例以明之。

京兆韋氏有一女子於十八歲嫁給一位楊君做續弦，前妻留下一男一女，自己則育有四子。韋氏死於景雲二年（711），享年六十歲。當丈夫暴斃後，韋氏命與前妻合葬一穴；等到她自己離死不遠時，卻囑咐其子要返葬她家族墓園。也就是，她標榜的是要跟先父葬在一處，她強調這是要完成孝心。韋氏誌文由其姪兒韋希損所執筆，對於她這種遺願，如此再現其事：

> 平昔之日，嘗召諸子勒言，以為孝實天經，哀纏風樹。生不遂于盧墓，死願陪于窀穸。[160]

韋氏兒子很聽話，就依她所願葬在「原父塋北一里間」，而且還說這樣「庶冥通也」。女子死後不管返葬娘家父塋附近，還是與先夫合葬一穴，就其文化實質而言都是信持死後世界要繼續與至親共聚泉下的表示。唯在倫常上則有所區別：侍夫泉下凸顯的是夫妻情義，侍父泉下是為彰顯孝心。但為追求家族價值則一也。

韋氏在夫妻情意和父女親情上，她選擇後者。這是否可進一步

---

[159] 參見陳弱水，〈試探唐代婦女與本家的關係〉，《中央研究院歷史語言研究所集刊》68本1分（1997），頁167-248。

[160] 參見周紹良、趙超，《唐代墓誌彙編續集》，頁446。

推想她生前與乃夫情感不睦，以致不怕物議說她不願與夫死葬同穴？我想很難這樣推論。試想多少夫妻生前關係緊張者死後都以同穴葬為之，這是辦喪事後人有所隱諱其事故也。反過來，異穴葬很難說正好反映這對夫妻生前關係緊張故也。最要緊地，喪事和葬儀全操持在後死的家人手裡，人死為大，沒有必要以某特定方式來授人以柄說，這就是這對夫妻生前感情不睦的明證。相反地，愈是仇深似海的怨偶，他們後人也會力圖為他們先人遮掩。故而女子為表對丈夫的嫌怨，就以異穴葬對策實現之，是說不通的。

　　儘管社會上的主流價值教導孀婦說，死後最好與亡夫合葬，但仍有許多婦女莫說不與夫合葬，而且也不葬在夫家家族墓園，而是葬在自己娘家的家族墓園的。這樣的與夫異穴葬與佛教信仰無關，而是婦女與本家關係並不因婚姻而切斷與其家族紐帶的緣故。關於這點，前章雖略有探討，但此處值得再集中探討一次，以釐清疑惑。

　　元和七年（809），一位出身吳興沈氏的男子叫沈群，正在陝州安邑任縣丞，其妻楊氏（出身宏農楊氏）就在該年三月十五日病死宅第。夫妻二人婚後未有生育，只是楊家人要求沈家交還楊氏遺體以便歸葬邙山家族墓園。這是一件奇特的事件。真相究竟如何，如今只能聽憑一面之詞。那就是取得楊婦歸葬權的楊家製作了一份〈楊氏誌〉，這裡面講到楊氏在事奉婆婆和對待丈夫方面都未失職，只是思念娘家，乃要求丈夫別娶以便自己返家。〈楊氏誌〉是死者堂兄楊珽所寫，還講到楊氏的兩位弟弟楊珙和楊琚於乃姊死後如何前往沈家交涉，最後如何爭取到乃姊遺體返葬鄉里，而葬所與祖塋和妣塋相對位置如何等細節亦是敘述重點。楊珽再現其事於下：

> 以去家相離，疚心纏疾，每約于夫，請于姑曰：「願衣褐還
> 家。請夫別娶。」夫與姑也，彌重而抑，請竟終于疾，以年月
> 不通，沈氏先塋未祔。弟琪、琚等號訴夫強，請柩歸殯。姑也
> 念爾婦勤，哀琪悌順，哭而許。勒爾之夫與琪護喪歸洛，權窆
> 于祖塋東北，姑塋之東。[161]

這裡面有三點值得分疏。首先，楊氏請求返娘家，她提的條件是放
棄嫁妝。第二，楊家人採哀兵政策向沈家家族直接施加壓力以迫沈
群及其母。第三，卜筮者算不出楊氏當葬沈氏墓園的年月。凡此三
項合在一起，沈母才以「念爾婦勤，哀琪悌順」的表面理由，允許
了楊家歸葬出嫁女兒於自家家族墓園的計畫。

　　兩個士大夫家庭為了一場兒女婚姻引出死者死葬何家的糾紛。
最後夫家放棄「妻為夫綱」的堅守底線，成全了有亡女的楊家的要
求。楊家所憑藉的除了「人死為大」不足言宣這點之外，還有就是
出嫁女念家情切這點。這是一個「妻為夫綱」與女戀本家這兩個文
化戲碼之戰。

　　元和十三年（818），陽羨城中一戶尋常百姓臧家在處理女主人
喪事。女主人娘家姓周，才四十四歲就死，遺下一位稚齡的男孩，
和兩位未及少女之齡的女孩。喪家請一位鄉貢進士張師素操筆寫下
〈周氏誌〉一文。關於周氏葬所，誌作者再現其事與筮卜文化有
關，如下：

---

161 參見周紹良，《唐代墓誌彙編》下冊，頁1985。

> 安厝于中江血瀆東北之平原，周氏祖業之園地，蓋從龜筮
> 也。[162]

可見周氏死後並未葬在夫家墓園，而是葬在娘家的家族墓園中。這樣的安排，臧家和周家必有一番協調過程，可惜張師素並未就此點加以著墨，故而我們也無從知悉其中底蘊。

會昌四年（844）一位出嫁女邢芳因病返洛陽邢家養病，不久去世，享年十九歲。邢芳的誌文是由乃父邢恂（官祕書少監）所寫，她的銘文由其姊夫劉琭遂所寫。這對翁婿在寫作上正好相反，該當篇幅長的誌文反而短，理當篇幅短的銘文卻出奇的長，而且長過誌文。邢芳死後葬在邙山，誌作者再現其事如下：

> 歸葬于河南縣平樂鄉杜翟村，禮也。[163]

此處究竟是夫家抑娘家的家族墓園之葬地呢？筆者研判應是娘家的家族墓園。何以見得呢？邢芳的夫婿叫韋承誨。這在誌文標題處，邢恂已指出其身分為：「京兆韋氏」之出身。還有誌文中尚提及邢芳的生身母親，如下：

> 實扶風縣君京兆韋夫人之出。[164]

---

162 同前揭書，頁2030。
163 同前揭書，頁2238。
164 同前揭書。

可知邢芳是嫁給乃母娘家中子弟，很可能是表兄妹關係。據上兩項線索，再依據京兆韋氏家族其家族墓園向例都在長安，如今邢芳因病返娘家，結果死在娘家，她的喪事又是由娘家經手——從誌、銘文分由娘家所為知之——她的葬所又在洛陽的話，理應是邢家的家族墓園。韋、邢兩家本可因一對兒女婚姻而親上加親，不料結局出人意表，反以悲劇收場。邢芳才十九歲就去世，其父母之痛心可想而知。在情理上，邢家向韋家提要求要葬女兒於自家墓園，韋家多半依從。這可從邢芳病重，娘家即派人將出嫁女兒接回家中照料開始，即知韋家從生病就開始讓步了，不要說等到人死後更覺得有所欠負於邢家這一點了。

韋邢兩家在處理出嫁女該葬何處的問題，從〈邢芳誌〉是看不出絲毫火藥味的，也許實情就是如此，而不是邢恂在再現其事上有所隱諱也。

從以上三例涉及六個家庭，出嫁女死葬娘家是特殊之例。從論述上說，從前章中有標出「父女情深」、「情戀本家」之類說詞，本章所述三例則無論述提出，有行動無論述這樣的現象如何解決，倒是值得重視。其次，以上三例中，第一例因誌作者再現兩家糾紛之底蘊，雖係一面之詞，但至少我們後人可憑以知悉其中一些梗概。至少後二例缺乏兩家交涉之書寫，看起來娘家勢頭較強，至少死者在女方這一邊，男方一邊會自覺有所欠負吧，以致多所讓步。要之，結果是得遂女方要求，可得將出嫁女葬回本家墓園。這裡，我們看到女子死後與丈夫採異穴葬，是非常強烈的。而且，這三個例子明顯告訴我們，與信不信佛無關。正相反，在佛教傳入中國之前，中國婚俗中女子與本家關係紐帶強者，會出現出嫁女死葬娘

家，也就是與丈夫異穴葬的現象。更重要地，女子葬娘家凸顯的是女兒死後寧可與本家家人相處於地下這樣強烈的意願。這仍是中土家族主義的作用，不容置疑。

像前述宋氏（王挺妻）一樣將與夫合葬權讓給先夫人的繼室夫人還有好幾位，此處講一位出身京兆韋氏的女子，法號「淨光嚴」。此例雖見於前述，但值得再細講一次。韋氏十八歲時嫁給一位楊君當繼室夫人。韋氏誌的作者是她姪兒韋希損（時官萬年縣丞）所為。韋希損敘及韋氏丈夫暴斃，韋氏自作主張將先夫與先夫人合葬，誌文再現其事如下：

> 尋而府君暴終，心事獨斷，因其卜厝，不俟終日，行周公之禮，命與前夫人合葬焉。[165]

楊君暴卒當然沒有遺言交代，韋氏乃作主讓他與前夫人合葬。

守寡後的生活，是韋希損所作誌文的一大敘述重點，除了講過簡樸生活之外，就是信佛，韋希損再現其事如下：

> 加以深警泡幻，懸探妙有，晏坐一室，諦觀六塵。雖泯色空，尚嬰煩惱。[166]

景雲二年（711）韋氏去世於長安靜安里私宅，享年六十歲，

---

165 參見周紹良、趙超，《唐代墓誌彙編續集》，頁446。
166 同前揭書。

這時她四位兒子均已長大成人，而且個個服官。關於韋氏不願與先夫合葬的遺令，韋希損如此再現其事：

> 平昔之日，嘗召諸子勒言，以為孝實天經，哀纏風樹。生不遂于盧墓，死願陪于宅窆。[167]

這表示韋氏不僅不與先夫合葬，而且要返葬娘家墓園，還點定要在先父墓旁。韋氏抬出「孝」來合理化其行為。結果韋氏四位兒子毫無異議。韋希損再現其事如下：

> 諸子敬遵先旨，以其年七月二十九日，窆于萬年縣義豐鄉銅人原父塋北一里間。庶冥通也。[168]

韋氏的葬法告訴我們，即使女子信佛也不見得改從異邦式死後世界的信仰，她還是堅信本土的死後世界，甚至尤有過之地不從葬夫家墓園，改為娘家墓園。在韋氏而言，她想像死後仍跟生前一樣跟父親相處在一起。韋氏會找姪兒韋希損寫誌文，擺明就是娘家的觀點，同樣居官的四位兒子也拿她母親沒轍。

---

167 同前揭書。
168 同前揭書。

第六章

終曲

　　聖人制禮，設冢槨于藏形，事之以凶。主廟祧以安神，事之以吉。送形而往，迎精而反。此墓廟之大分，形神之異制也。室廟寢廟祭非一處，所以廣求神之道。而獨不祭于墓，非神之所處也。

——東晉・博士傅純，〈議招魂葬〉

　　讀者與我共乘時光機看盡古代死亡文化的林林總總，也到了要返航回二十一世紀的時刻。我要對古代中國的死亡文化來個速寫，以便結束本書。

　　死亡文化的載體是墓誌文類，這種文類所言不盡然全屬虛構，但因要從事個人生命史的再現工程，負擔不可謂不重。在此，個人因何而死，如何面對死亡，以及死後其遺體如何被處理等死亡書寫，就成為所有誌作者筆底尋思的對象。這些誌作者的筆底功夫不盡然為我們道盡死亡文化的底蘊，多有省筆以致語焉不詳之處。每位臨死者不必然有飾終之典，也不必然有所遺言交代子弟，但有過飾終之典和遺言的文化行為，未必讓誌作者盡收筆下。誌作者即使再現這類攸關死亡的文化行為，更不必然寫來詳實且周到，相反地，掛一漏萬的情況所在多有。如此寫得不夠精審，從某個角度看，比鋪張揚厲的虛構好不到哪裡去[1]。也就是過去確實曾發生一樁樁、一件件真人實事的死亡文化事件，但在墓誌文類的再現過程之下多少打了折扣。後代史家如我要從中尋繹其事，困難多多。還有，文化行為如遺言和飾終之典，儘管已經出現，但會讓誌作者意識到為文化項目，而筆之於文，會是更後來的事。所以，遺言和飾終之典會在墓誌中被再現，比較普遍的情形是中唐以後的事。

　　這部六百年的死亡文化史，到底產生結構變遷了沒有？我的答

---

[1] 誌作者敘寫墓主臨終情節時，非如美國文化史家娜塔莉・澤蒙・戴維斯（Natalie Zemon Davis）所研究的十六世紀法國刑事檔案是虛構的，而是事情經再現之後有所省約、甚或省略。戴維斯之說參見所著《檔案中的虛構：十六世紀法國司法檔案中的赦罪故事及故事的敘述者》（*Fiction in the Archives: Pardon Tales and their Tellers in Sixteenth-Century France* [Stanford, Calif.: Stanford University Press, 1987]）。

案是否定的。從北魏到北宋這趟時光之旅浩蕩一如江湖永夜，沒有涯際。但其中有所變化只是枝微末節。像墓誌的文本性從純粹私密性格這一單一性，一分為二而分化成祕私性和公開性兩種。但這一變化無礙於吾人捕捉其中飾終之典和遺言這兩個情節。只是公開性文本有往國家論述傾斜，類似廟堂文學的性質，像唐代崔祐甫的遺言只對公務有所交代而毫不及閨門私事，如此公而忘私跡近矯情。以後宋代士大夫墓誌多半類此。還有一點小變化，那就是唐代貴族的家族墓園與兩京緊密相連，但宋代士大夫的家族墓園各在自己家鄉。如此，以長安城郊龍首原和洛陽邙山為首選的全國性家族墓園運動為之消歇。再有一點變化就是墓誌在八世紀末以後散文化傾向益趨明顯，此舉有助於以情感為主題的死亡書寫之發展，更別說它是一種挑戰駢文霸權的地下革命文學了。這與韓愈事業相關，卻不見有人發現。

　　中國死亡文化遭逢巨烈變動應是本書所述這六百年時段較諸東漢及其以前的時段相比所得的結果。東漢以前中國漢人社會只有一個死後無界，進入到五世紀之後的六百年則有兩個死後世界，供瀕死者抉擇。新出的死後世界是印度佛教信仰所教示的東西，對婦女，特別是守寡有年的婦女，吸引力尤其大。本來中國式本土死後世界的想像不出以活人世界的家族主義作藍本，是活人想像彼世仍是一個家人共聚一堂和樂融融，長慈幼孝的天倫天地。這個彼世存在地底下，對每位死者而言，其入口處端在自己墳塋處。這樣的想法讓人們傾向最好將家人遺骸埋在相鄰之處，這叫死葬「先塋」。其中更特別講究生前具有親密關係的夫妻要在死後同處一穴。這叫「合祔」的行為。同時，臨死者會交代喪葬勿事靡費，這在當時會

以受人敬重的「薄葬」之詞說出口。其實，這同時也是死者顧念生者，不願因己之死耗損過多生者賴以憑藉的生財之資。為了滿足臨死者和後死者想像未來共聚一堂的情景，人們發展出（葬）先塋、同穴葬，以及薄葬這種三合一的理想葬式。本書稱之為喪葬文化套餐。但這在誌作者不全然都會寫出，特別是薄葬有時是可講，可不講。對於財力不足的家庭而言，他們本來就是只能從事省錢葬法，這是不消說的事。這種情形當然就不是誌作者有所諱言，而是對沒發生的事保持靜默。中國式死後世界想像，一言以蔽之，就是家族主義的複製。但家族的邊界到哪裡呢？從本書看到參與喪事的家庭成員，從「再從」兄弟，經歷「三從」兄弟，甚至「四從」兄弟和「四從」姪看來，唐代貴族計畫在死後世界大搞宗族團體是可以確定的。再從兄弟生活在一屋檐下叫「再從同居」，這是指曾祖父以下四代直系血親為家族邊界的表示。這樣的家族人口規模往往可從資料所示「闔門二百口」這類說詞指實其事。

至於深受寡婦優選的異邦式死後世界是佛教所教示的西方極樂世界。這在空間上根本遠離中國這個地理空間，同時也斷絕了凡俗塵世的種種人倫關係，這其中最重大的是夫妻情誼這層關係，其他家人關係更不在話下。這在葬法上展示的是既不葬在先塋，也不夫妻同穴葬。抑有進者，身體也可以焚化，這徹底顛覆中國傳統的土葬，延伸出去而有壁龕葬、塔葬，以及巖穴葬等新潮葬法。這一切的一切以夫妻異穴具有高度指標意義。

當臨死者遺命不願與先死配偶同穴葬時，有兩件事會發生。一是她／他要說服治喪者何以要違反主流文化價值；一是她／他的後人在為難之餘會做出一些依違於遺令的事。在這裡，家庭內部存亡

之間產生一場文化戰爭。做這種逆俗決定的人，開宗明義會說是信佛的緣故。這還不足以說服後人之後，他們不是說合葬始於周初並非古制，就是說人若死後有靈，不同穴也可以來往。這完全針對傳統周公創法，以及「神不滅論」這些慣習權威予以反擊。甚至還有一個例子指出，同穴葬的價值不如異穴葬價值來得高，更是一種大膽的新思維。

有的遺言不及死後世界，傾向於道德論述，這些言說大體擺盪於不愧和情牽的塵世之間。在不愧方面，是臨死者反省一生沒有對不起人；在情牽方面，則不出託孤和遺恨的戲碼。後者多半表示他們的人生責任尚未盡完故而不甘赴死。前者懷抱將自己所樹立的道德表率交給後人。這種口頭遺囑作為類同男性預作的書面遺囑，是一種偏理想主義的東西。這種理想主義的觀照之下，最俗不可耐的財產處分就不在考量之內，還相反地，以分得遺產為可慮。這類遺囑第一不及死後世界，第二不作財產處分，就跟西方的遺囑完全不一樣了。然而，中國人遺囑不及死後世界和財產處分，就斷言說行動者完全不在意這兩種文化物事，也不正確。有些事做了卻不說（失載），也是有的。

有些續弦夫人在丈夫去世後，幫丈夫與前夫人合葬，迨自己死後卻選擇與夫異穴葬，對於這種現象，或有人會解讀為夫妻關係不睦的結果。這種解讀忽略了長年守寡婦女存在選擇異邦式死後世界的可能性。還有，先後任夫人如係姊妹更存在妹妹將與夫同穴葬的權利讓賢給姊姊這種情形。信佛虔誠可望改變死後世界觀由中土式變成異邦式。但並非所有信佛者都會在死後世界觀上有所改宗。有許多信佛婦女死後仍與先夫同穴葬，對於這種現象，本書認為是混

雜文化有以致之，而且這種混雜文化是以中土文化為基底。再有，有些異穴葬的婦女不必然就是異邦式死後世界信從者，恰恰相反，她們是中土死後世界的信從者，只是她們堅持的父女關係上太過強烈，強過夫妻關係，以致她們不願與夫同葬，反而選葬在娘家父墳旁邊。

飾終之典在社會／文化上所彰顯的意義之大，莫過於其一家族內孤寡弱勢成員受託職務的交接，以及其二上層社會單親家庭減量安全閥。唐代貴族和宋代士大夫視子姪為己出，視嫂如母姊的情況，飾終典禮正好提供我們最佳視野，讓我們清楚看出典禮背後社會／文化意涵。

以上就墓誌、遺言，以及飾終之典等三個方面論述死亡文化的形形色色。在這論述過程中，筆者還意外發現，女性比男性重情感因素勝於文明因素，她們為憐愛子女，不惜不遵守夫妻同穴葬的文明禮法。這是一種文明崩頹的跡象，是我下一本書要寫的主題，此處只需點到為止。

好了，各位跨時空的旅遊者可以準備離座，走出時光機了，二十一世紀的台北站已經抵達了。謝謝各位有耐性聽我講解沿途所見的死亡文化風光。

參考文獻

一、中文

甲、古人著作

（一）碑誌類

中央研究院歷史語言研究所文物陳列館藏，〈故處士卜仁墓誌銘〉。

王仁波等編，《隋唐五代墓誌彙編》洛陽卷（天津：天津古籍，1991）。

北京圖書館金石組編，《北京圖書館藏歷代石刻拓本彙編》（鄭州：中州古籍，1991），第37、38本。

台南延平郡王祠文物陳列館藏，〈明魯王墓誌〉。

周紹良編，《唐代墓誌彙編》上、下冊（上海：上海古籍，1992）。

周紹良、趙超編，《唐代墓誌彙編續集》（上海：上海古籍，2001）。

趙超編，《漢魏南北朝墓誌匯編》（天津：天津古籍，1992）。

（二）書籍類

元稹，《元稹集》上、下冊（北京：中華，2000）。

白居易，《白居易集》（台北：里仁，1980）。

宋敏求編，《唐大詔令集》（台北：鼎文，1978，再版）。

李善注，《六臣註文選》（台北：華正，1974）。

杜佑，《通典》（台北：臺灣商務，影印文淵閣四庫全書，1983）。

周伯謙主編，《全宋文》（成都：巴蜀，1993）。

房玄齡等編，《晉書》（台北：鼎文，1980）。

姚思廉，《梁書》（台北：鼎文，1980）。

柳宗元，《柳河東集》（台北：河洛，1974）。

孫棨，《北里志》（石家莊：河北教育，1994）。

高彥休，《唐闕史》，《叢書集成初編》第2839冊（上海：商務，1936）。

陳壽，《三國志・魏志》（台北：鼎文，1980）。

陶淵明，《陶淵明集》（楊勇校箋本，台北：明倫，1974）。

嵇康，《嵇中散集》，收入《景印文淵閣四庫全書・集部二・別集類》卷10（台北：臺灣商務，1983）。

董誥編，《全唐文》（台北：滙文，1961）。

趙翼，《二十二史劄記》（台北：世界，1970，五版）。

趙翼，《陔餘叢考》（台北：華世，1975）。

劉昫，《舊唐書》（台北：鼎文，1980）。

歐陽修，《歐陽修散文全集》（北京：今日中國，1996）。

蔡邕，《蔡中郎集》（台北：新興，1959）。

蕭子顯，《南齊書》（台北：鼎文，1980）。

韓愈，《韓昌黎集》（台北：臺灣商務，1969）。

乙、今人著作

不著撰人，〈北齊庫狄迴洛墓〉，《考古學報》第3期（1979），頁92-103。

方天立，〈佛教中國化的歷程〉，《世界宗教研究》第3期（1989），頁1-14。

毛漢光，〈唐代婦女家庭角色的幾個重要時段──以墓誌銘為例〉，《國家科學委員會研究彙刊》（人文社會科學）1卷1期（1991），頁186-95。

牛志平，〈從離婚與再婚看唐代婦女的貞節觀〉，《陝西師範學報》第4期（1985），頁108-13。

牛志平，〈唐代妒婦述論〉，《人文雜誌》第3期（1987），頁92-97。

王吉林，〈晚唐洛陽的分司生涯〉，收入淡江大學中文系主編，《晚唐的社會與文化》（台北：臺灣學生，1990），頁239-49。

王珠文，〈關於唐代官吏俸料錢的幾點意見〉，《晉陽學刊》第4期（1985），頁75-97。

王國炎，〈魏晉南北朝的儒佛融和思潮和顏之推的儒佛一體論〉，《江西大學學報》第4期（1984），頁30-38。

王壽南，〈唐代公主的婚姻〉，收入李又寧、張玉法主編，《中國婦女史論文集第二輯》（台北：臺灣商務，1988），頁90-144。

冉雲華，〈從印度佛教到中國佛教〉，收入氏著，《從印度佛教到中國佛教》（台北：東大，1995），頁1-18。

何融，〈「文選」編撰時期及編者考略〉，收入謝康等，《昭明太子和他的文選》（台北：臺灣學生，1971），頁65-94。

余英時，〈廣乖離論〉，收入氏著，《文化評論與中國情懷》（台北：允晨，1988），頁217-34。

吳玉貴，《中國風俗通史‧隋唐五代卷》（上海：上海文藝，2001）。

吳作人、宿白等，〈筆談太原北齊婁叡墓〉，《文物》第10期（1983），頁24-28。

志工，〈略談北魏的屏風漆畫〉，《文物》第8期（1972），頁55-58。

李匡悌主編，《靈魂與歷史的脈動》（新竹：國立清華大學，2004）。

李志夫，〈佛教中國化過程之研究〉，《中華佛學學報》第8期（1995），頁175-96。

李德喜、郭德維，《中國墓葬建築文化》（武漢：湖北教育，2004）。

李燕捷，〈唐代祿制與內外官之輕重〉，《河北學刊》第5期（1994），頁63-67。

李埏，〈略論唐代的「錢帛兼行」〉，《歷史研究》第1期（1964），頁169-90。

李斌城等，《隋唐五代社會生活史》（北京：中國社會科學，1998）。

周偉洲，〈河北磁縣出土的有關柔然、吐谷渾等族文物考釋〉，《文物》第5期（1985），頁53-56。

周紹賢，〈列子之生死觀〉，《華學月刊》第70期（1977年10月），頁27-32。

姚平，《唐代婦女的生命歷程》（上海：上海古籍，2004）。

段塔麗，《唐代婦女地位研究》（北京：人民，2000）。

洪順隆，〈初唐賦的三教思想風貌〉，《華岡文科學報》第22期（1998），頁55-102。

洛陽市文物工作隊，〈洛陽孟津北陳村北魏壁畫墓〉《文物》第8期（1995），頁26-33。

郁賢皓，《唐刺史考》（江蘇：江蘇古籍，1987）。

芋甘，〈論唐宋的墓誌刻石〉，《法國漢學》第5輯（北京：中華，2000），頁150-86。

凍國棟，〈讀姚崇《遺令》論唐代的「財產預分」與家族形態〉，收入朱雷主編，《唐代的歷史與社會》（武漢：武漢大學，1997），頁498-511。

徐平芳，〈宋元時期的火葬墓〉《文物》第9期（1956），頁17-39。

徐光冀，〈河北磁縣灣漳北朝大型壁畫墓的發掘與研究〉，《文物》第9期（1996），頁69-71。

徐吉軍，〈論宋代火葬的盛行及其原因〉，《中國史研究》第3期（1992），頁74-82。

徐傳武，〈〈左棻墓誌〉及其價值〉，《漢學研究》13卷2期（1995年12月），頁205-13。

陝西省博物館編，《隋唐文化》（上海：學林，1997）。

馬忠理，〈磁縣北朝墓群──東魏北齊陵墓兆域考〉，《文物》第11期（1994），頁56-57。

郭朋，〈從漢僧生活看佛教中國化──佛教中國化問題略述之一〉，《世界宗

教研究》第2期（1990），頁43-47。

郭紹林，《唐代士大夫與佛教》（台北：文史哲，1993）。

陳其南，《家族與社會》（台北：聯經，1990）。

陳明光，《唐代財政史新編》（北京：中國財政經濟，1999，二版）。

陳弱水，〈試論唐代婦女與本家的關係〉，《中央研究院歷史語言研究所集刊》68本1分（1997），頁167-247。

陳弱水，〈論中唐古文運動的一個社會文化背景〉，收入鄭欽仁教授榮退紀念論文集編輯委員會編，《鄭欽仁教授榮退記念論文集》（台北：稻鄉，1999），頁201-30。

陳寅恪，〈元白詩中俸料錢問題〉，《清華學報》10卷4期（1935），頁877-86。

陳寅恪，〈李德裕貶死年月及歸葬傳說辨證〉，《中央研究院歷史語言研究所集刊》5本2分（1935），頁149-74。

陳銘，《唐宋八大家傳‧歐陽修傳》（廣州：廣東高等教育，1998）。

湯池，〈東魏茹茹公主墓壁畫試探〉，《文物》第4期（1984），頁10-16。

湯池，〈磁縣發現東魏北齊大型壁畫的啟迪〉，《文物》第9期（1996），頁72-73；13。

黃心川，〈密教的中國化〉，《世界宗教化》第2期（1990），頁39-42。

黃心川，〈唐孝敬皇帝之死與印度順世論的關係〉，《周紹良先生欣開慶壽論文集》（北京：中華，1997），頁59-63。

黃永年，《唐代史事考釋》（台北：聯經，1998）。

黃修明，〈漢魏南北朝道教政治化略論〉，《北朝研究》第3期（1999），頁17-20。

黃鴻壽，《清史記事本末》上冊（台北：三民，1963）。

楊耀坤，〈漢晉之際佛教發展的思想基礎〉，《四川大學學報》第3期（1992），頁95-104。

萬軍杰，〈從墓誌看唐代女性佛教信仰的若干問題〉，《魏晉南北朝隋唐史資料》第9輯（2002），頁109-21。

葛兆光，〈死後世界〉《揚州師院學報》第3期（1994），頁38-44。

磁縣文化館，〈河北磁縣北齊高潤墓〉，《考古》第3期（1979），頁235-43；234。

磁縣文化館，〈河北磁縣東魏茹茹公主墓發掘簡報〉，《文物》第4期（1984），頁1-9。

臺靜農，〈論碑傳文及傳奇文〉，《唐代研究論集》第2輯（台北：新文豐，1990），頁59-65。

蒲慕州，《墓葬與生死：中國古代宗教之省思》（台北：聯經，1993）。

蒲慕州，《追尋一己之福：中國古代的信仰世界》（台北：允晨，1995）。

趙一德，〈拓跋鮮卑的宗教趣舍——兼及儒釋道宗教殊異〉，《北朝研究》第3期（1995），頁35-44。

趙克堯，〈從觀音的變性看佛教的中國化〉，收入氏著，《漢唐史論集》（上海：復旦大學，1993），頁70-81。

趙超，〈讀唐代墓誌札記三則〉，《文博》第3期（1988），頁45-49。

趙鐵寒，〈記袁安碑〉，收入氏著，《古史考述》（台北：正史，1965），頁433-65。

劉永智，〈幽州刺史墓考略〉，《歷史研究》第2期（1983），頁87-97。

劉海峰，〈唐代俸料錢與內外官輕重的變化〉，《廈門大學學報》第2期（1985），頁106-14。

劉華，〈論漢晉時期的佛教〉，《中國史研究》第2期（1994），頁129-39。

鄭基良，《魏晉南北朝形盡神滅或形盡神不滅的思想論證》（台北：文史哲，2002）。

鄧林秀，〈北齊婁叡墓壁畫簡述〉，《北朝研究》第3期（1993），頁59-62。

盧建榮，〈唐代財經專家之分析——兼論唐代士大夫的階級意識與理財觀念〉，

《中央研究院歷史語言研究所集刊》54本4分（1983），頁157-222。

盧建榮，〈唐代彭城劉氏宗族團體之研究〉，《中央研究院歷史語言研究所集刊》63本3分（1993），頁591-638。

盧建榮，〈一次沒有宣言的改革──唐玄宗朝的政治與文化〉，《台灣大學文史哲學報》第46期（1997年6月），頁73-108。

盧建榮，〈從在室女墓誌看唐宋性別意識的演變〉，《台灣師大歷史學報》第25期（1997年6月），頁15-42。

盧建榮，〈欠缺對話的學術社群文化〉，《中華民國史專題論文集第四屆討論會》（台北：國史館，1998），頁333-408。

盧建榮，〈從男性書寫材料看三至七世紀女性的社會形象塑模〉，《台灣師大歷史學報》第26期（1998年6月），頁1-42。

盧建榮，〈地方軍事化對唐代後期淮北地區政治與社會的衝擊（780～893）〉，《台灣師大歷史學報》第27期（1999年6月），頁17-54。

盧建榮，〈墓誌史料與日常生活史〉，《古今論衡》第3期（1999年12月），頁19-32。

盧建榮，〈唐後期河北抗爭文化邏輯──兼論唐廷與河北為屬從主義關係說〉，《中華民國史專題論文集第五屆討論會》（台北：國史館，2000），頁397-458。

盧建榮，〈六至八世紀中國法律知識的建構及相關的文化和權力問題〉，《台灣師大歷史學報》第29期（2001年6月），頁1-71。

盧建榮，〈七世紀中國皇權體制下的司法抗爭文化〉，《台灣師大歷史學報》第30期（2002年6月），頁1-38。

盧建榮，〈慾望之河──唐代情、義邊界的建構和逾越〉，收入熊秉真主編，《欲掩彌彰：中國歷史文化中的「私」與「情」──公義篇》（台北：漢學研究中心，2002），頁41-61。

盧建榮，〈日帝在小梅村──張文環的故鄉寄情〉，收入氏著，《台灣後殖民

國族認同》（台北：麥田，2003），頁103-50。

盧建榮，〈景物寄情——唐宋庭園的文化與政治〉，收入熊秉真主編，《睹物
　　思人》（台北：麥田，2003），頁17-45。

賴瑞和，〈唐代的翰林待詔和司天台——關於《李素墓誌》和《卑先氏墓誌》
　　的再考察〉，《唐研究》卷9（2003），頁315-42。

賴瑞和，《唐代基層文官》（台北：聯經，2004）。

閻守誠、吳宗國，《唐玄宗》（西安：三秦，1989）。

聶崇岐，〈女子再嫁問題之歷史的演變〉，收入高洪興等編，《婦女風俗考》
　　（上海：上海文藝出版社，1991），頁339-49。

羅彤華，〈唐代州縣公廨本錢數之分析——兼論前期外官俸錢之分配〉，《新
　　史學》10卷1期（1999年3月），頁49-88。

羅聯添，《韓愈研究》（台北：臺灣學生，1977）。

嚴耀中，〈墓誌祭文中的唐代婦女佛教信仰〉，收入鄧小南主編，《唐宋女性
　　與社會》下（上海：上海辭書，2003），頁467-92。

二、外文

Bret Hinsch (韓獻博), "Confucian Filial Piety and the Constructiou of the Ideal
　　Chinese Buddhist Women," *Journal of Chinese Religions* 30 (2003): 49-69。

Carlo Ginzburg, trans. John and Anne C. Tedeschi, *The Cheese and The Worms: The
　　Cosmos of a Sixteenth-Century Miller* (London: Routledge & Kegan Paul, 1980,
　　c1976).

Emmanuel Le Roy Ladurie, trans. Barbara Bray, *Montaillou: The Promised Land of Error*
　　(New York: Vintage Books, 1979).

Lu, Chien-lung (盧建榮), *Hsu-Chou's Struggle for Autonomy in Late T'ang China*
　　(University of Washington: 1993，博士論文)。

Michel Vovelle, *La Mort Et L'Occident, De 1300 à nos jours* (Paris: Editions Gallimard,

1983).

Natalie Zemon Davis, *Fiction in the Archives: Pardon Tales and their Tellers in Sixteenth-Century France* (Stanford, Calif.: Stanford University Press, 1987).

Norbert Elias, *The History of Manners* (New York: Pantheon Books, 1978).

Philippe Ariès 作、梁其姿譯，〈中古時期財富與死亡的關係〉，收入布洛克（Marc Bloch）等著，氏編譯，《年鑑史學論文集》（台北：遠流，1989），頁239-60。

Philippe Ariès, *Images De L'Homme Devant La Mort* (Paris: Editions du Seuil, 1983)。

大澤正昭，《唐宋時代の家族・婚姻・女性：婦は強く》（東京：明石書店，2005）。

中砂明德，〈唐代の墓葬と墓誌〉，收入礪波護主編，《中國中世の文物》（京都：朋文舍，1993），頁371-414。

中鉢雅量，〈古代神話にすける樂園——黃泉を中心に〉，《東方學》第58輯（1979），頁42-56。

仁井田陞，《唐宋法律文書の研究》（東京：東京大學，1983）。

加藤繁，《唐宋時代金銀之研究》（香港：龍門，1970）。

永田　浩，《墓は生きている：墓碑と史跡のひとり步き》（橫濱：原生林，1983）。

伊藤清司，《死者の棲む樂園：古代中国の死生觀》（東京：角川書店，1998）。

江頭　広，〈黃泉について〉，《池田利末博士古稀記念東洋學論集》（東京：同記念事業會，1978），頁109-26。

貝塚茂樹，〈古代中国の精神、不朽——中国古代人の死後生命觀の变遷〉，《貝塚茂樹著作集》第6卷（1977），頁7-22。

岡本三郎，〈泰山府君の由來について〉，《東洋學研究》第1期（1943），頁23-35。

林巳奈夫，《石に刻まれた世界：畫像石ガ語る古代中国の生活と思想》（東京：東方書店，1992）。

青木場東，〈唐代俸料制の諸原則〉，《東方學》第72輯（1986），頁63-80。

宮崎市定，〈中國火葬考〉，收入氏著，《宮崎市定全集17・中國文明》（東京：岩波書店，1993），頁198-221。

氣賀澤保規，《新版唐代墓誌所在總合目錄》（東京：汲古書院，2004）。

酒井忠夫，〈泰山信仰の研究〉，《史潮》7卷2期（1937），頁9-27。

高橋繼男，〈洛陽出土唐代墓四方紹介と若干の考察〉，《東洋大學文學部紀要》52集24號（1999），頁105-40。

森　謙二，《墓と葬送の社會史》（東京：講談社，1993）。

新谷尚紀，《生と死の民俗史》（東京：木耳社，1990）。

福原啟郎，〈西晉の墓誌の意義〉，收入礪波護主編，《中國中世の文物》（京都：朋文舍，1993），頁315-69。

索引

國家圖書館出版品預行編目資料

北魏唐宋死亡文化史／盧建榮著. - - 初版. - -
　臺北市：麥田出版：家庭傳媒城邦分公司發行，
2006 [民95]
　　面；　公分. - -（歷史與文化叢書；36）
參考書目：面
含索引
ISBN 986-173-010-9（平裝）

1. 喪禮 - 中國

538.682　　　　　　　　　　　　　94021872

Rye Field Publications
A division of Cité Publishing Ltd.

廣　告　回　函
北區郵政管理局登記證
台北廣字第000791號
免　貼　郵　票

英屬蓋曼群島商
家庭傳媒股份有限公司城邦分公司
104　台北市民生東路二段 141 號 2 樓

▼
請沿虛線折下裝訂，謝謝！

文學・歷史・人文・軍事・生活

讀者回函卡

謝謝您購買我們出版的書。請將讀者回函卡填好寄回，我們將不定期寄上城邦集團最新的出版資訊。

姓名：＿＿＿＿＿＿＿＿＿＿＿＿　電子信箱：＿＿＿＿＿＿＿＿＿＿＿

聯絡地址：□□□ ＿＿＿＿＿＿＿＿＿＿＿＿＿＿＿＿＿＿＿＿＿＿＿

電話：（公）＿＿＿＿＿＿＿＿　分機 ＿＿＿ （宅）＿＿＿＿＿＿＿＿

身分證字號：＿＿＿＿＿＿＿＿＿＿＿＿＿＿＿＿＿＿（此即您的讀者編號）

生日：＿＿＿年＿＿＿月＿＿＿日　性別：□男 □女

職業：□軍警 □公教 □學生 □傳播業 □製造業 □金融業 □資訊業 □銷售業
　　　□其他 ＿＿＿＿＿＿＿＿＿＿＿＿＿＿＿＿＿＿＿＿＿＿＿＿＿

教育程度：□碩士及以上 □大學 □專科 □高中 □國中及以下

購買方式：□書店 □郵購 □其他 ＿＿＿＿＿＿＿＿＿＿＿＿＿＿＿＿

喜歡閱讀的種類：（可複選）

□文學 □商業 □軍事 □歷史 □旅遊 □藝術 □科學 □推理 □傳記

□生活、勵志 □教育、心理 □其他 ＿＿＿＿＿＿＿＿＿＿＿＿＿＿＿

您從何處得知本書的消息？（可複選）

□書店 □報章雜誌 □廣播 □電視 □書訊 □親友 □其他 ＿＿＿＿＿＿

本書優點：（可複選）

□內容符合期待 □文筆流暢 □具實用性 □版面、圖片、字體安排適當

□其他 ＿＿＿＿＿＿＿＿＿＿＿＿＿＿＿＿＿＿＿＿＿＿＿＿＿＿＿＿

本書缺點：（可複選）

□內容不符合期待 □文筆欠佳 □內容保守 □版面、圖片、字體安排不易閱讀

□價格偏高 □其他 ＿＿＿＿＿＿＿＿＿＿＿＿＿＿＿＿＿＿＿＿＿＿

您對我們的建議：＿＿＿＿＿＿＿＿＿＿＿＿＿＿＿＿＿＿＿＿＿＿

＿＿＿＿＿＿＿＿＿＿＿＿＿＿＿＿＿＿＿＿＿＿＿＿＿＿＿＿＿＿＿＿

＿＿＿＿＿＿＿＿＿＿＿＿＿＿＿＿＿＿＿＿＿＿＿＿＿＿＿＿＿＿＿＿